高等院校"十四五"会计专业系列教材

U0661017

成本管理会计

主　编　李延莉　刘春云
　　　　王　超　茆正平

微信扫码　查看更多资源

南京大学出版社

图书在版编目(CIP)数据

成本管理会计 / 李延莉等主编. -- 南京:南京大学出版社,2025.1. -- ISBN 978-7-305-27727-6

Ⅰ.F234.2

中国国家版本馆 CIP 数据核字第 2024A75X43 号

出版发行   南京大学出版社
社　　址   南京市汉口路 22 号　　　邮　编　210093
书　　名   **成本管理会计**
　　　　　 CHENGBEN GUANLI KUAIJI
主　　编   李延莉　刘春云　王　超　茆正平
责任编辑   武　坦　　　　　　　编辑热线　025-83592315
照　　排   南京开卷文化传媒有限公司
印　　刷   常州市武进第三印刷有限公司
开　　本   787 mm×1092 mm　1/16 开　印张 19.5　字数 474 千
版　　次   2025 年 1 月第 1 版
印　　次   2025 年 1 月第 1 次印刷
ISBN　978-7-305-27727-6
定　　价   58.00 元

网　　址   http://www.njupco.com
官方微博   http://weibo.com/njupco
微信服务号   njuyuexue
销售热线   025-83594756

前　言

　　成本管理会计是高等院校经济学类、管理学类专业的核心课程之一,具有很强的理论性、实践性和发展性。随着国际竞争的日趋激烈,企业的利润空间急剧缩小,使得正确计算产品成本和加强成本控制在管理决策中占据了关键的地位。成本管理会计不但能为管理者提供有效的管理信息,而且为管理者提供了管理的手段和方法,成为公司提升竞争地位的重要因素。立足于我国应用型高等院校人才培养目标,适应企业现代成本管理的需要,由在成本管理会计教学与科研领域具有良好的学术基础和丰富的实践经验的教师编写了本教材。本教材根据最新会计准则与制度的要求,将成本管理会计所涉及的基本内容清晰地进行了论述,力求既把有关实务操作与方法讲清、讲透,又对有关问题做一定的理论分析,使学生不只是知其然,更知其所以然。

　　本教材在写作过程中注重突出以下特点:

　　1. 趣味性强

　　本教材在能体现系统性的固定栏目基础上,增加了丰富多样的知识卡片、精致易懂的小结、简单明了的理解记忆、生动有趣的小案例等非固定栏目,使教材内容新颖,具有更大的可读性、趣味性。其中,凝聚着编写者多年教学经验积累而成的"理解记忆""小结"等栏目将会帮助学生加强对成本管理会计内容的理解,在理解中更增强学生的学习兴趣。

　　2. 逻辑性强

　　本教材对篇章结构进行了精心设置,内容聚焦于成本管理会计中较为成熟和实用的知识点,从成本核算到决策和规划,再到控制与业绩评价,体系完整。在介绍成本核算职能时,从核算基本原理到核算基础知识再到核算方法,由浅入深循序渐进地介绍了成本核算职能,形成了从理论到方法和应用的逻辑推进过程,利于培养学生的科学思维方式。固定栏目中的"知识结构图"也是本教材的一大亮点,将引导学生把握所学内容的逻辑关系,以清晰的思路掌握各知识点。

　　3. 教育性强

　　本教材在每一章中穿插了课程思政内容,课程思政内容和相关的理论知识相呼应,结合学生的实际情况和需求,注重培养学生的社会主义核心价值观、职业担当匠人精神,有助于提升学生的道德情操和公民素养。

4. 体现产教融合

本教材在确保理论够用的基础上,突出实践导向——企业人员参与本教材的编写,对产教融合内容进行指导。和实践相联系的知识点设有例题讲解,并在章节中穿插实用的小案例等。例题讲求多样性,和企业发生的成本管理会计相关业务紧密联系,适用于企业的多发情形。在第三章成本核算基础知识的基础上,对于品种法采取账务处理实训的方式,可由教师指导,学生根据所给资料进行实务训练,以加强学生的实践能力,体现产教融合。

本教材由李延莉、刘春云、王超、茆正平共同编写,宿迁首创污水处理有限公司运营高级工程师周勇对本教材产教融合相关的内容进行指导。李延莉提出编写指导思想和总体框架,编写组经过多轮研讨确定基本写作思路和写作风格。教材的具体分工为:第一章至第四章由李延莉编写;第五章、第六章由王超编写;第七章、第八章以及第十章由刘春云编写;第九章由茆正平编写;周勇参与编写第四章品种法账务处理实训等内容。整本教材最后由李延莉负责统稿和总纂。

本教材的适用对象为应用型本科院校经济学类、管理学类本科生,尤其是会计学、财务管理等专业本科生。

在教材编写过程中参考和引用了大量的相关文献,在此,对文献作者致以真诚的感谢。

本教材虽然在编写过程中花费了编者很大精力,但限于水平,错漏与缺陷在所难免,恳请各位专家、读者多提宝贵意见,以便将来使教材得到进一步的补充和完善。

目　　录

第一章　总　　论

学习目标 ▶▶▶▶▶

- 了解成本管理会计的形成和发展。
- 理解成本管理会计的内容和作用。
- 理解成本的内涵。
- 掌握成本的分类。

📖 引导案例

2016 年 9 月,乐视 Pro3 发布会上,乐视移动总裁宣布,乐视手机 16 个月销量突破 1 700万元,单论国内市场线上份额的话,乐视手机一度杀进前三的位置。然而,乐视手机出色的销量并不是产品本身特别优秀,而是因为不顾成本低价销售。为了抢占市场份额,乐视采用"硬件成本价",甚至是亏本销售来扩大销量,希望有了销量之后,再通过内容和服务实现盈利。然而现实是残酷的,这条路走不通,乐视手机这种硬件亏损的模式,直接导致了卖一台亏一台的结果。举个直白的例子,当年主打骁龙 810+2K 屏的小米 Note 顶配版,售价是 2 999 元;而配置类似的乐视超级手机 1Pro,预估量产整机成本是 2 530 元,官方定价却是 2 499 元。乐视因为低于成本销售,造成了巨额亏损,所以说重视成本管理对于一个企业的可持续发展相当重要。

🔧 知识结构图

```
              ┌─ 成本管理会计的形成和发展
              │
总论 ─────────┼─ 成本管理会计的内容和作用
              │
              └─ 成本的内涵与分类
```

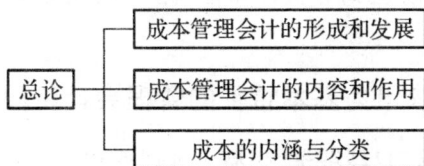

第一节　成本管理会计的形成和发展

成本管理会计的形成和发展受社会实践及经济理论的双重影响:一方面,社会实践的发展要求企业加强成本管理;另一方面,经济理论的形成使这种要求得以实现。

一、以成本计算为基本特征的成本会计阶段

19 世纪的英国工业革命促使企业生产规模迅速扩大,合伙经营、股份公司等企业组织形式相继出现,企业所有者逐渐将经营权委托给专门的管理阶层。为适应所有权与经营权的分离,满足各有关方面(如股东、债权人、经营者等)对公司财务状况和经营成果的关注,需要编制会计报告,于是近代会计开始形成。

这一时期的经济理论认为:企业的盈利增长点在于增加产量,只要价格高于成本,生产出来的产品销售出去,就能获得利润。因此,企业管理着重考虑收入是否能够弥补支出,并最终盈利。与此相适应,英国会计人员对成本计算进行了研究。起初是在会计账簿之外利用统计方法计算成本,后来将成本计算融入财务会计,从而形成了成本会计,这就是早期的成本计算和管理。该阶段成本管理仅限于对生产过程中的生产消耗进行系统的汇集和计算,设计出了订单成本计算和分步成本计算的方法,用来确定产品的生产成本和销售成本,计算企业盈亏。

二、以成本决策和财务控制为基本特征的成本管理阶段

20 世纪初,随着生产规模的日益扩大和竞争的愈演愈烈,所有者和经营者都意识到企业的生存和发展不仅取决于产量的增长,更取决于成本的高低。为了在激烈的市场竞争中战胜对手,企业必须加强内部管理,提高生产效率以降低成本,获取最大的利润。20 世纪 20 年代,泰罗提出以提高劳动生产率、标准化生产和专业化管理为核心的科学管理学说,"标准成本控制""预算控制"和"差异分析"等管理方法被引入企业内部的会计实务中,旨在提高企业生产效率和经济效益,成本会计职能由原有的事后成本核算扩展到事前预算、事中控制及事后反馈。

由于泰罗的科学管理学说重局部、轻整体,逐步被现代管理科学所取代,出现了以现代管理科学为依据的预算决策会计和体现行为科学思想的责任会计。在此基础上,以杜邦公司为代表的大型企业倡导并发展了以权益报酬率为核心的杜邦财务分析体系,用来衡量各个部门的效率和整个企业的业绩,形成了以预算体系和成本会计系统为基础的成本决策和财务控制体系。1952 年,国际会计师联合会年会采用"管理会计"来统称企业内部会计体系,自此现代会计分为财务会计和管理会计两大分支,该阶段也是近现代成本会计发展阶段。

三、以管理控制与决策为基本特征的管理会计阶段

20 世纪 50 年代,随着信息经济学、交易成本理论和不确定理论被广泛引进管理会计领域,加上新技术(如电子计算机)大量应用于企业流程管理,管理会计向着精密的数量化技术方向发展。投入产出法、线性规划、存货控制和方差分析等计划决策模型在这一时期发展起来,建立了有关流程分析、战略成本管理等理论与方法体系,极大地推动了管理会计在企业的有效应用。管理会计学者对新的企业经营环境下管理会计发展进行了探索,出现了质量成本管理、作业成本法、价值链分析以及战略成本管理等创新的管理会计方法,初步形成了一套新的成本管理控制体系。成本管理会计完成了从"为产品定价提供信

息"到"为企业经营管理决策提供信息"的转变,由成本计算、标准成本制度、预算控制发展到管理控制与决策阶段。

四、以强调企业价值创造为基本特征的管理会计阶段

20世纪90年代以后,随着经济全球化和知识经济的发展,生产要素跨地区、跨国流动不断加快,世界各国经济联系和依赖程度日益增强,又由于技术进步产品寿命缩短,企业之间因产品、产业分工合作联系日趋频繁,因而准确把握市场定位、客户需求等对企业发展来说尤为重要。在此背景下,管理会计越来越容易受到外部信息以及非财务信息对决策相关性的冲击,企业内部组织结构的变化也迫使管理会计在管理控制方面有新的突破,需要从战略、经营决策、商业运营等各个层面掌握并有效利用所需的管理信息,为此管理会计发展了一系列新的决策工具和管理工具。主要包括两个方面:一是宏观性的决策工具和管理工具;二是精细化的决策工具和管理工具,如平衡计分卡。

综上所述,成本管理会计的产生与发展既是社会经济发展和科学技术进步的要求,也是管理科学化、现代化的产物,同管理实践的要求以及管理学的发展密切相关,管理学为成本管理会计提供了理论的指导。

> **课程思政**
>
> 企业是社会的一个重要组成部分,不断满足人民日益增长的物质和文化需要。有效的成本管理,不但使企业能够实现可持续发展,也为社会节约资源,承担社会责任,为缓解地球资源紧张贡献力量。

第二节 成本管理会计的内容和作用

一、成本管理会计的内容

按照成本管理会计的观念,成本是企业为获得未来经济利益所耗资源的货币表现,这将导致企业在资源的配置使用中应用成本效益分析等价值决策方法进行成本的优化决策,满足"不同目的,不同成本"的过程控制和多目标管理的要求,使得成本管理体系更加完整和有效。基于此,成本管理会计的基本内容主要有以下三个方面:

(1)成本会计。成本会计的主要目标是运用传统的成本核算方法归集产品生产过程的耗费,最终计算出产品的单位成本和总成本。

(2)决策和规划会计。决策会计是指企业为实现决策目标,搜集、整理有关信息,依据预测的结果,选择科学的方法计算有关评价指标,并做出正确的判断,最终选出最优的行动方案。决策作为企业经营管理的核心,贯穿于企业管理的各个方面和整个过程。规划会计是以经营决策为基础,把通过决策程序选定的有关方案所确定的目标分解落实,形

成企业的生产经营预算,合理有效地组织协调供产销以及人财物之间的关系,配置企业的各项资源,以期获得最大的经济利益。

(3) 控制与绩效评价会计。控制与绩效评价会计以决策和规划会计为基础,着重对企业经营活动的过程和效果进行评价和控制。

成本管理会计的基本内容关系如图 1-1 所示。

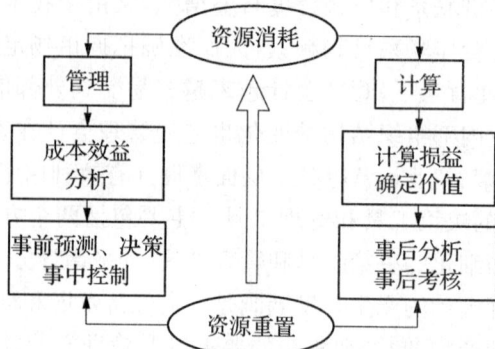

图 1-1　成本管理会计内容关系图

从成本管理会计的内容看,成本管理会计并不是成本会计和管理会计的简单结合,而是以企业价值最大化为目标,基于资源优化配置的使用深度和广度的融合,体现为以下几个特点:

(1) 成本管理会计是历史传承的结果。企业管理对成本的认识是一个发展的过程,从对影响利润的简单因素的认知到对影响成本形成过程的重视,在成本核算的品种法、分步法、分批法基础上,产生标准成本法;发展到对影响成本形成过程中人的重视,产生责任成本法;最终发展至价值增值的重视,实现业财融合,产生作业成本法。

(2) 成本管理会计是专业传承的结果。会计的本质在于计量,离开了计量,会计就失去了存在的价值。财务会计通过确认、计量完成对外报告的任务,成本管理会计通过确认、计量、估值完成对内管理的任务。可以说,计量是会计的共性,但估值是成本管理会计的灵魂。

(3) 成本管理会计是融合和提升。成本管理会计的蜕变表现为从战术到战略、从技术到管理,实现了战略引领战术、业务与财务的融合,真正实现了算为管用、算管结合。

(4) 成本管理会计注重价值创造。成本管理会计把企业放在竞争环境中考虑其与其他企业的关系,并以使用价值生产和交换过程的优化为手段,实现价值创造的目的。

课程思政

辩证唯物主义认为:事物总是一分为二的。企业一方面通过成本耗费创造使用价值,一方面进行成本管理,优化生产和流通过程,达到价值转移和增值的目的。要认识到耗费是必然的,但要通过成本管理使耗费效率最大化,树立辩证的认识观。

二、成本管理会计的作用

（1）成本管理会计提供大量与经营管理决策相关的信息。例如，成本性态的划分有助于管理当局获得产品定价的相关信息，便于合理利用企业的生产经营能力；预期报酬率、贴现率等指标的生成和运用，便于企业进行筹资决策与投资决策。成本管理会计产生信息的过程也是一个运用信息的过程，两者很难具体分开，这使成本管理会计既不同于财务会计，又不同于财务管理，它是生成信息与运用信息的统一。

（2）成本管理会计提供的控制信息是达到既定目标、提高生产经营效率的重要保证，也为纠正生产经营活动中的偏差提供了客观依据。例如，企业通过决策活动，确定了年度预算和投资规划，这些预算与规划的实施和完成有一个过程，管理者通过对实施过程中发生的成本标准进行确定、分解，可以对各管理层进行控制，同时各管理层还可以通过差异分析来纠正工作中存在的问题，这些信息又是管理当局进一步进行控制的依据。

（3）成本管理会计提供的责任成本信息是管理当局评价其下属业绩的基础。当企业各种生产经营活动结束时，管理当局可以根据每个责任中心各项任务的完成情况，比较其各自所控制的成本的发生额与标准值的差异，对各责任中心的业绩进行具体评价。同时，通过预算数与实际数的比较，还能发现正确性、科学性，这些反馈信息对于制定企业目标、抽调整个经营管理的效率、科学地评价管理制度，具有不可替代的作用。

课程思政

　　毛泽东同志曾提出：节约每一个铜板，为了战争和革命事业。成本管理会计的主要作用就是为社会主义建设事业节约每一个铜板，成本补偿和价值增值，是成本管理的精髓。

成本管理会计具有预测职能、决策与计划职能、控制职能、核算职能、分析与考核职能，各职能之间的关系如图 1-2 所示。

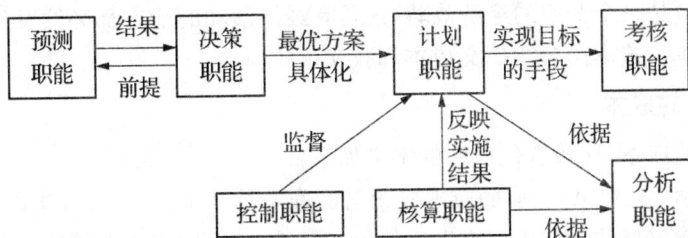

图 1-2　成本管理会计各项具体职能关系

（1）预测职能。成本管理会计发挥其预测职能，就是利用财务会计提供的资料及其他相关信息，采用科学的方法，按照企业未来的总目标和经营方针，对利润、销售、成本及资金等重要经济指标进行科学的预测分析，为企业经营决策提供信息。

（2）决策与计划职能。在预测职能的基础上，按照既定的评判标准，在综合考虑成本效益和风险原则上，在多个方案中选择最优方案。选定最优方案之后，把有关方案所确定的目标分解落实到各有关计划和预算中，从而有效地配置企业的各项资源，以期获得最大的经济利益，同时为控制成本和责任考核评价奠定基础。

（3）控制职能。成本管理会计控制职能的发挥，可以有效地将经济过程的事前控制和事中控制有机结合，正确计量计划的执行情况，并对执行过程中实际与计划的偏差进行分析，促使有关责任单位及时采取相应的措施改进工作，保证企业经营活动正常进行。

（4）核算职能。成本管理会计对企业生产经营过程中发生的成本费用进行归集和分配，采用不同的方法计算产品成本，将企业生产经营活动信息转化成供管理层使用的信息。核算职能一方面是对企业预测、决策和计划职能成果的反馈，另一方面是为控制职能的发挥奠定基础。

（5）分析与考核职能。成本管理会计应当定期将核算职能所揭示的企业实际情况，与预算标准、行业标准、历史标准等相比较，分析企业实际情形与上述标准产生差异的原因，对这些差异提出针对性的改进措施。并借助于这些差异，对企业员工、部门进行考核和奖惩，以便于在企业内部建立有效的激励制度。

第三节　成本的内涵与分类

一、成本的内涵

> **引　导**
>
> 可以用"耗费"两个字去理解成本。例如，政府部门实施某项工程、企业生产产品、学校完成教学任务、个人旅游等均要发生耗费，都可以把发生的耗费叫作成本。

成本（Cost）是一个普遍的经济范畴，凡是有经济活动的地方都必然发生一定的耗费，从而形成了成本。成本可分为广义成本和狭义成本。

（一）广义的成本

对于广义的成本，比较有代表性的定义如下：

美国会计学会（AAA）所属的成本概念与标准委员会1951年对成本的定义为："成本是指为了达到特定目的而发生或应发生的价值牺牲，它可以用货币单位加以计量。"

美国会计师协会（AICPA）1957年发布的《第4号会计名词公报》（*Accounting Terminology Bulletin NO.4*）对成本的定义为："成本是指为获取资产或劳务而支付的现金或以货币衡量的转移其他资产、发行股票、提供劳务或发生负债的数额。"

美国财务会计准则委员会1980年发布的《第3号财务会计概念公告》对成本的定义为："成本是指经济活动中发生的价值牺牲，即为了消费、储蓄、交换、生产等所放弃的资源。"

可见，广义成本泛指为达到一定目的而发生的资源耗费。由于成本与管理相结合，成本内容往往要服从管理的需要,并且随着管理的发展而发展。不同目的和不同条件,形成了对成本信息的不同需求,产生了不同的成本概念,如为预测、决策需要的变动成本、固定成本、边际成本,为控制和考核需要的标准成本、可控成本、责任成本等。

(二) 狭义的成本

狭义的成本仅从企业日常生产经营管理活动出发,把成本看成商品价值的主要组成部分,即产品成本。

马克思在《资本论》中分析资本主义商品生产时,对成本的内涵进行了科学的分析,指出商品的价值(W)由三个部分组成,用公式表示是$W=c+v+m$,即生产中已消耗的生产资料的价值(c),劳动者为自己劳动所创造的价值(v),以及劳动者为社会创造的价值(m)。其中产品成本是由$c+v$构成,也是通常所说的"理论成本"。因此,从理论上讲,成本的内涵是指企业在商品生产过程中,已经消耗的生产资料的价值和劳动者为自己的劳动创造的价值的货币表现,是企业在生产经营中所耗费的资金总和。

由于企业在进行实际的成本管理时需要考虑的因素多种多样,所以理论成本与实际工作中所应用的成本概念有一定的差别,主要表现在以下方面:

(1) 实际工作中,为了促使企业加强经济核算,减少生产损失,需要将一些不形成产品价值的损失性支出(如废品损失,季节性和修理期间的停工损失等),以及某些应从为社会创造的价值中进行分配的部分(如企业为职工支付的基本医疗、基本养老、失业、工伤等社会保险费),列入产品成本。

(2) 实际工作中,为了简化成本核算工作,按照我国现行会计制度规定,企业应采用制造成本法计算产品成本,将难以按产品归集的期间费用直接计入当期损益,不计入产品成本。

我国《企业会计制度》也是从狭义的角度将成本定义为:成本是指企业为生产产品、提供劳务而发生的各项耗费。

《企业产品成本核算制度(试行)》指出产品成本是指企业在生产产品过程中所发生的材料费用、职工薪酬等,以及不能直接计入而按一定标准分配计入的各种间接费用。

相关思考

苹果iPhone 7的成本价只有220美元,折合人民币1 467.18元,最低售价5 388元,是不是暴利?iPhone 7的成本不仅是材料、人工和制造费用,一个产品从概念提出到设计、实验,再从生产到营销、流通、服务,是一个完整的过程,这个过程会发生很多耗费。一部手机的成本大致包括研发成本、制造成本、营销成本和流通成本等,1 467.18元可能只是制造成本。

二、成本的分类

【引导案例】   **成本分类对成本核算的重要性**

李先生拥有一家手工艺品加工中心。在加工过程,人工成本很高,单位产品中的人工成本、材料成本和其他间接费用的比例大约是 5：3：2。李先生一直希望采取某些方法，降低这部分高昂的人工费。随着工艺技术水平的提高，目前市场上出现了一种自动化设备，能够减少对人工的需求，但是该设备价格较高。会计老张告诉李先生，如果使用该设备会使单位产品成本中的人工成本、材料成本和其他间接费用的比例变成 2：3：5，也就是说直接成本下降，但是间接成本提高，同时会增加为该机器设备贷款的利息费用。可见，理解成本的分类对于控制成本十分必要。

这里的成本是指广义的成本，即企业为了达到一定的生产经营目的而发生的资源耗费。

📐 知识结构图

```
                            ┌─按经济内容分类──────费用要素
              ┌─基于财务报告目的─┼─按经济用途分类──────成本项目
              │  的成本分类     │                  ┌─直接成本
              │                └─按与特定成本核────┤
              │                    算对象关系分类    └─间接成本
  成本的─────┤
   分类       │                                  ┌─固定成本
              │                ┌─按成本性态分类──┤           ┌混合成本
              │                │                └─变动成本──┘
              └─基于管理目的────┤                  ┌─可控成本
                 的成本分类     ├─按成本可控性分类─┤
                                │                └─不可控成本
                                │                  ┌─机会成本
                                │                  ├─边际成本
                                └─按管理的特定需要─┤
                                   确认或分类       ├─沉没成本与付现成本
                                                   └─相关成本与无关成本
```

（一）基于财务报告目的的成本分类

1. 按经济内容分类

企业的生产过程是物化劳动和活劳动的耗费过程，因而生产经营过程中发生的成本，按其经济内容分类，可分为劳动对象方面的成本、劳动手段方面的成本和活劳动方面的成本三大类。这三类称为费用的三大要素，在此基础上，进一步划分为以下八个费用要素：

（1）外购材料，指企业耗用的一切从外部购进的原料及主要材料、半成品、辅助材料、包装物、修理用备件和低值易耗品等。

（2）外购燃料，指企业耗用的一切从外部购进的各种燃料，包括固体、液体、气体燃料。

从理论上说，外购燃料应该包括在外购材料中，但由于燃料是重要能源，需要单独考核，因而单独列作一个要素进行计划与核算。

（3）外购动力，指企业耗用的一切从外部购进的各种动力。

（4）职工薪酬，指企业为进行生产经营而发生的各种职工薪酬。

（5）折旧费，指企业按照规定的固定资产折旧方法，对生产经营用固定资产计算提取的折旧费用。

（6）利息费用，指企业应计入财务费用的借款利息支出减去利息收入后的净额。

（7）税金，指应计入企业管理费用的各种税金，包括房产税、车船使用税、印花税和土地使用税等。

（8）其他费用，指不属于以上各要素但应计入产品成本或期间费用的费用支出，如保险费、差旅费、租赁费和外部加工费等。

按照上述费用要素反映的费用，称为要素费用。

将费用划分为若干要素分类核算具有如下作用：

第一，可以反映企业在一定时期内共发生了哪些费用，数额各是多少，据以分析各个时期各种费用的结构和水平。

第二，可以反映外购材料和燃料费用以及职工工资的实际支出，据以编制企业的材料采购资金计划和劳动工资计划，也可以为企业核定储备资金定额和考核储备资金周转速度提供资料。

但是，这种分类不能反映各种费用的经济用途，因而不便于分析这些费用的支出是否节约、合理。

2. 按经济用途分类

经济用途是指资源消耗的使用方向，由此，成本分为制造成本和非制造成本。这是财务会计成本的最主要和最基本的分类，主要用来确定存货成本和期间损益，满足对外财务报告的需要。

（1）制造成本。

制造成本（Manufacturing Cost）是指生产单位（如车间）在生产产品过程中所发生的各项费用，可以进一步划分为若干个项目，这些项目作为产品成本的构成内容，会计上称为成本项目。主要有以下内容：

① 直接材料，指直接用于产品生产，构成产品实体的原材料、主要材料、燃料以及有助于产品形成的辅助材料等。

② 直接人工，指直接从事产品生产人员的工资及提取的福利费等职工薪酬。

③ 制造费用，指直接或间接用于产品生产，但不便于直接计入产品成本，因而没有专设成本项目的费用。这些费用是企业内部各生产单位为组织和管理生产所发生的，其包括的内容将在以后章节阐述。

企业为了使成本项目更好地适应管理要求，也可对上述成本项目进行适当调整，如将"燃料与动力"单设一个成本项目等。

确定或调整成本项目时应考虑的问题:成本在管理上有无单列的必要;在产品成本中所占比重的大小;专设成本项目所增加的核算工作量大小。

(2) 非制造成本。

非制造成本又称期间费用(Period Cost),是指管理部门在组织和管理过程中发生的各项费用,其支出可以使企业整体受益,但难以描述支出与特定产品的关系,包括管理费用、财务费用和销售费用。非制造成本在期末一次性计入当期利润表。

将成本按经济用途分类核算具有如下作用:可以划清产品制造成本和期间费用的界限;可以反映产品成本构成,按费用的用途考核费用预算和成本计划的执行情况,分析费用支出是否节约合理;可以按不同成本项目寻找降低成本的途径。

概念辨析

要素费用与成本项目的联系	都是企业生产过程中的物化劳动和活劳动必要的劳动耗费的货币表现
	按要素费用反映的产品成本是按成本项目反映的产品成本的基础,要素费用的对象化就是产品成本
要素费用与成本项目的区别	按要素费用反映产品成本是以会计期间为基础汇集费用,而成本项目是以产品为对象汇集费用的
	要素费用只包括本期费用,而成本项目既包括本期,也包括非本期生产产品的各项费用

3. 按与特定成本核算对象的关系分类

成本按与特定成本核算对象的关系可分为直接成本和间接成本。特定成本核算对象可以是产品、步骤、批别,也可以是项目、责任中心或作业。其分类结果主要用来确定特定成本核算对象的成本,满足对外财务报告及内部经营管理的需要。

(1) 直接成本。

直接成本(Direct Cost)是指专门为生产某个成本核算对象而发生的费用,在计算产品成本时,可根据费用发生的原始凭证直接计入该成本核算对象的成本。

(2) 间接成本。

间接成本(Indirect Cost)是指几个成本核算对象共同发生的费用,需要采用适当的方法,在不同的成本核算对象之间进行分配后,再分别计入各个成本核算对象的成本中。

通过这种分类,明确发生的成本如何计入产品成本及相应的成本项目。在计算产品成本时,直接成本直接追溯至各成本核算对象,间接成本分配给相关的成本核算对象。

(二) 基于管理目的的成本分类

1. 按成本性态分类

成本按成本性态分为固定成本、变动成本和混合成本。

（1）固定成本。

① 固定成本的含义。

固定成本（Fixed Costs）是指一定期间和一定业务量范围内，其总额不受业务量变动的影响而保持固定不变的成本，但单位固定成本随业务量变动呈反比例变动。企业管理人员的工资、办公费、广告费、财产保险费、职工教育培训费、研发费以及按直线法计提的固定资产折旧费等，均属于固定成本。

【例 1-1】　鸿鹄公司生产甲产品，目前产量稳定，其专用生产设备的月折旧额为20 000元，该设备最大加工能力为 400 件/月，当该设备分别生产甲产品 100 件、200 件、300 件和 400 件时，单位产品所负担的固定成本见表 1-1。

表 1-1　固定成本与产量的关系

产量/件	固定成本/元	单位产品所负担的固定成本/元
100	20 000	200
200	20 000	100
300	20 000	66.67
400	20 000	50

从表 1-1 可以看出，固定成本总额不受产量变动的影响，但单位产品所负担的固定成本受产量变动的影响，与产量成反比，即产量的增加会导致单位产品负担的固定成本下降，反之亦然。

根据例 1-1 的数据形成业务量与固定成本总额以及单位固定成本之间的关系，见图1-3 和图 1-4 所示。

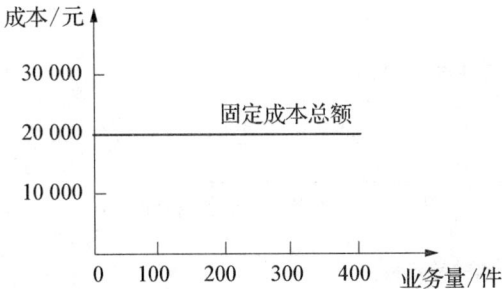

图 1-3　业务量与固定成本总额的关系

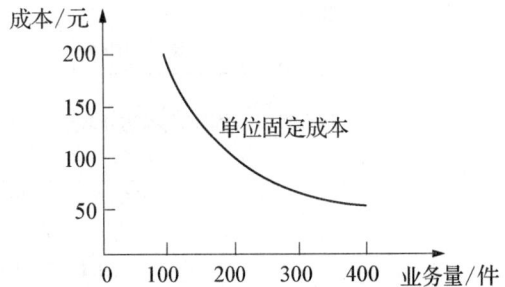

图 1-4　业务量与单位固定成本的关系

② 固定成本的分类。

固定成本按照管理当局的决策能否改变其支出数额细分为酌量性固定成本和约束性固定成本。

酌量性固定成本（Discretionary Fixed Expenses）是指管理当局的决策可以改变其支出数额的固定成本，如广告费、职工教育培训费、研发费等。这些成本的基本特征是，其数额的大小直接取决于企业管理当局根据企业经营状况做出的决策。酌量性固定成本的多少直接关系到企业未来竞争能力的强弱,企业管理当局应权衡未来竞争能力提升的利益与为取得未来竞争能力所付出的现时成本,做出合理决策。

约束性固定成本(Committed Fixed Expenses)是指管理当局的决策无法改变其支出数额的固定成本,如按直线法计提的固定资产折旧费、房屋及设备租金、财产保险费、行政管理人员的工资等。约束性固定成本是企业维持正常生产经营能力所必须负担的最低固定成本,其支出数额的大小取决于企业生产经营的规模与质量,因而具有很大的约束性,企业管理当局的当前决策不能改变其数额。

约束性固定成本的性质决定了该项成本的预算期通常比较长,如果说酌量性固定成本预算着眼于从总量上进行控制,那么约束性固定成本预算则只能着眼于更为经济合理地利用企业的生产经营能力。

③ 固定成本的特殊性。

从较长时期看,所有成本都会发生变动,即使是约束性固定成本,也会随着时间的延长而发生变动。随着时间的推移,一个正常成长的企业,其经营能力无论在规模上还是质量上都可能发生变动,如扩大厂房、更新设备、增加行政管理人员,均会导致固定资产折旧费、财产保险费以及行政管理人员工资的增加。

就空间而言,固定成本表现为在某一特定业务量水平内具有固定性。因为业务量一旦超出这一水平,同样势必扩大厂房、设备更新等,相应的费用也会增加,反之亦然。如上例,如果鸿鹄公司甲产品需要的产量超过 400 件/月时,固定成本就会发生变动,在新的产能范围内形成新的固定金额(见图 1-5)。

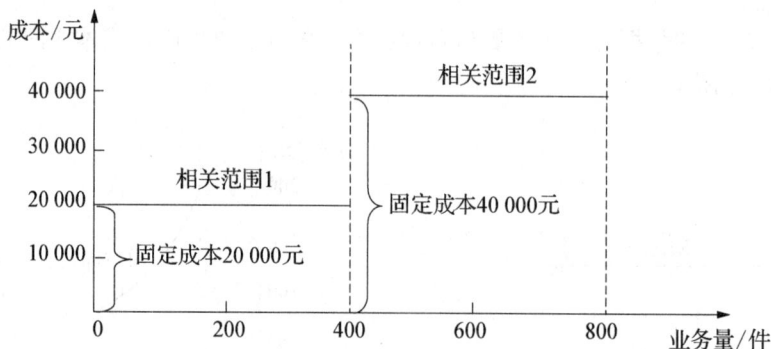

图 1-5　固定成本的特殊性

(2)变动成本。

① 变动成本的定义。

变动成本(Variable Costs)是指一定期间和一定业务量范围内,其总额随着业务量的变动而呈正比例变动的成本。直接材料成本、产品包装费、按件计酬的工人工资、推销佣金等,均属于变动成本。

【例 1-2】 鸿鹄公司生产的甲产品单位成本中直接材料耗费为 400 元,当产量分别100 件、200 件、300 件和 400 件时,材料变动成本和单位产品的材料成本见表 1-2。

表 1-2 变动成本与产量的关系

产量/件	材料变动成本/元	单位产品的材料成本/元
100	40 000	400
200	80 000	400
300	120 000	400
400	160 000	400

从表 1-2 可以看出,与固定成本不同,变动成本总额与业务量呈正比例变动,而单位变动成本是固定的。

根据例 1-2 的数据形成业务量与变动成本总额以及单位变动成本之间的关系(见图 1-6 和图 1-7)。

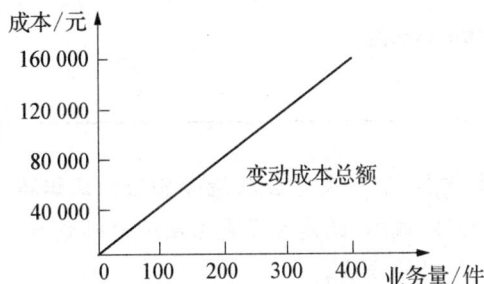

图 1-6 业务量与变动成本总额的关系

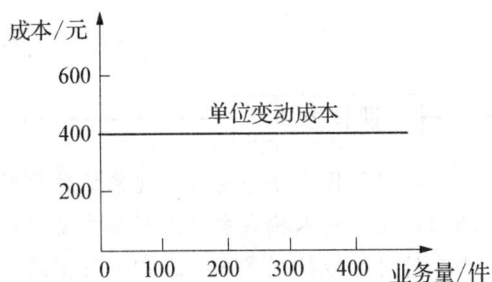

图 1-7 业务量与单位变动成本的关系

② 变动成本的分类。

变动成本按管理当局的决策能否改变其支出数额分为酌量性变动成本和约束性变动成本。

酌量性变动成本(Discretionary Variable Expenses)是指企业管理当局的当前决策可以改变其支出数额的变动成本,如按产量计算的工人工资、按销售收入的一定比例计算的销售佣金等。这些支出的比例或标准取决于企业管理当局决策时的市场环境。例如,在确定计件工资时必须考虑当时的劳动力市场情况,在确定销售佣金时必须考虑所销产品的市场情况等。

约束性变动成本(Engineered Variable Cost)是指企业管理当局的当前决策无法改变其支出数额的变动成本。这类成本通常表现为企业所生产产品的直接物耗成本,以直接材料最为典型。当企业所生产的产品定型(包括外形、大小、色彩、重量、性能等方面)后,成本的大小对企业管理当局而言就有了很大约束性,这类成本的改变往往也意味着企业的产品改型。

③ 变动成本的特殊性。

变动成本的正比例变动仅在一定业务量范围内实现,超出这个范围,就不再是一种正比例变动关系。例如,当企业的产品产量较小时,单位产品的材料成本和人工成本可能比较高。但当产量逐渐上升到一定范围时,由于材料的利用可能更加充分、工人的作业安排可能更加合理等,单位产品的材料成本及人工成本会逐渐降下来。而当产量突破上述范围继续上升时,可能使某些变动成本项目超量上升,如支付给工人的加班工资等,从而导致单位产品的变动成本由降转升,如图 1-8 所示。

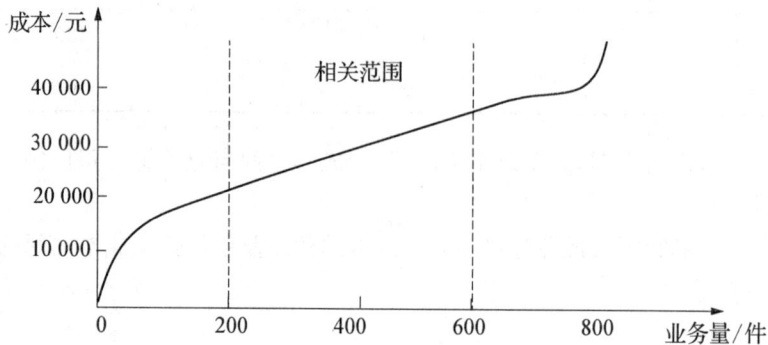

图 1-8　变动成本的特殊性

课程思政

认识的根本任务是透过现象抓住事物的本质和规律,要学会创造必要条件认识事物的本质。成本按成本性态划分为变动成本和固定成本,就是为了更深层地分析成本,更有针对性地控制成本。我们要注重培养科学的思维方法。

（3）混合成本。

混合成本(Mixed Cost)同时具有变动成本和固定成本特性。例如,企业所属运输部门发生的运输费用,既含有定期缴纳的养路费、保险费等,也包含随行驶里程而增减变动的汽油费、零部件损耗等,前者属于固定成本性质,后者属于变动成本性质,因此,总运输费用是一项混合成本。

混合成本可进一步分为半变动成本、半固定成本和延期变动成本。

① 半变动成本。

半变动成本(Semi-variable Cost)的特征是当业务量为零时,成本为一个非零基数;当业务量发生时,成本以该基数为起点,随业务量的变化而呈正比例变化。企业的水电费、公用事业服务费、机器设备的维护费等都属于这一类成本。

【例 1-3】　鸿鹄公司与供电局签订供电合同,合同规定电费的计算分两部分,按月支付固定电费 1 200 元,超基数费用为 0.3 元/度,该公司每生产 1 件产品需耗电 5 千瓦时。当公司本月共生产 2 100 件产品时,其支付的电费总额为 4 350 元。其中 1 200 元是不按供电量计算的固定支出,属于固定成本部分;3 150 元是按照实际耗用量 10 500 度电乘以单价 0.3 元计算得出的,属于变动成本部分。

如果用数学模型表示,假设 y 为半变动成本总额,a 为其中的固定成本部分,b 为单位变动成本,x 为业务量。则有:$y=a+bx=1\,200+0.3\times10\,500=4\,350$(元),如图 1-9 所示。

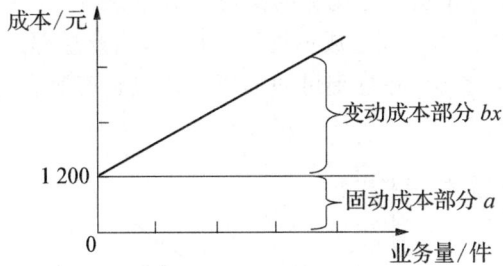

图 1-9 半变动成本的特征

② 半固定成本。

半固定成本(Semi-fixed Cost)又称为阶梯式变动成本(Step-variable Cost),是指成本在一定业务量的发生额是固定的,当业务量增长到一定程度,其发生额就跳跃到一个新的水平,然后在业务量增长的一定范围内发生额又保持不变(一个新的相关范围内),直到产生另一个新的跳跃为止。例如,企业的化验员、运货员、检验员、领班等人员工资,以及受班次影响的动力费、整车运输费、设备修理费等都属于这一类。

【例 1-4】 鸿鹄公司生产的甲产品,在完工入库前需经专门的质检员检查,每位质检员每月最多检验 500 件产品,产量每超过 500 件必须增加 1 名质检员,而且在产量一旦突破 500 件的倍数时就必须增加,那么,该公司质检员的工资成本就属于半固定成本。在质检员的工资标准为 5 000 元时,其工资支出随产品产量的增加,呈阶梯式跃升,见图 1-10。

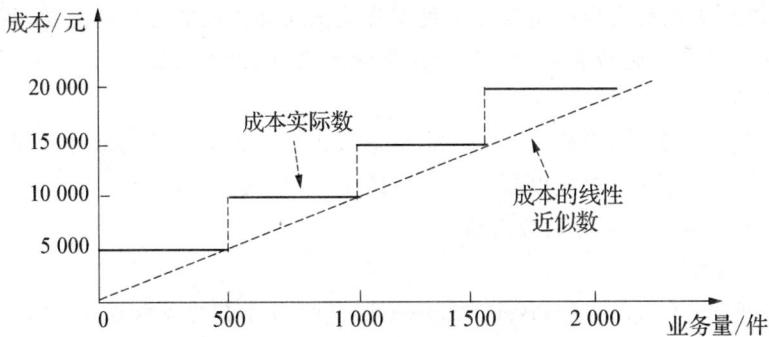

图 1-10 半固定成本的特征

半固定成本较难使用数学模型表达。当产量的变动范围较小时,如上例中产量在 0～500 件、500～1 000 件、1 000～1 500 件、1 500～2 000 件浮动时,半固定成本可以视为固定成本,用 $y=a$ 表示,即图 1-10 中的成本实际数。当产量的变动范围较大,如上例中产量在 0～2 000 件浮动,甚至超过 2 000 件时,半固定成本应被视为变动成本,需要用平滑的方式将半固定成本描述为一种近似的变动成本性态,即图 1-10 中虚线所示的成本的线性近似数($y=bx$),其变动率为虚线的斜率 100 元/件,即公司为单位甲产品所支付的质检员工资。

③ 延期变动成本。

延期变动成本(Delayed-variable Cost)是一种业务量范围内成本总额保持稳定,一旦超过一定业务量,则随业务量按一定比例增长的成本(见图1-11)。企业支付给员工的工资在正常情况下是不变的,属于固定成本性质。但是,当产量超过正常水平后,需根据超产数量支付加班费或超产奖金,并且支付的加班工资或超产奖金与超产加班的时间长短存在正比例关系。

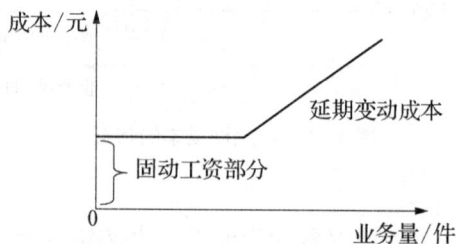

图1-11　延期变动成本曲线

将图1-9和图1-11相比较,可以明显地看出延期变动成本是将纵轴"延期"至业务量发生变动之处(临界点)时的半变动成本,因此,所说的延期,是指业务量的延期。

知识拓展

混合成本的主要分解方法

1. 高低点法

高低点法(High-low Points Method)是根据一定期间最高业务量与最低业务量之间的差额,以及与之相应的最高点混合成本与最低点混合成本之间的差额,推算混合成本总额中固定成本和变动成本含量的一种简捷方法,也称两点法。

2. 回归直线法

回归直线法(Regression Line Method)是根据一定时期业务量与混合成本的历史资料,利用最小二乘法原理找出各成本点的误差平方和最小的回归直线,从而分解混合成本中固定部分和变动部分的分解方法。

3. 账户分析法

账户分析法(Account Analysis Approach)是根据各有关成本账户(包括明细账)的内容,结合其与产量的依存关系,判断比较接近哪一类成本,就视为哪一类成本。例如,大部分管理费用项目在正常范围内与产量变动的关系不明显,可按固定成本处理;而直接材料发生额的大小在正常的产量范围内与产量间成明显的正比例关系,可将其视为变动成本。

4. 技术测定法

技术测定法(Technique Determine Approach)是根据生产过程中各种材料和人工成本消耗量的技术测定来划分固定成本和变动成本。其特点是将材料、工时的投入量和产量进行对比分析,用来确定单位产量的消耗定额,并把与产量有关的部分汇集为单位变动成本,与产量无关的部分汇集为固定成本,从而揭示成本变化的规律。

2. 按成本可控性分类

成本按责任中心是否可控分为可控成本和不可控成本。

能由责任中心或责任者控制的成本就是可控成本(Controllable Cost);否则,就是该责任中心或个人的不可控成本(Non-controllable Cost)。一般来讲,可控成本应同时符合三个条件:① 责任中心或责任者能够通过一定方式事先了解将要发生的成本;② 责任中心或责任者能够对成本进行有效计量;③ 责任中心或责任者能够通过自己的行为对成本加以调节和控制。

成本的可控与否是相对而言的,具体有以下表现:

(1) 与责任中心或责任者所处管理层级的高低有直接关系。对企业来说,几乎所有成本都是可控成本,一般不存在不可控成本;而对于企业内部的各个部门、车间、工段或班组来说,既有其各自专属的可控成本,又有其各自的不可控成本。

(2) 与责任中心或责任者管理权限的大小有直接关系。一项对于较高管理权限的责任中心来说属于可控的成本,对于其下属的较低管理权限的责任中心来说可能是不可控成本。例如,生产车间发生的折旧费对于生产车间而言属于可控成本,对于其下属的班组来说则属于不可控成本。

(3) 与责任中心或责任者控制范围的大小有直接关系。一项对某一责任中心来说属于可控的成本,对于其他责任中心来说就是不可控成本。例如,材料购买价格对采购部门来说基本属于可控成本,对生产部门或销售部门来说则属于不可控成本。

3. 按管理的特定需要确认或分类

(1) 机会成本。

企业决策时,如果必须从多个备选方案中选择一个最优方案而放弃其他方案,那么被放弃的方案可能获得的潜在利益就是已选最优方案的机会成本(Opportunity Cost)。考虑机会成本,有利于有限资源的最佳运用及对选择方案最终效益的全面评价。

【例1-5】 鸿鹄公司现有一台闲置设备,既可用于生产乙产品,也可以出租。如果用于生产乙产品,年度将实现销售收入 45 000 元,生产成本 22 000 元,获取毛利 23 000 元;如果出租可获得年租金收入 21 000 元。如果选择生产乙产品,就必然放弃出租设备,于是可能获得的租金收入 21 000 元应作为生产乙产品的机会成本。

机会成本产生于资源是稀缺的,并且资源可以多用途选择,如果一项资源只能用于某单一用途,就不会产生机会成本。比如购买一次性还本付息债券,只能在到期时获得约定收益,就不会产生机会成本;而购买可转换债券,既可以到期获得约定收益,又可以在未到期前某个时期转换成股权资本,就会产生机会成本。

应注意的是,机会成本仅仅是被放弃方案的潜在利益而非实际支出,因而不能登记入账。

课程思政

大学生的职业生涯规划,永远逃不开"选择"两个字,在做选择时要考虑机会成本,因为一个人的精力和时间都是有限的,机会成本是选择的代价,考虑了机会成本,才能全面权衡利弊,树立正确的择业观、就业观以及价值观。

(2) 边际成本。

边际成本(Marginal Cost)是指在一定产量水平上,产量增加或减少1个单位,给总的成本带来的变化。

【例1-6】 鸿鹄公司生产丙产品,每增加1个单位引起的总成本变化及边际成本见表1-3。

表1-3 产量、总成本和边际成本之间的关系

产量/件	总成本/元	边际成本/元
0	0	0
1	400	400
2	700	300
3	900	200
4	1 000	100

从表1-3可以看出,当产量从2增加到3时,总成本从700元增加到900元,边际成本为200元。边际成本说明了在一定的产量水平上,单位产量的变化对总成本产生什么影响,这对于研究分析产量和成本之间的动态关系是十分重要的。

(3) 沉没成本与付现成本。

沉没成本(Sunk Cost)是指过去已经发生并且无法由现在或将来的任何决策改变的成本。沉没成本对现在或将来的决策没有影响,决策时不予考虑。

【例1-7】 鸿鹄公司有一台旧设备要提前报废,其原始成本为26 000元,已提折旧23 000元,折余净值为3 000元。假设处理旧设备有两个方案可供选择:一是将旧设备直接出售,可获得变价收入1 400元;二是经修理后再出售,修理费用1 800元,出售收入为2 700元。决策时,旧设备的折余净值3 000元属于沉没成本,不予考虑,只需将两个方案的净收入进行比较。直接出售可得净收入1 400元,而修理后出售的净收入为900元(=2 700-1 800),第一个方案比第二个方案可多得500元收入,因此,选择直接出售旧设备。

可见,沉没成本是企业在先前经营活动中已经支付现金而在现在或将来经营期间摊入成本或费用的支出。固定资产折旧、无形资产摊销都属于沉没成本。

付现成本(Out-of-pocket Cost)是指可以由现在或将来的决策改变其支出数额的成本。付现成本是决策必须考虑的重要影响因素。

【例1-8】 鸿鹄公司打算生产A产品,在设备选择时有两个方案,第一个方案是可以使用现有闲置的甲设备,甲设备原始价值为55 000元,已提折旧43 000元,折余净值为12 000元,但需要对甲设备进行技术改造,改造费用为10 000元;第二个方案是购买新的

乙设备,其性能与改造后的甲设备相同,售价为 25 000 元。由于甲设备的折余净值属于沉没成本,决策时不予考虑。改造甲设备的付现成本为 10 000 元,购买乙设备 25 000 元,即改造甲设备比购买乙设备节约支出 15 000 元,所以应选择第一个方案。

（4）相关成本与无关成本。

企业在进行经营决策时,可供选择的多种方案中所涉及的各种成本,有些成本与方案的抉择有关,有些成本则与方案的抉择无关。

相关成本（Relevant Cost）是对决策有影响的各种形式的成本,如差量成本、机会成本、边际成本,付现成本等。那些对决策没有影响的成本,称为无关成本（Irrelevant Cost）。这类成本在过去已经发生或对未来决策没有影响,因而在决策时不予考虑,如沉没成本、约束性成本等。

相关成本与无关成本的区分并不是绝对的,有些成本在某一决策中是相关成本,在另一决策中却可能是无关成本。

思考题

1. 成本管理会计的形成与发展过程是怎样的?
2. 简述成本管理会计的内容和特点。
3. 成本管理会计有哪些职能?
4. 如何理解成本的内涵?
5. 成本管理会计对成本的分类有哪些?
6. 成本按经济用途分类的结果是如何影响资产负债表和利润表的?
7. 边际成本和变动成本的含义及区别是什么?

第二章　成本核算基本原理

学习目标 ▶▶▶▶

- 理解成本核算的要求。
- 掌握成本核算的一般程序。
- 了解生产按工艺过程特点和按生产组织特点的分类。
- 掌握生产特点和成本管理要求对成本方法选择的影响。

引导案例

某大学大一年级的两个班级一起组织春游活动,共花费 1 800 元。在分配费用时,有人提出按班级分配,用班费支出,两个班级各负担 900 元;有人提出不同意见,认为男生饭量大,而且游玩的项目比女生多,所以应该按男女生分配,男生应多负担一些费用;还有人认为每个人游玩的项目可能不同,应该按人头来分配费用,除了饭费平均分配以外,按各自实际受益的项目承担费用⋯⋯按照以上不同的意见分配 1 800 元的总费用,分配结果肯定是不一样的,之所以产生差异,是因为成本核算对象不同。这一章将介绍成本核算对象的概念,它是成本核算的基础。

知识结构图

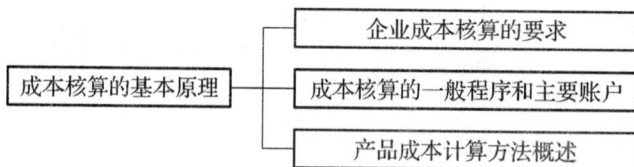

成本核算的基本原理 —— 企业成本核算的要求

成本核算的一般程序和主要账户

产品成本计算方法概述

第一节　企业成本核算的要求

成本核算是根据国家有关的法规、制度和企业经营管理的要求,将生产经营过程中发生的费用按一定的对象和标准进行归集和分配,以计算确定各对象的总成本和单位成本,并进行相应的账务处理,为决策者提供真实、有用的成本信息。

成本核算是成本会计的核心职能,同时也是企业经营管理的重要组成部分。因此,为了充分发挥成本核算的作用,在成本核算工作中,应贯彻执行以下各项要求。

课程思政

要熟悉并自觉遵守成本核算要求,坚持原则,确保依法核算成本费用;保证核算结果的正确性,不弄虚作假;对企业资源使用情况进行监督,维护国家利益、社会公众利益和正常经济秩序。

一、正确确定财产物资的计价和价值结转的方法

企业的产品生产将耗费大量的财产物资,这些作为生产资料的财产物资最终转移到产品成本和期间费用中,因此,财产物资的计价和价值结转方法是否正确,会对产品成本的计算产生重要的影响。

企业财产物资计价和价值结转方法主要包括:固定资产原值的计算方法、折旧方法,折旧率的种类和高低;固定资产与低值易耗品的划分标准;材料成本的组成内容、材料按实际成本进行核算时发出材料单位成本的计算方法、材料按计划成本进行核算时材料成本差异率的种类(个别差异率、分类差异率还是综合差异率,本月差异率还是上月差异率)、采用分类差异率时材料类距的大小等;低值易耗品和包装物价值的摊销方法、摊销率的高低及摊销期限的长短等。

正确确定财产物资的计价和价值结转的方法基本要求是:凡国家有统一规定的,应采用统一规定的方法;国家没有统一规定的,企业要根据财产物资的特点,结合管理要求合

理选用。而且各种方法一经确定,应保持相对稳定,不得随意改变,以保证成本信息的可比性。

二、正确划分各种费用支出的界限

企业发生的各项支出,有的可以计入产品成本,有的不能计入产品成本。为了正确计算产品成本,为企业经营管理提供准确、可靠的信息,必须正确划分以下五个方面的费用界限。

(一) 正确划分生产经营费用与其他各种支出的界限

生产经营费用主要包括企业生产经营过程中发生的产品成本和期间费用。企业的经济活动是多方面的,其支出的用途也是多方面的,并非所有的支出都计入生产经营管理费用。例如,企业购置和建造固定资产、购买无形资产以及对外进行投资,其支出属于资本性支出,形成企业的资产,不直接计入成本费用;企业的固定资产盘亏损失、自然灾害等原因而发生的非常损失,以及非正常原因发生的停工损失等,应计入营业外支出。

企业应按照国家有关的成本开支范围的规定,正确地核算生产经营费用。多计成本,会减少企业利润和国家财政收入;少计成本,则会虚增利润,使企业成本得不到应有的补偿,从而影响企业生产经营活动的持续进行。而且无论多计还是少计成本,都会造成成本不实,从而不利于企业的成本管理。

知识卡片

我国现行财务制度规定 应计入产品成本的项目	我国现行财务制度规定 不应计入产品成本的项目
① 生产经营中实际消耗的原材料、辅助材料、备品配件、外购半成品、燃料、动力、周转材料等。 ② 企业中直接从事产品生产人员的薪酬费用。 ③ 车间为组织或管理生产发生的全部间接费用,包括车间管理人员的薪酬、办公费、折旧费、租赁费、水电费、劳动保护费、周转材料消耗的摊销费用、设计制图费用、产品试验检验费等。 ④ 因生产发生的废品损失,以及季节性和修理期间停工的损失等	① 企业为组织、管理生产经营活动所发生的管理费用、财务费用、销售费用。 ② 购置和建造固定资产的支出、购入无形资产和其他资产的支出。 ③ 对外界的投资,以及分配给投资者的利润。 ④ 被没收的财物损失,以及因违反法律而支付的各项滞纳金、罚款或企业自愿赞助、捐赠的支出。 ⑤ 国家规定不得列入成本的其他支出

(二) 正确划分生产费用与期间费用的界限

企业生产经营费用的用途和计入损益的时间有所不同。用于产品生产的原材料费用、生产工人的工资和制造费用等应计入生产费用,按一定种类和数量的产品归集后,形成产品成本,在产品销售后作为产品销售成本计入企业损益;用于产品销售、组织和管理生产经营活动以及为筹集生产经营资金而发生的费用归集为期间费用,直接计入当期损益。

┌─ 知识链接 ─────────────────────────┐

（1）产品成本计入损益的相关分录。

产品完工的会计当期，会计分录如下：

借：库存商品

　　贷：基本生产成本

产品销售的会计当期，会计分录如下：

借：主营业务成本

　　贷：库存商品

借：本年利润

　　贷：主营业务成本

（2）期间费用计入损益的相关分录。

期间费用发生的会计当期，会计分录如下：

借：本年利润

　　贷：管理费用

　　　　财务费用

　　　　销售费用

　　　　……

└──────────────────────────────┘

（三）正确划分各个月份的费用界限

根据权责发生制原则的要求，企业发生的费用在各个月份之间进行划分，以便分别计算各月成本，考核和分析各月成本计划的执行情况。为此，本月支付的、应由以后各月负担的费用，应该先记入"预付账款""其他应付款""长期待摊费用"等账户，在以后各月分摊计入成本费用；本月虽然尚未支付，但应由本月负担的费用，应先进行预提，预先计入本月成本费用，以后再支付。这些费用分几个月分摊，各月分摊多少，取决于费用受益期长短。

（四）正确划分不同成本核算对象的费用界限

成本核算对象是产品生产费用的承担者，是费用归集的最终对象。属于某个成本核算对象单独发生、能够单独计入该成本核算对象的生产费用，应该直接计入其成本中；属于多个成本核算对象共同发生、不能直接计入某个特定成本核算对象的生产费用，则要采取适当的分配方法，分配计入这几个成本核算对象的成本，并要保持分配方法的一贯性。

（五）正确划分完工产品与在产品的费用界限

生产费用按不同成本核算对象归集后，月末时，如果某成本核算对象全部完工，月末计算其成本时，将该成本核算对象的生产费用合计数全部计入完工产品成本；如果某成本核算对象全部未完工，所发生的费用计入月末在产品的成本中；如果某成本核算对象既有完工产品又有在产品,应将该成本核算对象的各项生产费用,采用适当的分配方法在完工产品与月末在产品之间进行分配,分别计算完工产品成本和月末在产品成本。

理解记忆

费用界限划分图

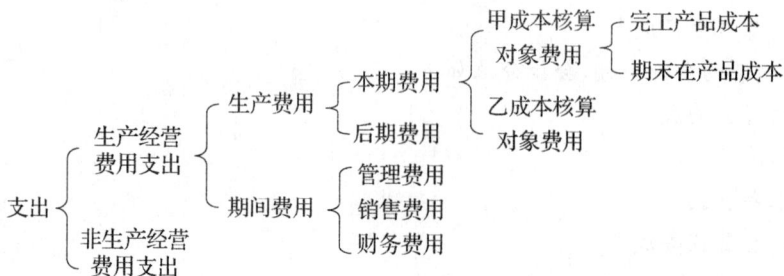

```
                                              甲成本核算 ─┬─ 完工产品成本
                                  ┌─ 本期费用 ─  对象费用  └─ 期末在产品成本
                   ┌─ 生产费用 ─┤
                   │             └─ 后期费用 ─  乙成本核算
        生产经营 ─┤                            对象费用
        费用支出  │             ┌─ 管理费用
支出 ─┤           └─ 期间费用 ─┼─ 销售费用
        │                       └─ 财务费用
        非生产经营
        费用支出
```

三、做好成本核算的基础工作

为了加强成本审核和控制,正确、及时地计算产品成本和期间费用,企业应做好下列各项基础工作。

(一)原始记录制度

原始记录是企业最初记载各项业务实际情况的书面凭证,是编制成本计划、制定各项定额的主要依据,也是成本核算的前提。在成本会计中,原始记录的范围一般包括生产记录、考勤记录、设备利用记录、材料物资收发记录以及产品质量的检验结果等。不同企业的原始记录并不完全一样,其范围、内容以及格式取决于各企业的生产特点和成本管理要求,做好原始记录制度的总原则是既要满足成本核算和管理的需要,又要简便易行。

(二)定额管理制度

定额是企业在一定的生产技术和组织条件下,在充分考虑人的能动性的基础上,对生产过程中消耗的人力、物力和财力所做的规定和应达到的数量标准。定额按其反映的内容不同,主要分为工时定额、产量定额、材料消耗定额、费用定额等;按其制定的标准不同,主要分为计划定额、现行定额等。定额的制定既要先进又要切实可行,并且随着企业内外条件的改变,定额也要不断修订,使之有效地发挥作用。

(三)计量验收制度

计量验收是对企业各项财产物资收发领退的数量进行准确确认的手段,也是一种管理制度。企业库存材料的收发、领退,在产品、半成品的内部转移和产成品的入库等,均应填制相应的凭证,经过一定的审批手续,并经过计量、验收或交接,防止任意领发和转移。库存的各种实物,以及车间的在产品和半成品,均应按照规定进行盘点、清查,以保证财产物资的安全,保证账实相符,保证成本计算的准确性。

（四）内部计价制度

在计划管理基础较好的企业中，为了分清企业内各单位的经济责任，便于分析和考核内部各单位成本计划的完成情况，还应对材料、半成品和厂内各车间相互提供的劳务（如修理、运输）制定厂内计划价格，作为内部结算和考核的依据。厂内计划价格应该尽可能接近实际并相对稳定，年度内一般不做变动。在制定了厂内计划价格的企业中，内部各单位之间都应先按计划价格结算，月末再采用一定的方法计算和调整价格差异，据以计算实际的成本、费用。这样做还可以简化和加速成本和费用的核算工作。

四、选用适当的成本计算方法

产品成本是在生产过程中发生的各种耗费，其内容因产品的生产工艺过程和生产组织特点不同而不同，应采用不同的成本计算方法计算产品成本。另外，成本核算是成本管理的基础，为了适应不同企业成本管理的要求，计算产品成本的方法也应不同。因此，企业应按照产品生产特点和管理要求，选用适当的成本计算方法，正确、及时地计算产品成本，为成本管理提供有用的信息。

第二节　成本核算的一般程序和主要账户

一、成本核算的一般程序

不同生产工艺过程和生产组织类型的企业，所选择的成本计算方法也应不同，但无论采用哪种计算方法，根据前述的成本核算要求和费用的分类，可将成本核算的一般程序归纳如下。

（一）对企业的各项支出进行审核和控制

对企业各项支出的合理性、合法性进行严格的审核和控制，并按照国家有关规定确定其是否应计入生产经营费用；对于应计入生产经营费用的部分，确定其应计入产品生产费用还是期间费用。即前述费用界限划分的第一和第二方面工作。

（二）正确处理费用的跨期摊提工作

将本月实际支出但应留待以后月份摊销的费用，作为待摊销费用；将以前月份支出的待摊销费用中应由本月负担的份额，摊入本月的费用；将本月尚未开支但应由本月负担的费用，预提计入本月的费用，最后归集出本月的生产费用金额。即前述费用界限划分的第三方面工作。

（三）将产品生产费用在各个成本核算对象间归集和分配

将应计入本月产品成本的生产费用，在各个成本核算对象之间按照成本项目进行分配和归集，最终计算出按成本项目反映的各产品的成本。即前述费用界限划分的第四方面工作。

（四）将产品生产费用在完工产品和月末在产品之间分配

对于月末既有完工产品又有在产品的成本核算对象,将该成本核算对象的生产费用合计数(即月初在产品成本与本月生产费用之和)在完工产品与月末在产品之间进行分配,计算出该成本核算对象的完工产品成本和月末在产品成本。即前述费用界限划分的第五方面工作。

成本核算的一般程序如图 2-1 所示。

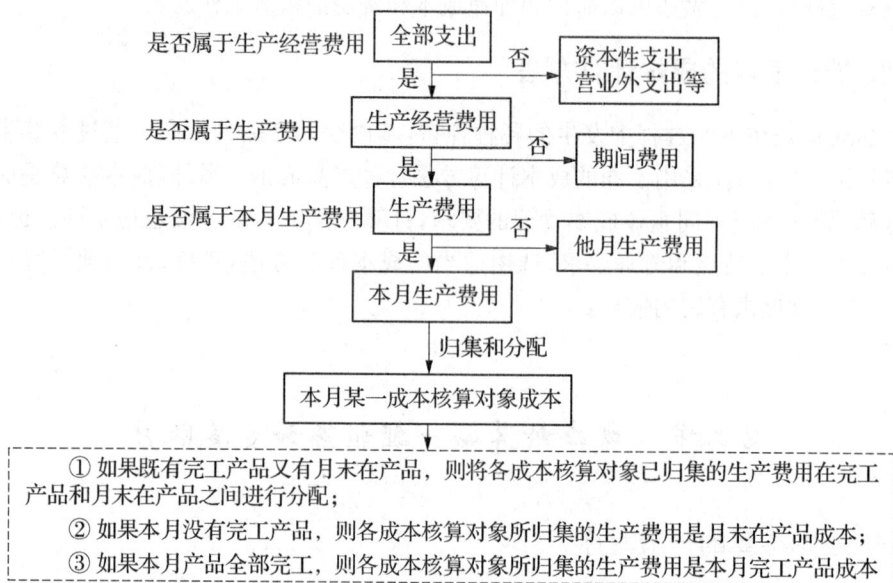

图 2-1 企业成本核算的一般程序

课程思政

按照成本核算程序进行企业成本的核算,保证所有实际发生的费用最后都计入产品成本;树立成本无小事的观念,保证数据的客观公正。成本核算的准确性关系到利润高低,更关系到利益分配,影响着国家的税收以及投资者的利益。

二、成本核算的账户设置

为了进行成本核算,设置"生产成本"一级账户,在该一级账户下,设置"基本生产成本"和"辅助生产成本"二级账户,分别核算基本生产车间和辅助生产车间发生的耗费。也可简化处理,直接将"基本生产成本"和"辅助生产成本"设置为一级账户。本教材中采用简化处理方法。设置"制造费用"一级账户,核算生产车间发生的各项间接费用。设置"管理费用""销售费用"和"财务费用"账户,核算各项期间费用。如果需要单独核算废品损失和停工损失,还应设置"废品损失"和"停工损失"账户。

（一）"基本生产成本"账户

基本生产是指为完成企业主要生产目的而进行的产品生产。为了归集企业进行基本生产所发生的各种生产费用和计算基本生产产品的成本,应设置"基本生产成本"总账。该账户借方登记企业为进行基本生产而发生的各种费用;贷方登记转出的完工入库的产品成本;余额在借方,表示基本生产的在产品成本,即基本生产在产品占用的资金。基本生产成本账户结构以及和其他主要往来账户关系如图2-2所示。

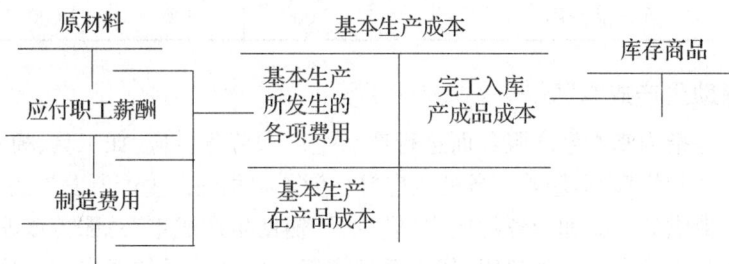

图2-2 基本生产成本账户结构图

"基本生产成本"总账账户应按产品品种或产品批别、生产步骤等成本核算对象设置基本生产成本明细账,也称产品成本明细账或产品成本计算单。账中按成本项目分设专栏或者专行,登记各产品的各成本项目的月初在产品成本、本月发生的成本、本月完工产品的成本和月末在产品成本。其格式详见表2-1和表2-2,表2-1表示所生产的产品在月末全部完工产品成本明细账样式,表2-2表示在上期已经生产的产品,本期部分完工、部分未完工的产品成本明细账样式。

表2-1 基本生产成本明细账

车间:一车间
产品:甲产品
金额单位:元

2023年		摘 要	产量/件	成本项目			成本合计
月	日			直接材料	直接人工	制造费用	
8	31	本月生产费用		5 000	1 400	1 600	8 000
8	31	本月完工产品成本	100	5 000	1 400	1 600	8 000
8	31	完工产品单位成本		50	14	16	80

表2-2 基本生产成本明细账

车间:一车间
产品:乙产品
金额单位:元

2023年		摘 要	产量/件	成本项目			成本合计
月	日			直接材料	直接人工	制造费用	
7	31	在产品费用		500	320	280	1 100
8	31	本月生产费用		6 500	4 080	3 720	14 300

2023 年		摘　要	产量/件	成本项目			成本合计
月	日			直接材料	直接人工	制造费用	
8	31	生产费用合计		7 000	4 400	4 000	15 400
8	31	本月完工产品成本	50	6 000	4 000	3 000	13 000
8	31	完工产品单位成本		120	80	60	260
8	31	在产品费用		1 000	400	1 000	2 400

（二）"辅助生产成本"账户

辅助生产是指为基本生产服务而进行产品生产和劳务供应,如工具、模具、修理用备件等产品的生产和修理、运输等劳务的供应等。为了归集辅助生产所发生的各种费用,计算辅助生产所提供的产品和劳务的成本,应设置"辅助生产成本"总账。该账户借方登记为进行辅助生产而发生的各种费用;贷方登记完工入库产成品的成本或分配转出的劳务成本;余额在借方,表示辅助生产在产品的成本,即辅助生产在产品占用的资金。辅助生产成本账户结构以及和其他主要往来账户关系见图2-3、图2-4。图2-3表示辅助生产车间生产产品完工入库情况下账户结构图,图2-4表示辅助生产车间直接将产品或劳务分配给各受益对象情况下账户结构图。

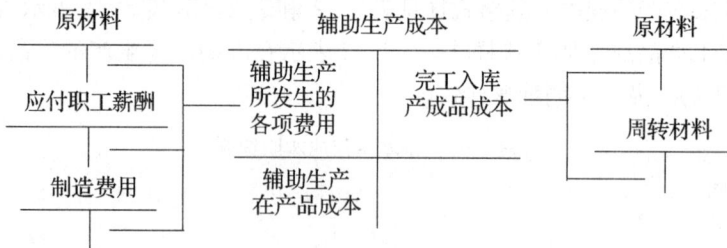

图 2-3　辅助生产成本账户结构图（1）

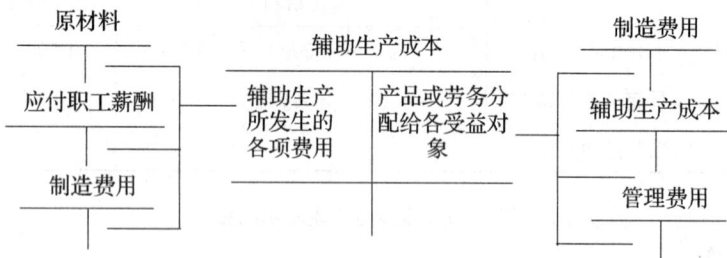

图 2-4　辅助生产成本账户结构图（2）

该账户应按辅助生产车间生产的产品、劳务分设辅助生产成本明细账,账中按辅助生产的成本项目和费用项目,分设专栏和专行进行登记。

（三）"制造费用"账户

"制造费用"账户属于成本类账户,用来核算企业为生产产品和提供劳务而发生的未单独设置成本项目的各项间接费用,包括车间管理人员的工资、折旧费、办公费、水电费、机物料消耗、低值易耗品摊销、劳动保护费等。该账户的借方登记实际发生的制造费用;贷方登记分配转出的制造费用;除季节性生产企业按年度计划分配率分配制造费用外,该账户经结转后月末一般无余额。

"制造费用"账户按车间、部门设置明细账,账内按费用项目设置专栏进行明细核算。

制造费用明细账通常采用多栏式,格式见表 2-3。

表 2-3　制造费用明细账

车间名称:　　　　　　　　　　　　　　　　　　　　　　　　　　　　　　　单位:元

年		摘 要	职工薪酬	办公费	折旧费	保险费	检验费	……	合 计	转 出
月	日									

> **小知识**
>
> 　　西方成本会计中,制造费用也称为厂房费用(Factory Overhead)或间接制造成本(Indirect Manufacturing Cost),这些名称的含义与制造费用一致。

(四)"废品损失"账户

需要单独核算废品损失的企业,应设置"废品损失"账户。"废品损失"账户用来核算企业产品生产过程中发生的废品损失,该账户为成本类账户,借方登记可修复废品的修复费用和不可修复废品的生产成本;贷方登记废品残料回收的价值、应收的赔偿款以及转出的废品净损失;该账户月末应无余额。

"废品损失"账户一般按车间、部门设置明细账,并按产品种类分设专户,在账内按成本项目开设专栏,进行明细核算。

(五)"停工损失"账户

需要单独核算停工损失的企业,应设置"停工损失"账户。"停工损失"账户用来核算企业停工期间发生的实际费用,该账户为成本类账户,借方登记停工期间发生的各种费用支出;贷方登记应获得的赔偿额,并结转停工净损失;该账户月末应无余额。

"停工损失"账户一般按车间、部门设置明细账,在账内按成本项目开设专栏,进行明细核算。

另外,企业应设置"销售费用""管理费用"以及"财务费用"账户,对企业期间费用进行核算。

在成本核算过程中,各账户之间存在互相制约和依存的关系,从而形成成本核算的账务处理程序,如图 2-5 所示。

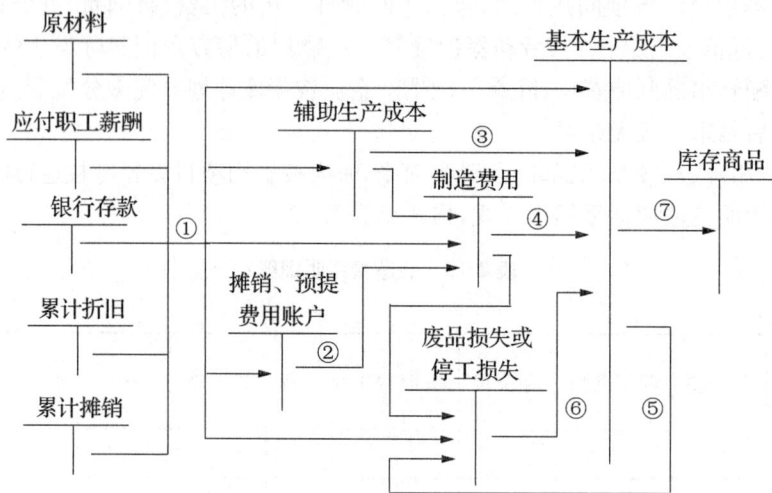

图 2 - 5　产品成本核算的账户处理程序

说明：

① 分配各项要素费用，生产领用自制半成品；

② 按照权责发生制的要求，分配待摊以及预提的费用；

③ 分配辅助生产成本；

④ 分配制造费用；

⑤ 结转不可修复废品成本；

⑥ 结转废品净损失或停工净损失；

⑦ 结转产成品成本及自制半成品成本。

课程思政

账户实际上是对会计要素的一个分类，将企业发生的经济业务进行分类管理。学生也要培养分类管理的科学思维方式，把生活中的支出事项进行分类，记入不同账户，便于对各类支出进行复盘，达到节约支出的目的。

第三节　产品成本计算方法概述

引　导

ABC 公司成本的核算

ABC 公司是一家综合性的企业，该公司主要从事食品加工，包括食品的粗加工和精加工，主要产品有酒（啤酒、白酒）、面粉（标准粉、全麦粉、饺子粉等）、油等。各种产品由不同的车间进行生产，有些产品生产周期不同，生产步骤不同，所用原料不同，管理要求不同；有些产品生产周期相同，所用原料相同，生产步骤一致。为此，该公司要求财务部门确定一套适合本公司的成本核算方案，为不同的产品选择不同的核算方法。你能为该企业提供一套成本核算方案吗？

知识结构图

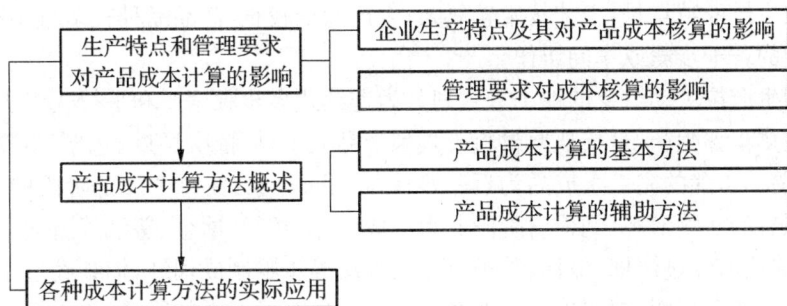

- 生产特点和管理要求对产品成本计算的影响
  - 企业生产特点及其对产品成本核算的影响
  - 管理要求对成本核算的影响
- 产品成本计算方法概述
  - 产品成本计算的基本方法
  - 产品成本计算的辅助方法
- 各种成本计算方法的实际应用

一、生产特点和管理要求对产品成本计算的影响

产品成本是产品生产过程中所发生的各项生产费用，随生产过程依次转化、逐步积累形成，和企业的生产经营特点有直接关系；而成本会计又是管理活动的一个重要分支，必须满足企业管理方面的要求。所以，企业生产的特点和成本管理的要求都会影响成本核算，企业在进行成本核算确定成本计算方法时，必须从具体情况出发，同时考虑生产特点和成本管理的要求。

知识链接

本章第一节成本核算的要求中第四个要求："按照生产特点和管理要求，采用适当的成本计算方法"。

（一）企业生产特点及其对产品成本核算的影响

1. 企业生产的分类及特点

不同部门、行业的生产特点千差万别，但按照企业生产的一般特点，可将生产作如下分类：
（1）生产按工艺过程特点分类。

工艺过程是指制造各种产品的工艺技术的具体方法，是劳动者利用劳动手段直接改变劳动对象的形状、尺寸、位置、性能和成分，使其成为预期产品的过程。企业的生产，按其生产工艺过程的特点，可以分为单步骤生产和多步骤生产两种类型。

① 单步骤生产。

单步骤生产，又称简单生产，是指生产工艺过程不能间断，不可能或不需要划分为几个生产步骤的生产,如发电、采掘、燃气、铸造、酿造等工业生产。

单步骤生产的特点是:工艺技术较简单,生产周期较短,产品品种不多且稳定;一般由一个企业整体进行,而不能由几个企业或几个车间协作进行。

② 多步骤生产。

多步骤生产,又称复杂生产,是指生产工艺过程由若干个可以间断、可以分散在不同地点、分别在不同时间进行的生产步骤所组成的生产,如纺织、钢铁、机械、造纸等工业生产。

多步骤生产的特点是:工艺技术较复杂,生产周期较长,产品品种较多且不稳定,一般由一个企业的若干步骤或车间协作生产。

多步骤生产按劳动对象的加工方式划分为连续式多步骤生产和平行式多步骤生产。

连续式多步骤生产,是指从原材料投入到产品完工,要依次经过各生产步骤的连续加工的生产,前一步骤的完工半成品为后一步骤加工的对象,在每个加工阶段中,加工对象都改变了原有的实物形态,到最后阶段成为产成品,如纺织、冶金、造纸等行业。在纺织生产过程中,棉花需经过清棉、梳棉、并条、粗纺、细纺等步骤制成棉纱,棉纱经过络筒、整经、浆纱、穿经、织造等步骤,织成棉布。连续式多步骤生产示意图如图 2-6 所示。

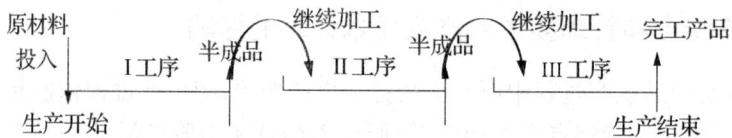

图 2-6　连续式多步骤生产示意图

平行式多步骤生产,又称装配式多步骤生产,是指各个生产步骤可以在不同的地点和不同的时间,先将原材料平行加工成零件、部件,然后将零件、部件装配成产成品,如机械、车辆、仪表。在自行车生产过程中,金属材料分别经过冲压、切割、电焊、电镀等加工步骤,制成车把、把立管、前叉、车架、安全闸、灯架等零部件,然后与其他材料构成的部件装配成自行车。平行式多步骤生产示意图如图 2-7 所示。

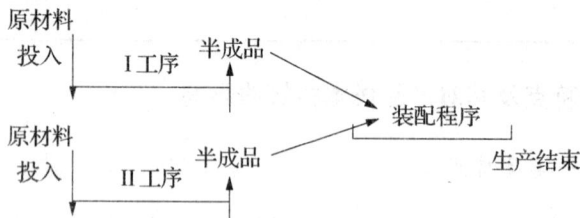

图 2-7　平行式多步骤生产示意图

(2)生产按生产组织特点分类。

生产组织是指企业为保证生产过程中各因素相互协调的工作制度。生产组织的特点,取决于产品产量的多少、产品生产的重要性以及产品的稳定程度。

企业的生产按其生产组织的特点可以分为大量生产、成批生产和单件生产三种类型。

① 大量生产是指不断重复品种相同产品的生产,如采煤、冶金、面粉、化肥、酿酒、造

纸行业。大量生产的特点是产品品种少,也比较稳定,各种产品不断重复生产,产量高。

② 成批生产是指按事先规定的数量和规格进行批量生产,如服装、机械行业。成批生产的特点是产品品种较多,产量较大,有一定重复性。

成批生产按照每批生产的数量多少可分为大批生产和小批生产。

大批生产,由于生产产品的批量大,通常在几个月内不断地重复生产一种或几种产品,其性质接近大量生产,如服装、食品行业。

小批生产,由于生产产品的批量小,一批产品同时生产一般可同时完工,其性质接近单件生产,如电梯生产企业。

③ 单件生产,类似于小批生产,是指根据客户要求的品种、规格和数量来组织生产,制造个别的、性质特殊的产品生产,如造船、大型机械设备制造等。单件生产的特点是产品品种多,在较长时期内不重复,产量少,制造时间长。

单步骤生产和连续加工式多步骤生产的生产组织多为大量生产;装配式多步骤生产的生产组织,则有大量生产、成批生产和单件生产的区别。

> ### 小案例
>
> 　　在一个工厂、一个车间内的产品生产并非都是一种生产类型。例如,一家洗衣机厂的生产,从整个工厂来看,洗衣机的外壳、洗缸、叶轮总成和微型电动机等部件都是平行加工制成的,然后组装整台洗衣机,属于装配式的大量生产;其锻压车间、金工车间对外壳等部件的生产,则可以是连续式的成批生产。又如,洗衣机厂中的车间组织形式,既可以有按工艺专业化建立的生产车间(如锻压车间、金工车间、装配车间等),也可以有按对象专业化建立的生产车间(如电动机生产车间)。在一个车间内部,也可以将两种专业化形式结合运用。

2. 企业生产特点对产品成本核算的影响

生产特点对制造成本核算的影响主要表现在产品成本核算的对象、产品成本计算期以及期末生产费用在完工产品与在产品之间的分配方面。

(1) 对成本核算对象的影响。

成本核算对象,是生产费用归集的对象,即计算什么的成本。一般情况下有产品品种、产品批别以及产品步骤三种成本核算对象。

成本核算对象是设置产品成本明细账、归集生产费用、计算产品成本的前提,是构成成本计算方法的主要标志,因而也是区别各种成本计算方法的主要标志。

成本核算对象主要取决于生产类型的特点。在大量大批单步骤生产中,由于不间断地重复生产同类产品,中间又没有自制半成品存在,因而只能以产品的品种作为成本核算对象来归集生产费用;在大量大批多步骤生产中,由于各个步骤相对独立地进行生产,生产费用可以按产品的生产步骤归集,因而可以以各个加工步骤以及最后步骤的产成品作为成本核算对象;在单件或小批生产中,由于产品是以客户的订单或批别组织生产,因而可以以产品的订单或批别作为成本核算对象,来归集生产费用。

(2) 对成本计算期的影响。

成本计算期是指生产费用计入产品成本所规定的起止时期,可按月定期计算,也可以按生产周期进行计算。

成本计算期的确定,主要取决于生产组织的特点。在大量、大批生产中,由于生产活动连续不断地进行,月末一般既有完工产品又有在产品,因而产品成本计算都是按月定期计算。对于小批或单件生产,当每一订单产品或每批产品未完工时,月末全部是在产品的成本,只有在有完工产品的月份才需要计算产成品的成本,因而完工产品成本的计算与会计期间不一致,而与生产周期一致。但需注意的是,产品没有完工的时期,生产费用仍然需要进行归集,待产品完工时,便于及时进行成本计算。

(3) 对生产费用在完工产品与在产品之间分配的影响。

生产的特点还会影响到企业月末产品的完工情况,企业月末是否有在产品决定着月末成本计算是否需要在完工产品与在产品之间分配费用的问题。

在单步骤生产中,由于生产过程不能间断,生产周期也短,月末一般没有在产品,或者在产品数量很少,因而计算产品成本时,生产费用不必在完工产品与在产品之间进行分配。

在多步骤生产中,是否需要在完工产品与在产品之间分配费用,在很大程度上取决于生产组织的特点。大量大批多步骤生产,由于成本计算期与产品的生产周期不一致,月末一般会有在产品存在,因而需要将产品的生产费用采用适当的方法在完工产品与月末产品之间划分。单件或小批量生产,由于成本计算期与产品生产周期一致,什么时候产品完工,什么时候才计算完工产品的成本,因此,在计算产品成本的会计期末,一般不存在完工产品和在产品之间分配费用的问题。

(二) 管理要求对成本核算的影响

企业如何进行成本核算主要受其生产特点的影响,同时,企业对成本管理的不同要求也会影响到成本核算时方法的确定,而且主要是对成本核算对象的确定产生影响。

例如,在大量大批多步骤生产的企业,由于产品生产过程可以间断,并可分散在不同地点进行,客观上具备了按生产步骤计算各步骤所生产的半成品成本的条件。如果企业管理上要求分步计算各步骤所产半成品的成本,提供半成品成本资料,那么就应以各加工步骤的半成品和最终步骤的产成品作为成本核算对象,分步计算产品成本;如果企业管理上不要求提供半成品资料,那么尽管这种生产类型已具备了按步计算产品成本的条件,也不以各步骤作为成本核算对象,而仅以最终产成品作为计算对象。

再如,在确定单件小批生产的产品成本核算对象时,可以根据经济、合理地组织生产和便于管理的要求,对客户的订单做适当的归集或细分,以既符合企业生产特点又能满足管理要求的生产批别作为成本核算对象。

二、产品成本计算方法概述

> **课程思政**
>
> 子曰:"工欲善其事,必先利其器。"成本计算方法就是进行成本管理的工具,如果想

管理好成本,必须先掌握方法计算出成本。学生在学习过程中,想要实现目标,造就成理想中的自己,应先"利其器",做好准备工作,每个学期定下学习规划,打好基础,使自己有足够的资本,才可能"善其事"。

(一) 产品成本计算的基本方法

为了适应不同类型生产特点和成本管理的要求,在产品成本计算工作中,有产品品种、产品批别和产品的生产步骤三种不同的成本核算对象,因而以成本核算对象为主要标志的产品成本计算的基本方法有品种法、分批法和分步法三种。

1. 品种法

即以产品品种作为成本核算对象的产品成本计算方法。适用于单步骤的大量生产,如发电、采掘等;也可用于不需要分步骤计算成本的多步骤的大量、大批生产,如小型造纸厂、水泥厂等。

2. 分批法

即以产品批别作为成本核算对象的产品成本计算方法。适用于单件、小批的单步骤生产或管理上不要求分步骤计算成本的多步骤生产,如修理作业、专用工具模具制造、重型机械制造、船舶制造等。

3. 分步法

即以产品生产步骤作为成本核算对象的产品成本计算方法。适用于大量、大批的多步骤生产,如纺织、冶金、机械制造等。

这三种方法之所以称为产品成本计算的基本方法,是因为这些方法与不同生产类型的特点有着直接联系,而且涉及成本核算对象的确定,是计算产品实际成本必不可少的方法。

三种基本方法,其成本核算对象、成本计算期、生产费用在完工产品与在产品之间的分配等方面的区别见表2-4。

表2-4 产品成本计算的基本方法的区别

产品成本计算方法	品种法	分批法	分步法
成本计算对象	产品品种	产品批别	产品品种及所经步骤
成本计算期	定期按月	与生产周期一致	定期按月
生产费用在完工产品与在产品之间的分配	有在产品时需要分配	一般不需要分配	通常有在产品,需要分配
生产工艺过程和管理要求	单步骤生产或管理上不要求分步骤计算成本的多步骤生产		管理上要求分步骤计算成本的多步骤生产
生产组织类型	大量大批生产	单件小批生产	大量大批生产

无论采用哪种方法核算产品成本,最后都必须按品种计算出各种产品的实际总成本和单位成本。也就是说,按照产品的品种计算成本,是成本核算工作的共同要求,也是最起码的要求。因此,在三种产品成本计算的基本方法中,品种法是最基本的方法。

书外人语

除非你知道生产产品的成本是什么,否则你是不会在经营中成功的。你必须勤奋地管理成本,不断以顾客能支付的价格向其传递价值。

——CollegePak 公司总裁　Gustavo Perez

(二)产品成本计算的辅助方法

除上述基本方法,在产品品种、规格繁多的企业中,如针织厂、灯泡厂等,为了简化成本计算工作,还可使用一种简便的产品成本计算方法——分类法;在定额管理工作基础好的企业中,为了配合和加强定额管理,更有效地发挥成本计算的分析和监督作用,可使用一种将符合定额的费用和脱离定额的差异分别核算的产品成本计算方法——定额法。这两种方法与生产类型的特点没有直接联系,不涉及成本核算对象的选择,只要条件具备,在哪种生产类型企业都能使用,所以这两种方法称为产品成本计算的辅助方法。必须与产品成本计算的基本方法结合起来使用,不能单独使用,这不能说明辅助方法不重要;相反,有的辅助方法,如定额法,对于控制生产费用、降低产品成本具有重要作用。

三、各种成本计算方法的实际应用

知识结构图

在实际工作中,一个企业可能有若干个车间,一个车间也可能生产若干种产品,这些车间或产品的生产类型和管理要求并不一定相同,因而在一个企业或车间中,就有可能同时应用几种不同的产品成本计算方法。即使是一种产品,在该产品的各个生产步骤,各种半成品和各个成本项目之间,生产类型或管理要求也不一定相同,因而在一种产品的成本计算中,也有可能将几种成本计算方法结合起来应用。

(一) 几种产品成本计算方法同时应用

在下列情况下,一个企业或车间往往同时采用几种成本计算方法。

(1) 一个企业的各个生产车间的生产类型不同,可以采用不同的成本计算方法。

一个企业的各个车间,因其生产类型及管理要求不同,可以采用不同的成本计算方法。例如,基本生产车间和辅助生产车间生产类型往往不同,可采用不同的成本计算方法。基本生产车间大批量、多步骤生产某种产品,而辅助生产车间大批量、单步骤生产水、电等。在这种情况下,对基本生产车间可以采用分步法计算产品成本,对辅助生产车间可以采用品种法计算产品成本。例如,纺织厂纺纱和织布等基本生产车间,一般属于多步骤的大量生产,可以采用分步法计算半成品纱的成本和产成品布的成本;而厂内供电、供气等辅助生产车间,属于单步骤大量生产,应采用品种法进行成本计算。

即使同为基本生产车间,若生产类型不同,也可以采用不同的成本计算方法。例如,第一、第二车间均为封闭式的基本生产车间,第一车间大批量、单步骤生产 A 产品,第二车间小批量、单件生产 B 产品。这种情况下,可以采用品种法计算 A 产品成本,采用分批法计算 B 产品成本。

(2) 一个车间生产多种产品,由于各种产品的生产类型或管理上的要求不同,可以采用不同的成本计算方法。

例如,某家电厂所生产的各种电器,有的已经定型,已大量大批或小批生产,可以采用品种法或分步法、分批法进行核算;有的正在试制或刚刚试制成功进行试生产,则采用分批法计算。

(3) 一个企业的各生产车间的生产类型相同,但管理上的要求不同,可以采用不同的成本计算方法。

例如,第一、第二两个基本生产车间分别大批量、多步骤生产 A、B 两种产品,管理上要求分步骤计算 A 产品成本,而对 B 产品不要求分步骤计算成本。鉴于管理上的要求,对 A 产品应采用分步法计算成本,而对 B 产品可以采用品种法计算成本。

(二) 几种成本计算方法的结合应用

计算一种产品的成本,在下列情况下,往往结合采用几种成本计算方法。

(1) 一种产品的不同生产步骤,由于生产特点和管理要求不同,可以采用不同的成本计算方法。

例如,在小批量、单件生产的机械厂,最终产品是经过铸造、机械加工、装配等相互关联的生产阶段完成的。就其最终产品来看,产品成本的计算应采用分批法,但从其产品生产的各阶段来看,铸造车间可以采用品种法计算铸件的成本;加工、装配车间则可采用分批法计算各批产品的成本;铸造和加工、装配车间之间,则可采用逐步结转分步法结转铸件的成本;如果在加工和装配车间之间要求分步计算成本,但加工车间所产半成品种类较多,又不外售,不需要计算半成品成本,则在加工和装配车间之间可以采用平行结转分步法结转成本。这样,该厂就在分批法的基础上,结合采用了品种法和分步法,在分步法中还结合采用了逐步结转分步法和平行结转分步法。

（2）在一种产品的不同零部件之间,由于管理上的要求不同,也可以采用不同的成本计算方法。

例如,某机械厂,某种产品由若干种零部件组装而成,其中不对外出售的专用件,一般不要求单独计算其成本;经常对外出售的标准件,则应根据其生产特点和管理特点采取适当方法核算。

（3）一种产品的不同成本项目,可以采用不同的成本计算方法。

例如,钢铁产品的原材料在全部成本中的比重较大,又是直接计入费用,应按产品品种和生产步骤设立成本明细账,采用逐步结转分步法,分步计算该产品的原材料费用;其他成本项目的比重较小,则可采用产品类别或品种法等适当的成本计算方法,不分步计算产品的其他成本项目的费用。

（三）成本计算的辅助方法与基本方法结合应用

分类法和定额法,是为了简化成本计算工作或加强定额管理而采用的两种辅助方法,与生产类型的特点没有直接联系,在各种类型的生产中都可以应用,但必须与基本的成本计算方法(如品种法、分批法、分步法)结合起来应用。

例如,食品厂所生产的各种饼干(单步骤大量生产)的成本,可以采用品种法和分类法相结合的方法计算。先采用分类法计算饼干这一类产品的成本,然后再按品种分配计算其中各种饼干的成本。又如,在大批量、多步骤生产的企业中,若消耗定额比较准确、稳定,定额管理基础较好,就可以在采用分步法的基础上,结合定额法来计算产品成本。

总之,在实际工作中,应根据企业不同的生产特点和管理要求,并考虑到企业的规模和管理水平等具体条件,从实际出发,对各种成本计算方法加以灵活运用。

思考题

1. 正确计算产品成本应该正确划分哪些费用的界限,并防止哪些错误的做法?
2. 为了正确计算产品成本,应该做好哪些基础工作?
3. 简述成本核算应设置哪些主要的账户? 各账户核算的特点有哪些?
4. 简述成本核算的一般程序。
5. 生产特点和管理要求对成本计算的影响主要表现在哪些方面?
6. 产品成本计算的基本方法有哪些,各自的特点和适用范围是什么?
7. 产品成本计算的辅助方法有哪些?

实务训练题

1. 某制造厂 2023 年 6 月为生产经营活动发生下列业务:耗用外购材料中原料及主要材料 400 000 元、辅助材料 180 000 元、周转用材料 160 000 元,耗用外购燃料 40 000 元。其中,生产产品耗用主要材料 320 000 元、辅助材料 100 000 元、燃料 30 000 元、周转材料 60 000 元,生产工人工资 160 000 元;车间一般耗用主要材料 20 000 元、辅助材料40 000 元、周转材料 100 000 元、车间设备折旧费 24 000 元,车间管理人员工资 120 000 元;厂部管理人员工资 200 000 元、设备折旧费用 100 000 元、办公费等 9 000 元。

要求:(1) 计算费用要素中外购材料、外购燃料、折旧费、职工薪酬的金额。

(2) 计算产品成本项目中直接材料、燃料和动力、直接人工、制造费用的金额。

2. ABC 公司是一个能源消耗较多的企业,能源方面的费用在产品成本中所占的比重很大。该公司设有三个基本生产车间以及锅炉和供电两个辅助生产部门。其中三个基本生产车间的规模都比较大,生产的产品品种都比较多;在两个辅助生产部门中,锅炉车间的规模较大,而供电车间规模较小。

要求:根据该公司的上述情况讨论以下问题:

(1) 为了给成本管理提供较为详细的产品成本资料,该公司的基本生产车间的产品成本账以及账中的成本项目应如何设置?

(2) 从简化核算的角度出发,辅助生产部门的成本核算应如何设账?

3. 某火力发电厂除生产电力外还生产一部分热力。生产技术过程不能间断,没有在产品和半成品。火力发电是利用燃料燃烧所产生的高热,使锅炉里的水变成蒸汽,推动汽轮机迅速旋转,借以带动发电机转动产生电力,因而火力发电厂一般设有下列基本生产分厂:燃料分厂;锅炉分厂;汽机分厂;电气分厂。由于产电兼供热,汽机分厂还划分为两个部分,即电力化部分和热力化部分。

要求:结合上述情况讨论以下问题:

(1) 分析和说明该厂在成本核算中所应采取的成本计算方法。

(2) 对于该厂生产的电力和热力应如何设置成本项目?

4. 某机械厂设有铸工、加工、装配三个基本生产车间和一个机修辅助生产车间。铸工车间生产铁铸件和铜铸件两类产品;两类铸件主要供本企业分步加工使用,部分铸件对外销售,管理上要求单独计算、考核生产成本。加工车间将铸件主坯加制成零件(零件不外售),然后由装配车间装配制成甲、乙、丙三种产品。甲、乙产品为大批生产;丙产品为小批生产。为了便于考核,分析企业内部各有关单位的工作业绩,在核算上要求划清各车间所耗原材料、半成品的经济责任。

要求:根据该厂的生产特点和管理要求,为其设计一套完整的成本计算方法体系。

第三章　成本核算基础知识

学习目标 ▶▶▶▶

- 掌握各项要素费用分配的方法及账务处理。
- 掌握辅助生产费用各种分配方法及账务处理。
- 掌握制造费用的各种分配方法。
- 掌握可修复废品和不可修复废品的核算方法。
- 了解停工损失的核算。
- 掌握费用在完工产品和在产品之间分配的方法。

引导案例

王东油漆成本的核算

　　王东是一个房屋油漆匠,2023 年 7 月,他油漆了四栋房子,面积分别为 80 平方米、100 平方米、120 平方米、130 平方米。发生了以下成本:购买油漆 600 元,购买溶剂油 50 元,购买刷子 100 元。另外,购买了两套工作服,共支付 80 元。王东 7 月份在报纸上做广告,花费 400 元。为该月发生的一个油漆项目请了一个帮工,费用 10 元/小时,帮工共工作了 20 小时。王东记录了每次到达工作地点开车的行程数,货车的运营成本为 5 元/公里,共支付了 30 元的过桥费。完工后这四栋房屋的油漆成本分别是多少,发生的费用该如何进行分配?

知识结构图

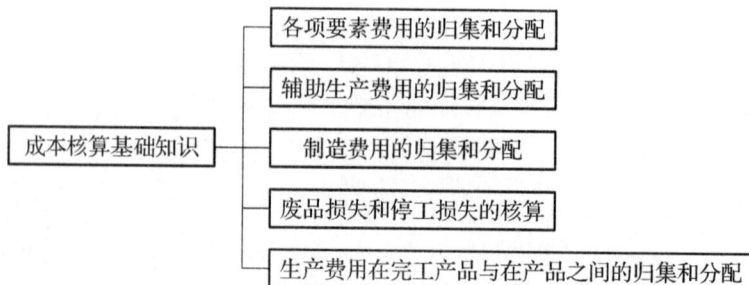

	各项要素费用的归集和分配
	辅助生产费用的归集和分配
成本核算基础知识	制造费用的归集和分配
	废品损失和停工损失的核算
	生产费用在完工产品与在产品之间的归集和分配

第一节　各项要素费用的归集和分配

知识结构图

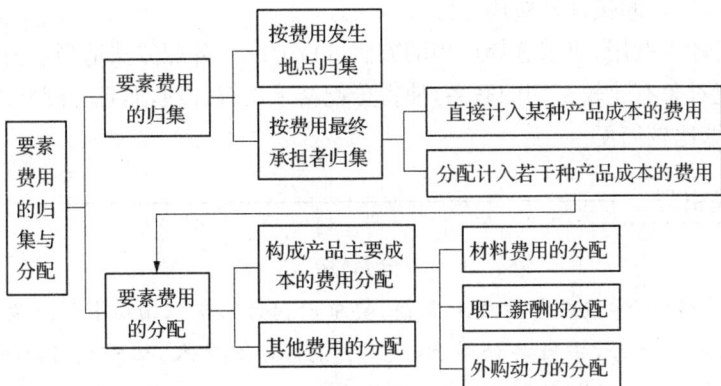

概念辨析

费用归集(Cost Accumulation)是指通过一定的会计方法收集和汇总企业在经营活动过程中发生的费用。

费用分配(Cost Allocation)是将已归集的间接计入费用分摊给各成本核算对象。

一、要素费用归集概述

要素费用(Element Expense)的归集,是指按照费用要素的性质,根据费用发生的地点或受益对象进行归集。要素费用的归集过程中主要使用的是"基本生产成本""辅助生产成本"和"制造费用"等账户。

在发生材料、动力、职工薪酬等各种要素费用支出时:① 对于直接用于产品生产(指企业基本生产的产品),并且专设成本项目的费用,计入"基本生产成本"账户。如果是生产单一成本核算对象发生的直接计入费用,可直接计入该成本核算对象基本生产成本明细账的成本项目中;如果是几个成本核算对象共同发生的间接计入费用,应根据一定的标准,在各成本核算对象之间进行适当的分配,然后分别计入各成本核算对象基本生产成本明细账的成本项目中。② 对于间接用于产品生产的各种费用,应先在"辅助生产成本"或"制造费用"等账户中归集,然后按一定分配方法计入各成本核算对象的"基本生产成本"明细账中。

期末,在"基本生产成本"总账和明细账的各成本项目中,归集了本月各成本计算对象发生的全部生产费用,加上月初在产品费用,将其在完工产品和月末在产品之间进行分配,即可计算出本月完工产品成本和月末在产品成本。

二、要素费用分配概述

（一）直接用于产品生产而且专设成本项目的生产费用的分配

对于直接用于产品生产而且在基本生产成本账户中专设成本项目的生产费用，如构成产品实体的原材料费用、工艺用燃料或动力费用，应单独计入"基本生产成本"总账账户，并直接或分配计入有关成本核算对象"基本生产成本"明细账的相关成本项目，即直接计入费用直接计入，间接计入费用分配计入。

对于间接计入费用，应该选择适当的方法进行分配。分配方法适当，是指分配所依据的标准与分配对象有比较密切的联系，使得分配结果比较合理，而且分配标准的资料比较容易取得，核算比较简便。

问题引导

分月饼

中秋节的时候，学校给学生发放月饼，要求以宿舍为单位由班长统一发放。假设甲班只有 A、B 两个宿舍，甲班共分得 20 块月饼，A 宿舍：2 人，体重共 320 斤，身高平均 180 厘米；B 宿舍：3 人，体重共 300 斤，身高平均 160 厘米。班长该如何把月饼分配给 A、B 两个宿舍？

（1）选择分配标准：人数；

（2）核算分配率：$\dfrac{20}{2+3}=4$；

（3）分配月饼：A 宿舍应分得月饼＝2×4＝8（块）；B 宿舍应分得月饼＝3×4＝12（块）。

间接计入费用的分配程序如下。

1. 选择分配标准

分配间接计入费用的标准主要有：① 成果类，如产品的重量、体积、产量、产值等；② 消耗类，如生产工时、生产工资、机器工时、原材料消耗量或原材料费用等；③ 定额类，如定额消耗量、定额费用等。

2. 计算费用分配率

费用分配率的一般计算公式为：

$$费用分配率＝\frac{待分配费用总额}{分配标准总额}$$

3. 计算应分配费用额

某受益对象应分配的费用＝该受益对象的分配标准额×费用分配率

注意:各受益对象分配的费用之和,应当与待分配的费用总额完全相等。

(二)直接用于产品生产但没有专设成本项目的生产费用以及间接生产费用的分配

对于基本生产车间直接用于产品生产,但在基本生产成本账户中没有专设成本项目的各项费用(如机器设备的折旧费用),以及间接用于产品生产的费用(如车间管理人员的薪酬费用)应先计入"制造费用"总账账户,及其所属明细账有关的费用项目,然后通过一定的分配程序,直接转入或分配转入"基本生产成本"总账及其所属明细账的"制造费用"成本项目。

(三)辅助生产费用的分配

对于用于辅助生产的费用,应视不同情况分别进行处理:① 若辅助生产车间设"制造费用"明细账,则其费用的处理可以比照上述基本生产车间费用的处理办法进行;② 若辅助生产车间未设"制造费用"明细账,则对于直接或间接用于辅助生产的各项费用,均计入"辅助生产成本"总账及其所属明细账的相关费用项目。对辅助生产费用应按照其用途,采用一定的方法分配给各受益对象。

(四)期间费用的分配

对企业经营管理过程中发生的用于产品销售的费用、行政管理部门的费用,以及为筹集生产经营所需资金等发生的筹资费用各项期间费用,不计入产品成本,而应分别计入"销售费用""管理费用""财务费用"的总账科目及其所属明细账的相关费用项目,期末转入"本年利润"科目,计入当期损益。

各项要素费用的分配是通过编制各种费用分配表进行的,根据该表据以登记各种成本、费用总账及其所属明细账。鉴于品种法是最基本的成本计算方法,本章费用分配针对的成本核算对象均为产品的前种。

课程思政

费用的分配要保证公允性,要真实公允地反映费用应计入的成本核算对象。公允计价是社会经济发展的必然结果,市场经济本质上是公允经济,偏离公允原则,会给国民经济带来负面影响。会计政策中依赖大量的主观判断与估计,企业的未来管理者应具有坚持公允原则,不夸大或缩小事实,确切反映企业的能力与风险的意识。

三、材料费用的归集与分配

材料成本包括企业生产经营过程中耗费原材料(原料及主要材料)、辅助材料、设备配件,外购半成品、燃料、低值易耗品和包装物等发生的费用。

知识卡片

辅助材料指直接用于生产或便于生产进行或有助于产品形成但不构成产品主要实体的各种材料。

（1）加入产品实体和主要材料相结合，给予产品某种性能或使主要材料发生变化的辅助材料，如油漆、染料等；

（2）被劳动工具所消耗的辅助材料，如维护机器设备的润滑油、防腐剂等；

（3）为创造正常的劳动条件而消耗的材料，如清洁用具等。

（一）材料费用的归集

影响材料费用归集的两个因素是材料消耗量和材料价格，归集材料费用就是要正确核算与确定材料的消耗量和价格。

原材料费用＝材料消耗的数量×材料单价

1. 材料消耗数量的确定

材料消耗数量的确定主要有以下两种方法：

（1）永续盘存制，是指每次收入、发出材料时，都根据有关收发材料的原始凭证将材料收入和发出的数量计入材料明细账，材料消耗的数量是根据发出材料的原始凭证确定的，在材料明细账中能够随时核算出材料结存数量。

记录材料消耗数量的原始凭证有"领料单"（见图 3-1）、"限额领料单"（见图 3-2）、"领料登记簿"等。一般情况下，在期末对生产过程已领未用的材料，应填制"退料单"（见图 3-3），办理退料手续或假退料手续，从当月材料消耗数量中扣除。

领　料　单

领料部门：一车间　　　　　　年　月　日　　　　　　　凭证编号：
用途：　　　　　　　　　　　　　　　　　　　　　　　收料仓库：

材料编号	材料规格及名称	计量单位	数　量		价　格	
			请领	实领	单价	金额/元
备　注					合计	

记账：　　　　　发料：　　　　　审批：　　　　　领料：

第联

图 3-1　领料单

限 额 领 料 单

领料部门:生产车间 发料仓库:2号

用途:B产品生产 20××年2月 编号:008

材料类别	材料编号	材料名称及规格	计量单位	领料限额	实际领用	单 价	金 额	备 注
塑料	0348	塑料粒子	千克	500	480	4.40	2 112.00	
日期	请领		实 发			限额结余	退库	
	数量	签章	数量	发料人	领料人		数量	退库单
2.3	200		200	张伟	李峰	300		
2.12	100		100	张伟	李峰	200		
2.20	180		180	张伟	李峰	20		
合计	480		480			20		

供应部门负责人:钱艳 生产计划部门负责人:张力 仓库负责人签单:王旭

图 3 - 2 限额领料单

退料单 NO

退料部门: 年 月 日

物料名称及规格	单 位	数 量	单 价	金 额	原因描述	
						第一联存根
金额大写: 佰 拾 万 仟 佰 拾 元 分 ¥:_____						

核准: 质检主管: 部门主管: 经手人:

图 3 - 3 退料单

(2) 实地盘存制,是指每次材料发出时,都不做记录,材料发出数量是根据期末实地盘点确定结存数量后倒算出来的。

计算公式为:

本期消耗材料数量=期初结存材料数量+本期收入材料数量-期末结存材料数量

2. 消耗材料价格的核算

(1) 按实际成本计价组织材料核算的企业,由于同一种材料购入的时间和地点不同,各批材料购进实际单价可能不一致,因此,企业必须采用一定的方法,正确核算消耗材料的实际价格。实际价格的核算方法有先进先出法、个别计价法、加权平均法、移动加权平均法。企业应根据实际情况,合理选择消耗材料的计价方法。

(2)按计划成本计价组织材料核算的企业,应正确计算消耗材料应分摊的材料成本差异,将消耗材料的计划成本调整为实际成本。

消耗材料的实际成本＝计划成本±应分摊的材料成本差异

材料费用的归集体现在"材料费用分配表"或"发料凭证汇总表"中,材料费用归集的主要内容如表3-1所示。

表3-1　材料费用归集的内容

内　容	计入方式	账　户
用于产品生产的原材料费用	直接或分配	基本生产成本
形成产品小额辅助材料及基本生产车间的机物料消耗	按发生地点归集	制造费用
辅助生产车间的各种材料耗用	简化办法	辅助生产成本
管理部门管理和组织生产经营活动的各种材料费用	直接	管理费用
产品销售过程中的各种材料费用	直接	销售费用

(二)原材料费用的分配

直接用于生产产品、构成产品实体的原材料费用,在产品成本中一般占有较大的比重,按照重要性原则,应在基本生产成本账户中单设成本项目进行反映。

凡能分清某一成本核算对象耗费的材料费用应直接计入该对象的成本中,凡属于几个成本核算对象共同耗用的材料费用,应选择适当的方法,分配计入各成本核算对象成本的"直接材料"成本项目中。

原材料费用分配的一般程序,见表3-2。

表3-2　原材料费用分配的一般程序

步　骤	内　容
1	确定原材料分配的分配标准(即按什么进行分配)
2	计算原材料费用分配率(单位成本)
3	计算某分配对象应负担的原材料费用

原材料费用的耗费一般和产品的重量、体积有关,因而可以按产品的重量和体积比例分配,如生铁费用可以按铸件的重量进行分配,木材费用可以按木器净料材积进行分配。如果原材料的消耗定额比较准确,可按材料的定额消耗量或定额费用比例分配。

┌─── **知识拓展** ───

传统的材料分配的理念是将产品耗用的材料按照一定的标准进行分配,但是这些分配方法的应用前提是材料的消耗与产品的生产具有线性关系。如果材料的消耗与产品的生产不是单纯的线性关系,则需要采用其他方法进行分配,如回归分析法等。

1. 重量分配法

重量分配法是以各成本核算对象的重量为标准来分配材料的方法。其计算公式如下:

$$原材料费用分配率=\frac{各成本核算对象共同耗用的原材料费用}{各成本核算对象的重量之和}$$

$$某成本核算对象应分配费用=该成本核算对象总重量×原材料费用分配率$$

【例3-1】　鸿华公司2023年4月甲、乙、丙三种产品共同耗用A材料72 000元,本月三种产品的净重分别为1 000千克、2 000千克、3 000千克。

要求:按各产品重量计算分配A材料费用。

解:A材料费用分配率$=\dfrac{72\,000}{1\,000+2\,000+3\,000}=12$(元/千克)

甲产品应分配的A材料费用$=1\,000×12=12\,000$(元)

乙产品应分配的A材料费用$=2\,000×12=24\,000$(元)

丙产品应分配的A材料费用$=3\,000×12=36\,000$(元)

2. 定额耗用量比例法

原材料定额耗用量是指一定产量下按照材料消耗定额计算的可以消耗的材料数量,其中材料消耗定额是指单位产品可以消耗的材料数量限额。

定额耗用量比例法计算步骤如下:

(1)计算各成本核算对象原材料定额耗用量。

$$某成本核算对象原材料定额消耗量=该核算对象的实际产量×单位产品原材料消耗定额$$

(2)计算原材料耗用量分配率。

$$原材料耗用量分配率=\frac{原材料实际消耗用量之和}{各成本核算对象原材料定额耗用量之和}$$

(3)计算各成本核算对象应分配的原材料实际消耗量。

$$某成本核算对象应分配的原材料实际消耗量=该核算对象的原材料定额消耗量×原材料耗用量分配率$$

(4)计算各成本核算对象应分配的原材料费用。

$$某成本核算对象应分配的原材料费用=该核算对象应分配的原材料实际消耗量×材料单价$$

【例3-2】　海天公司2023年6月生产甲、乙两种产品分别为200件、300件,共同耗用原材料3 740千克,该原材料的单位实际成本为8元/千克,该材料单位消耗定额甲、乙两种产品分别为每件8千克和6千克。

要求:计算各种产品应负担的原材料费用。

解:分配计算如下:

① 甲产品原材料定额消耗量＝200×8＝1 600(千克)

乙产品原材料定额消耗量＝300×6＝1 800(千克)

② 原材料耗用量分配率＝$\dfrac{3\ 740}{1\ 600+1\ 800}$＝1.1

③ 甲产品应分配原材料数量＝1 600×1.1＝1 760(千克)

乙产品应分配原材料数量＝1 800×1.1＝1 980(千克)

④ 甲产品应分配原材料费用＝1 760×8＝14 080(元)

乙产品应分配原材料费用＝1 980×8＝15 840(元)

上述计算分配过程所提供的资料,先剔除材料单价不可控因素的影响,更利于考核原材料消耗定额的执行情况,有利于进行原材料消耗的实物管理,如甲产品原材料定额消耗量为1 600千克,但实际负担原材料数量1 760千克,实际大于定额,甲产品材料消耗数量超支。但该种方法分配的核算工作量较大,为了简化计算分配工作,也可以直接按原材料定额消耗量分配原材料费用。

计算步骤如下:

(1) 计算某成本核算对象原材料定额耗用量(同上)。

(2) 计算原材料费用分配率。

原材料费用分配率＝$\dfrac{原材料实际费用总额}{各成本核算对象原材料定额耗用量之和}$＝$\dfrac{3\ 740×8}{1\ 600+1\ 800}$＝8.8

(3) 计算各成本核算对象应分配的实际原材料费用。

$$\begin{matrix}某成本核算对象应分配\\的原材料实际费用\end{matrix}＝\begin{matrix}该核算对象的原材料\\定额消耗量\end{matrix}×\begin{matrix}原材料费用\\分配率\end{matrix}$$

甲产品应分配的原材料费用＝1 600×8.8＝14 080(元)

乙产品应分配的原材料费用＝1 800×8.8＝15 840(元)

上述两种分配方法计算结果相同,但后一种分配方法不能提供各成本核算对象原材料实际消耗量资料,不利于加强原材料消耗的实物管理。

3. 定额费用比例法

多个成本核算对象共同耗用多种原材料费用的情况下,也可采用按原材料定额费用比例分配原材料费用。

计算步骤如下。

(1) 计算各成本核算对象原材料定额费用。

$$\begin{matrix}某成本核算对象\\原材料定额费用\end{matrix}＝\sum\left(\begin{matrix}该核算对象\\实际产量\end{matrix}×\begin{matrix}单位产品某原材料\\费用定额\end{matrix}\right)$$

(2) 计算原材料费用分配率。

$$原材料费用分配率＝\dfrac{各成本核算对象原材料实际费用总额}{各成本核算对象原材料定额费用之和}$$

（3）计算各成本核算对象应分配的原材料实际费用。

$$\frac{\text{某成本核算对象应分配}}{\text{的原材料实际费用}}=\frac{\text{该核算对象原}}{\text{材料定额费用}}\times\frac{\text{原材料费用}}{\text{分配率}}$$

【例 3-3】　蓝天公司生产甲、乙两种产品,共同领用 A、B 两种主要材料,共计 61 476 元。本月投产甲产品 160 件、乙产品 130 件。单位甲产品材料消耗定额:A 材料 8 千克,B 材料 10 千克;单位乙产品材料消耗定额:A 材料 11 千克,B 材料 6 千克。A 材料单价 11 元,B 材料单价 9 元。

要求:按定额费用比例法计算分配材料费用。

解:计算分配如下:

（1）甲、乙产品原材料定额费用。

甲产品:A 材料定额费用=160×8×11=14 080(元)

B 材料定额费用=160×10×9=14 400(元)

甲产品材料定额费用合计 28 480 元。

乙产品:A 材料定额费用=130×11×11=15 730(元)

B 材料定额费用=130×6×9=7 020(元)

乙产品材料定额费用合计 22 750 元。

（2）原材料费用分配率。

原材料费用分配率=61 476/(28 480+22 750)=1.2

（3）甲、乙产品应分配原材料实际费用。

甲产品应分配原材料费用:28 480×1.2=34 176(元)

乙产品应分配原材料费用:22 750×1.2=27 300(元)

知识卡片

消耗定额是指单位产品可以消耗的数量限额,如生产 1 件 A 产品消耗甲材料 5 千克;

定额耗用量是指一定产量下按照消耗定额计算的可以消耗的数量,如生产 20 件 A 产品共消耗甲材料 100 千克(=20×5);

费用定额和定额费用,则是消耗定额和定额消耗量的货币表现。费用定额:如果每千克甲材料 10 元,则生产 1 件 A 产品消耗甲材料 50 元;定额费用:生产 20 件 A 产品共消耗甲材料 1 000 元。

原材料费用的分配是通过编制"原材料费用分配表"进行的,原材料费用分配表按车间、部门和原材料的类别,根据"发料凭证汇总表"或归类后的领退料凭证和其他有关资料编制。

【例 3-4】　假定东方工厂 2023 年 9 月末时,成本核算人员根据发出材料汇总表编制原材料费用分配表,见表 3-3。

表 3-3 原材料费用分配表

2023 年 9 月

应借科目		直接计入金额/元	分配计入		材料费用合计/元
			定额消耗量/千克	分配金额/元（分配率 12.5）	
基本生产成本	甲产品	16 500	36 000	450 000	466 500
	乙产品	129 000	12 000	150 000	279 000
	小计	145 500	48 000	600 000	745 500
辅助生产成本	供水车间	45 000			45 000
	供电车间	26 000			26 000
制造费用	基本生产车间	6 000			6 000
	供水车间	3 000			3 000
	供电车间	1 700			1 700
管理费用		2 500			2 500
销售费用		1 900			1 900
合计		231 600		600 000	831 600

根据原材料费用分配表编制会计分录，据以登记有关总账和明细账。

借：基本生产成本——甲产品	466 500

　　　　　　　　　——乙产品　　　　　　　　　　　　　　　　279 000

　　辅助生产成本——供水车间　　　　　　　　　　　　　　　45 000

　　　　　　　　　——供电车间　　　　　　　　　　　　　　26 000

　　制造费用——基本生产车间　　　　　　　　　　　　　　　6 000

　　　　　　　——供水车间　　　　　　　　　　　　　　　　3 000

　　　　　　　——供电车间　　　　　　　　　　　　　　　　1 700

　　管理费用　　　　　　　　　　　　　　　　　　　　　　　2 500

　　销售费用　　　　　　　　　　　　　　　　　　　　　　　1 900

　　贷：原材料　　　　　　　　　　　　　　　　　　　　　831 600

┌─── 知识拓展 ───────────────────────────────────┐

材料费用分配表与发料凭证汇总表的编制关系

（1）材料核算人员根据领退料单汇总编制发料凭证汇总表，登记有关的总账科目，进行材料发出的总分类核算；然后将与成本、费用有关的领退料单交给成本核算人员据以编制材料费用分配表，登记有关的成本、费用明细账，进行材料费用的明细核算。

（2）成本核算人员根据领退料单编制材料费用分配表，进行材料费用的明细核算；然后将分配表或其中的一联交材料核算人员，由材料核算人员根据材料费用分配表和其他方面的发料（如发出材料委托外单位加工、发出材料进行销售等）凭证，汇总编制发料凭证汇总表,进行材料发出的总分类核算。

(3) 材料核算人员按照成本、费用核算的要求,根据领退料单的具体用途归类汇编发料凭证汇总表,代替材料费用分配表,进行材料发出的总分类核算;然后将发料凭证汇总表或其中的一联交成本核算人员,据以进行材料费用的明细核算。

在(2)(3)两种做法下,发料凭证汇总表一般只在月末汇总编制,不再按旬填列。

(4) 材料核算人员和成本核算人员,根据各自所持的领退料单的一联,分别编制发料凭证汇总表和材料费用分配表,在相互核对以后,由材料核算人员和成本核算人员同时分别进行材料发出的总分类核算和材料费用的明细核算。这种做法的核算工作量较大,但可以发挥材料发出核算与材料费用分配的优点。

(三) 辅助材料费用的分配

直接用于产品生产、有助于产品形成的辅助材料,一般属于间接计入费用,采用适当的分配方法分配以后,计入各成本核算对象基本生产成本明细账的"直接材料"成本项目。

(1) 如果是耗用在主要材料上的辅助材料费用,如油漆、染料、电镀材料等费用,可以按原料、主要材料的耗用量比例分配;

(2) 如果耗用的辅助材料与产品的产量有关,如某些包装材料,可以按产品产量比例分配;

(3) 如果辅助材料的消耗定额比较准确,还可以按产品定额消耗量或定额费用比例分配。

辅助材料费用的分配是通过编制"辅助材料费用分配表"进行的,根据分配表编制会计分录,据以登记有关总账和明细账。

(四) 燃料费用的归集和分配

1. 在产品成本中所占比重较大的燃料费用的归集和分配

燃料实际上也是材料,如果企业的燃料费用在产品成本中比重较大,可以与动力费用一起在基本生产成本明细账的成本项目中专设"燃料和动力"项目(见表3-4),还应增设"燃料"会计科目,单独核算燃料的增减变动和结存。

表 3-4　基本生产成本明细账

车间:第一车间
产品:甲产品

单位:元

2023 年		摘　要	成本项目				合　计
月	日		直接材料	直接人工	制造费用	燃料和动力	

燃料费用分配及账务处理方法与原材料费用分配及账务处理方法相同,分配原则:直接用于产品生产的燃料,在只生产单一成本核算对象或者是按成本核算对象分别领用时,直接计入各成本核算对象成本明细账的"燃料和动力"成本项目;如果不能按成本核算对象分别领用,而是几个成本核算对象共同耗用的燃料,应采用适当的分配方法在各成本核

算对象之间进行分配,然后再计入各成本核算对象成本明细账的"燃料和动力"成本项目。即直接计入费用直接计入,间接计入费用分配计入。

分配标准一般有产品的重量、体积、所耗原材料的数量或费用,以及燃料的定额消耗量或定额费用等。

【例3-5】 海华公司在基本生产成本明细账成本项目中专设"燃料和动力"项目,2023年7月,基本生产车间用于甲、乙两种产品生产的燃料费用共为113 400元;辅助生产车间耗用燃料费用3 000元,其中锅炉车间耗用燃料费用2 200元,机修车间耗用燃料费用800元;行政管理部门耗用燃料费用3 600元;基本生产车间一般耗用燃料费用1 200元。甲、乙两种产品所耗燃料费用按其所耗的原材料费用比例分配,甲、乙两种产品所耗的原材料费用分别为52 500元、73 500元。辅助生产车间制造费用账户不单独设置。

要求:计算分配燃料费用。

解:燃料费用分配率$= \dfrac{113\ 400}{52\ 500 + 73\ 500} = 0.9$

甲产品应分配燃料费用$= 52\ 500 \times 0.9 = 47\ 250$(元)

乙产品应分配燃料费用$= 73\ 500 \times 0.9 = 66\ 150$(元)

会计分录如下:

借:基本生产成本——甲产品	47 250
——乙产品	66 150
辅助生产成本——锅炉车间	2 200
——机修车间	800
管理费用	3 600
制造费用——基本生产车间	1 200
贷:燃料	121 200

燃料费用的分配是通过编制"燃料费用分配表"进行的,根据分配表编制会计分录,据以登记有关总账和明细账。

2. 在产品成本中所占比重较小的燃料费用的归集和分配

如果燃料费用在产品成本中所占比重较小,产品成本明细账中无须单独设"燃料和动力"成本项目,直接用于基本生产和辅助生产的燃料费用,应计入"基本生产成本""辅助生产成本"总账账户的借方及其所属明细账的"直接材料"成本项目;不需设"燃料"会计科目,燃料作为"原材料"的二级账户进行核算。

四、外购动力费用的归集和分配

(一)外购动力费用的归集

外购动力费用是指企业从外部购买的各种动力,主要指外购的电力、热力等所支付的费用。外购动力有的直接用于产品生产,如生产工艺用电力;有的间接用于产品生产,如生产单位(车间或分厂)照明用电力;有的则用于经营管理,如企业行政管理部门照明和取暖用电力等。从而外购动力费用在归集时,按不同的用途分别计入不同的账户,见表3-5。

表3-5　外购动力费用归集的内容

内　容	计入方式	账　户
用于产品生产的动力费	直接或分配	基本生产成本
基本生产车间一般耗用的动力费	按发生地点归集	制造费用
辅助生产车间耗用的动力费	简化办法	辅助生产成本
管理部门耗用的动力费	直接	管理费用
产品销售过程中耗用的动力费	直接	销售费用

(二) 外购动力费用的分配

1. 在产品成本中所占比重较大的动力费用的分配

如果企业动力费用在产品成本中比重较大,可以与燃料费用一起在成本明细账中专设"燃料和动力"成本项目,见表3-4。

外购动力费用的分配,在有计量仪器记录的情况下,直接根据仪器所示的耗用数量和单价计算,外购动力费用=实际耗用量×单价(实际耗用量以当月有关电力和蒸汽等的仪表所示耗用动力的数量确定,单价则为合同或协议或国家规定的金额);在没有计量仪器的情况下,要按照一定的标准在各成本核算对象之间进行分配,如按生产工时、机器功率时数、定额消耗量的比例分配。外购动力费用通过编制"外购动力费用分配表"进行分配。

动力费用(以电力为例)分配步骤如下:

(1) 各车间、部门的动力用电和照明用电一般都分别装有电表,外购电力费用在各车间、部门可按用电度数分配。

计算公式如下:

某车间、部门应负担电力费用=该车间、部门用电度数×电力费用单价

(2) 车间为生产产品的动力用电,一般不按成本核算对象分别安装电表,因而车间动力用电费用在各成本核算对象之间按上述分配标准进行分配。

计算公式如下:

$$\frac{某车间动力用}{电力费用分配率}=\frac{该车间动力用电力费用}{\sum 该车间各成本核算对象生产工时(或机器工时)}$$

$$\frac{某成本核算对象分配}{动力用电力费用}=\frac{该成本核算对象生产}{工时(或机器工时)}\times \frac{该车间动力用}{电力费用分配率}$$

【例3-6】 江海公司2023年9月耗用外购电力共计62 500度,每度电0.60元。其中:基本生产车间生产甲、乙两种产品共同耗用电力40 000度,锅炉车间耗电13 000度,机修车间耗电6 500度,基本生产车间照明用电1 000度,公司管理部门用电2 000度。该公司基本生产成本明细账中单设"燃料和动力"成本项目,产品生产用电按机器功率时数在两种产品间进行分配,甲、乙两种产品的机器功率时数分别为6 000小时和4 000小时。辅助生产车间不单独设置"制造费用"明细账。

要求:编制外购电力费用分配表,分配电力费用,并编制会计分录。

解:甲、乙产品电力费用分配计算如下:

电力费用分配率 $= \dfrac{40\,000 \times 0.6}{6\,000 + 4\,000} = 2.4(元/小时)$

甲产品应分配的电力费用 $= 6\,000 \times 2.4 = 14\,400(元)$

乙产品应分配的电力费用 $= 4\,000 \times 2.4 = 9\,600(元)$

根据以上资料编制外购动力费用分配表,见表3-6所示。

表3-6　外购动力费用分配表

2023年9月

应借科目		直接计入金额/元	分配计入		材料费用合计/元
			机器功率时数/小时	分配金额/元(分配率2.4)	
基本生产成本	甲产品		6 000	14 400	14 400
	乙产品		4 000	9 600	9 600
	小计		10 000	24 000	24 000
辅助生产成本	锅炉车间	7 800			7 800
	机修车间	3 900			3 900
	小计	11 700			11 700
制造费用	基本生产车间	600			600
	小计	600			600
管理费用		1 200			1 200
合　计		13 500		24 000	37 500

会计分录如下:

借:基本生产成本——甲产品　　　　　　　　　　　　　　　　14 400

　　　　　　　　——乙产品　　　　　　　　　　　　　　　　 9 600

　　辅助生产成本——锅炉车间　　　　　　　　　　　　　　　 7 800

　　　　　　　　——机修车间　　　　　　　　　　　　　　　 3 900

　　制造费用——基本生产车间　　　　　　　　　　　　　　　　 600

　　管理费用　　　　　　　　　　　　　　　　　　　　　　　 1 200

　　贷:应付账款　　　　　　　　　　　　　　　　　　　　　 37 500

2. 在产品成本中所占比重不大的动力费用的分配

各车间、部门的动力用电和照明用电所耗费的外购电力费用,仍然按照各车间、部门电表显示的用电度数分配;车间中为生产产品的动力用电,一般不按成本核算对象分别安装电表,动力费用在产品成本比重不大时,为了简化核算,从动力费用一般为间接计入费用考虑,将其记入“制造费用”科目及其明细账有关项目。

随堂训练

海峰公司 7 月 20 日通过银行存款向供电局支付外购电费 35 000 元。月末查明本月电费共 38 880 元。其中,基本生产车间共耗电 40 000 度,包括生产车间一般用电 6 000 度,为生产甲、乙产品共同耗电 34 000 度;辅助生产车间耗电 10 000 度;企业行政管理部门耗电 4 000 度。

要求:按所耗电度数分配电力费用,甲、乙产品按生产工时分配电费,甲产品生产工时为 16 000 小时,乙产品生产工时为 12 000 小时;编制该月相关会计分录。

五、职工薪酬的归集和分配

(一) 职工薪酬归集和分配的原始记录

职工薪酬是企业因职工提供服务而支付或放弃的所有对价,包括职工工资、奖金、津贴和补贴,职工福利费,医疗保险费,住房公积金,工会经费和职工教育经费,非货币性福利,因解除与职工的劳动关系给予的补偿,其他与获得职工提供的服务相关的支出。

进行职工薪酬的核算,必须做好原始记录基础工作,主要有工资卡、考勤记录和产量记录。

(1) 工资卡。工资卡又称职工工资目录,应按每一职工设置,主要记录职工的工资级别和工资标准、工龄及享受的津贴等内容。

(2) 考勤记录。考勤记录是登记出勤、缺勤时间和情况的原始记录。它是核算职工薪酬的重要原始记录,同时也是分析、考核职工工作时间利用情况的重要依据。

可以采用考勤簿、考勤卡等形式。一般按车间、部门或班组设置,月末统计、审核后,作为核算计时工资,病、伤、产假工资等的依据。

(3) 产量记录。产量记录是登记工人或生产班组出勤时间内完成产量和耗用工时的原始记录。它是统计产量和工时的依据,也是核算计件工资和产品成本的依据。

产量记录有工作通知单、工序进程单及工作班产量记录等形式。

(4) 其他凭证。如废品通知单、停工通知单、各种奖金、津贴发放的通知单等。

职工薪酬在归集时,按薪酬发生的人员所在部门分别计入不同的账户,见表 3-7。

表 3-7　职工薪酬归集的内容

内　容	计入方式	账　户
从事产品生产的生产工人薪酬	直接或分配	基本生产成本
基本生产车间管理人员薪酬	按发生地点归集	制造费用
辅助生产车间人员薪酬	简化办法	辅助生产成本
行政管理部门人员薪酬	直接	管理费用
专设销售部门人员薪酬	直接	销售费用

（二）工资费用的分配

1. 计时工资形式下工资的分配

基本生产车间的生产工人工资计入产品成本的方法是：如果该生产车间只生产单一成本核算对象，则直接计入该成本核算对象的基本生产成本账户的"直接人工"成本项目；如果生产的是两个或两个以上的成本核算对象，则要把生产工人的工资按适当的分配标准分配计入。工资费用需要编制直接人工费用分配表进行分配。

分配标准：实际生产工时；定额生产工时。其中按产品的实际生产工时比例分配生产工人的工资费用，能够将产品所分配的工资费用与劳动生产率联系起来。某种产品如果单位产品耗用的生产工时减少，说明劳动生产率提高，其所分配的职工工资费用应减少；如果单位产品耗用的生产工时增加，说明劳动生产率降低，其所分配的职工工资费用就应增加。因此，按产品的实际生产工时比例分配生产工人工资费用比较合理。但是，如果取得各个成本核算对象的实际生产工时数据比较困难，而各个成本核算对象的单位定额工时比较准确，也可以按产品的定额工时比例分配生产工人工资费用。

计算公式如下：

$$直接人工费用分配率=\frac{某车间生产工人计时工资总额}{该车间各成本核算对象实际工时（定额工时）之和}$$

$$\begin{matrix}某成本核算对象\\应分配计时工资\end{matrix}=\begin{matrix}该产品生产工时\\（实际或定额）\end{matrix}\times直接人工费用分配率$$

2. 计件工资形式下工资的分配

生产工人的计件工资与产品生产直接联系，属于直接计入费用，发生时可根据工资结算凭证（产量记录）直接记入某成本核算对象基本生产成本账户的"直接人工"成本项目。

【例3-7】三亚公司2023年6月人工费用共计1 496 000元，具体情况如下：公司管理人员工资120 000元；基本生产车间管理人员工资80 000元；辅助生产车间供水车间工人工资60 000元；销售部门工资50 000元；基本生产车间生产甲、乙两种产品，生产工人计件工资分别：甲产品196 000元，乙产品150 000元；甲、乙两种产品计时工资共计840 000元，甲、乙产品生产工时分别为7 200小时和4 800小时，按生产工时比例分配计时工资。

要求：编制工资费用分配表并编制会计分录。

解：直接人工费用分配率$=\frac{840\,000}{7\,200+4\,800}=70$（元/小时）

甲产品应负担的人工费用$=70\times7\,200=504\,000$（元）

乙产品应负担的人工费用$=70\times4\,800=336\,000$（元）

根据核算结果编制三亚公司2023年6月职工工资费用分配表，如表3-8所示。

表 3-8 职工工资费用分配表

2023 年 6 月

应借科目		直接计入金额/元	分配计入		工资费用合计/元
			生产工时/小时	分配金额/元（分配率 70）	
基本生产成本	甲产品	196 000	7 200	504 000	700 000
	乙产品	150 000	4 800	336 000	486 000
	小计	346 000	12 000	840 000	1 186 000
辅助生产成本	供水车间	60 000			60 000
	小计	60 000			60 000
制造费用	基本生产车间	80 000			80 000
	小计	80 000			80 000
管理费用		120 000			120 000
销售费用		50 000			50 000
合 计		656 000		840 000	1 496 000

根据职工工资费用分配表编制会计分录,据以登记有关总账和明细账。

借:基本生产成本——甲产品　　　　　　　　　　　　　700 000

　　　　　　　　——乙产品　　　　　　　　　　　　　486 000

　　辅助生产成本——供水车间　　　　　　　　　　　　 60 000

　　制造费用——基本生产车间　　　　　　　　　　　　 80 000

　　管理费用　　　　　　　　　　　　　　　　　　　　120 000

　　销售费用　　　　　　　　　　　　　　　　　　　　 50 000

　　贷:应付职工薪酬——工资　　　　　　　　　　　　1 496 000

(三) 其他职工薪酬的归集和分配

其他职工薪酬包括的内容较多,这里只介绍职工福利费的分配。其他各种保险费、住房公积金、工会经费、职工教育经费和职工福利费一样,按现行的有关规定,应按工资总额的一定比例提取,并根据受益对象计入相关产品的成本或期间费用。

职工的工资是按月支付,但职工福利费等不按月支付给职工,按规定留职工以后享有。企业提取的职工福利费主要用于职工的医疗费、企业医护人员的工资、医务经费等。《会计准则》没有明确规定职工福利费的计提比例,企业应当根据历史经验数据和实际情况,合理预计当期应提取的职工福利费。

设置"应付职工薪酬—福利费"账户进行福利费的核算,可以和其他职工薪酬一起编制"其他职工薪酬分配表"进行分配,也可以和工资费用一起编制"工资及福利费用分配表"进行分配。

职工薪酬是职工付出劳动获得的报酬,要体现公平公正。职工薪酬的归集和分配涉及职工的切身利益,一定要保证归集与分配的合理性,否则可能会影响社会和谐。学生作为未来的会计人,要培养其责任意识,要认识到自己的工作对职工利益的影响,乃至于对企业经济效益和社会发展的影响。

小　　结

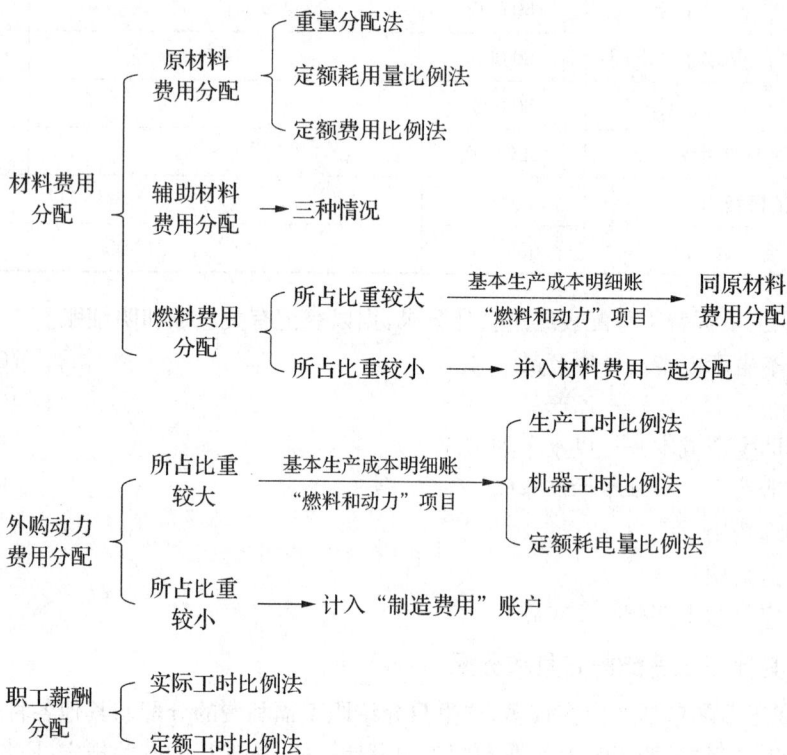

第二节　辅助生产费用的归集和分配

知识结构图

```
                              ┌─────────────┐   ┌──────────────────────────────┐
                    ┌─辅助生产─┤ 辅助生产成本 ├───┤ 需要验收入库的产品成本结转      │
                    │ 费用的归集│ 结转的特点   │   └──────────────────────────────┘
┌───────────┐       │         └─────────────┘   ┌──────────────────────────────┐
│ 辅助生产费用的│──────┤                         ├─┤ 不需要验收入库的产品(劳务)成本结转│
│ 归集和分配   │       │                         │ └──────────────────────────────┘
└───────────┘       │         ┌─────────────┐   │  ┌──────────┐
                    └─辅助生产─┤ 辅助生产费用 ├───┼──┤ 直接分配法 │
                      费用的分配│ 的分配方法   │   │  └──────────┘
                              └─────────────┘   │  ┌──────────┐
                                               ├──┤ 交互分配法 │
                                               │  └──────────┘
                                               │  ┌──────────┐
                                               ├──┤ 代数分配法 │
                                               │  └──────────┘
                                               │  ┌──────────┐
                                               ├──┤ 计划成本分配法│
                                               │  └──────────┘
                                               │  ┌──────────┐
                                               └──┤ 顺序分配法 │
                                                  └──────────┘
```

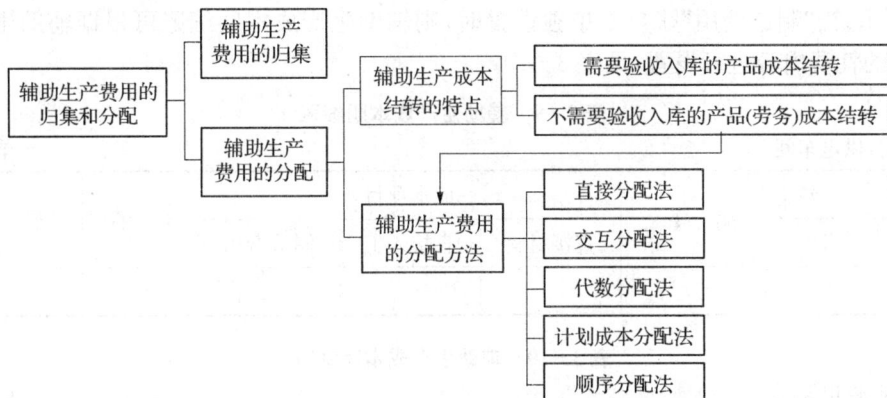

辅助生产(Assistant Production)是为基本生产和管理部门服务而进行的产品生产和劳务供应。

> **理　　解**
>
> 辅助生产一般属于非商品生产,有时也对外销售,但主要是为基本生产车间、企业管理部门提供劳务,辅助生产车间之间也相互提供劳务。

辅助生产费用(Assistant Production Express)是指辅助生产车间为提供劳务或产品所发生的费用,是产品成本的构成部分之一。辅助生产产品和劳务成本的高低,会影响企业产品成本和期间费用的水平,因此,正确、及时地组织辅助生产费用的核算,加强对辅助生产费用的监督,对于正确计算产品成本和期间费用,以及降低产品成本有着重要的意义。

企业通常按辅助生产提供产品或劳务的种类设立辅助生产车间,如供水车间、供电车间、锅炉车间、机修车间、运输车间以及工具、模具、备件车间。

一、辅助生产费用的归集

辅助生产成本核算是对辅助生产过程中所发生的各种耗费按一定的程序、标准和方法进行归集和分配,以求得某核算对象的总成本和单位成本。

(一) 辅助生产成本明细账的设置

"辅助生产成本"账户,一般按各辅助生产单位分别设置,同时,还应按辅助生产单位的成本核算对象开设"产品成本明细账"(产品成本计算单),用来归集辅助生产费用并计算出辅助生产单位生产的各种产品和提供的各种劳务的实际总成本和单位成本。

辅助生产有的只生产一种产品或提供一种劳务,如供电、供水、供气、运输等辅助生产,可按车间设置明细账户;有的生产多种产品或提供多种劳务,如从事工具、模具、修理用备件的制造,以及机器设备的修理等辅助生产,则需要按车间及产品或劳务的种类设置明细账。

辅助生产成本明细账的项目内容取决于辅助生产车间的制造费用明细账是否单独设置,当辅助生产车间"制造费用"明细账单独设置时,辅助生产成本明细账可比照基本生产车间的基本生产成本明细账设置,分直接材料、直接人工以及制造费用等成本项目,见表3-9所示;当"制造费用"账户不单独设置时,则辅助生产成本明细账可根据辅助生产车间发生的耗费内容进行设置,见表3-10。

表 3-9 辅助生产成本明细账

车间:供电车间 单位:元

年		摘 要	成本项目			合 计	转 出
月	日		直接材料	直接人工	制造费用		

表 3-10 辅助生产成本明细账

车间:供电车间 单位:元

年		摘 要	原材料	职工薪酬	办公费	折旧费	保险费	劳保费	合 计	转 出
月	日									

(二)制造费用明细账的设置

辅助生产车间发生的制造费用,根据辅助生产车间生产情况分两种不同归集方法设置账户。

1. 辅助生产车间"制造费用"明细账单独设置

辅助生产车间单独设置"制造费用——辅助生产车间"明细账(见表3-11),借方归集辅助生产车间发生的制造费用,月末从该账户的贷方直接或分配转入"辅助生产成本"所属的产品成本明细账的借方。

表 3-11 制造费用明细账

车间:供电车间 单位:元

年		摘 要	机物料消耗	办公费	职工薪酬	折旧费	保险费	劳保费	合 计	转 出
月	日									

2. 辅助生产车间"制造费用"明细账不单独设置

当企业辅助生产车间规模较小,产品或劳务单一,发生的辅助生产费用较少,辅助生产不对外销售产品或提供劳务,为了简化成本核算工作,辅助生产车间的制造费用可以不单独设置明细账,即辅助生产车间发生的费用不通过"制造费用"账户进行核算,直接借记"辅助生产成本"账户。这时,"辅助生产成本"明细账是按照成本项目与费用项目相结合设置专栏,而不只按成本项目设置专栏(见表3-10)。

二、辅助生产费用的分配

辅助生产费用分配是指将辅助生产成本各明细账上所归集的费用,采用一定的方法核算出产品或劳务的总成本和单位成本,并按受益对象耗用的数量计入基本生产成本或期间费用的过程。

(一)辅助生产成本结转的特点

辅助生产单位提供的产品主要有自制工具和模具、自制材料和包装物,以及供水、供电、供气等,提供的劳务主要有机器设备的修理、运输劳务等。

按照辅助生产单位提供的产品或劳务在完成后是否需要验收入库将辅助生产分成两类。一类是产品完工后需要验收入库,期末可能有在产品,如自制材料、工具、模具等;一类是产品或劳务完成后不需要验收入库,直接提供给受益对象,如供水、供电、供气和修理、运输等。两类辅助生产的费用分配和成本结转的方式不同。

1. 需要验收入库的产品成本的结转

辅助生产车间为企业提供的自制材料和包装物、自制工具和模具等产品,完工以后需要办理验收入库手续,再由各使用单位到仓库领取。

这种情况下,辅助生产车间当月发生的各项费用,应当直接或分配计入各成本核算对象生产成本明细账;如果期末既有完工产品又有在产品,需要将生产成本明细账的费用在两者之间进行分配,最终计算出本期完工产品的实际总成本和单位成本。这类辅助生产车间产品成本的核算程序和方法,与基本生产车间产品成本的核算程序和方法是相同的,其生产费用归集和完工产品成本结转的程序,如图3-4所示。

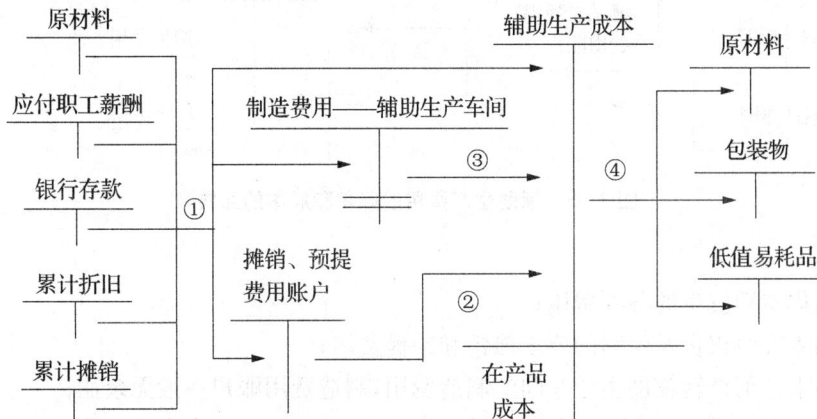

图3-4　辅助生产费用的归集和完工产品成本的结转

说明：

① 归集本期发生的各项费用；

② 期末按照权责发生制的要求摊销和预提费用；

③ 期末分配结转辅助生产车间的制造费用，制造费用账户一般无余额；

④ 期末结转辅助生产成本中完工产品成本，辅助生产成本账户借方余额为期末在产品成本。

2. 不需要验收入库的产品（劳务）成本的结转

提供水、电、气等产品以及修理、运输等劳务的辅助生产单位，产品或劳务不需要验收入库，而是直接分配给各受益对象。

其中，机修车间为企业内部服务发生的辅助生产费用应在管理费用和销售费用之间进行分配。按照现行会计准则，生产车间和管理部门发生的修理费应直接计入"管理费用"账户，与专设销售机构相关的固定资产修理费应计入"销售费用"账户。

其他各辅助生产车间成本核算时应当以各车间的产品或劳务作为成本核算对象，辅助生产单位当月发生的各项费用，直接或分配计入各车间产品或劳务的生产成本明细账。

由于这类生产一般没有期末在产品，当月计入各车间产品或劳务生产成本明细账中的各项生产费用之和，就是该产品或劳务的实际总成本。期末，采用一定的分配方法，将这类辅助生产发生的费用在接受产品或劳务的各受益对象之间进行分配，转入各受益对象的成本费用之中。其生产费用归集和完工产品成本结转的程序见图 3-5 所示。

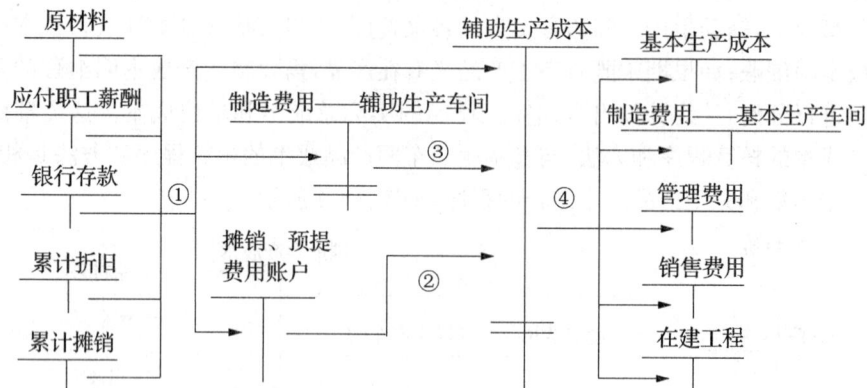

图 3-5　辅助生产费用的归集和成本的结转

说明：

① 归集本期发生的各项费用；

② 期末按照权责发生制的要求摊销和预提费用；

③ 期末分配结转辅助生产车间的制造费用，制造费用账户一般无余额；

④ 期末在各受益对象之间分配辅助生产费用，分配后辅助生产成本账户无余额。

辅助生产费用分配给各受益对象时，应根据相应的用途计入不同的账户，见表 3-12。

表 3-12 辅助生产费用分配给各受益对象应计入的账户

受益对象	账 户
基本生产车间生产产品使用,并设相应的成本项目	基本生产成本
基本生产车间一般耗用,或生产产品使用,没有设成本项目	制造费用
其他辅助生产车间使用,没有设置制造费用明细账	辅助生产成本
其他辅助生产车间使用,设置制造费用明细账	制造费用
行政管理部门使用	管理费用
专设销售部门使用	销售费用

(二)辅助生产成本分配的方法

不需要验收入库的产品(劳务)发生的辅助生产费用,在期末时直接分配给各受益对象,分配时通常采用直接分配法、交互分配法、计划成本分配法、代数分配法和顺序分配法。

理解记忆

辅助生产成本分配的关键:单位成本的核算。即每度电多少元、每立方米水多少元、每小时修理服务多少元。单位成本一般的计算公式如下:

$$某辅助生产车间单位成本=\frac{该车间发生的辅助生产费用总额}{提供产品(劳务)总量}$$

---

1. 直接分配法

直接分配法(Direct Method)是指将辅助生产车间发生的费用直接分配给辅助生产车间以外各受益对象负担的一种方法。特点为不考虑各辅助生产车间之间相互提供产品或劳务的情况。

计算公式如下:

$$费用分配率(单位成本)=\frac{某辅助生产单位待分配费用}{该辅助生产单位提供产品或劳务总量-其他辅助生产单位耗用量}$$

某受益对象应负担的辅助生产费用=该受益对象接受的产品(劳务)总量×费用分配率

优点:由于各辅助生产车间待分配的费用只是进行辅助生产车间以外的分配,仅分配一次,因而该种方法计算工作简便。

缺点:当辅助生产车间相互提供产品或劳务量差异较大时,分配结果往往与实际不符。

适用范围:在辅助生产车间内部相互提供产品或劳务不多,不进行费用的交互分配对辅助生产成本和企业产品成本影响不大的情况下采用。

【例 3-8】 三环公司设有供水车间和供电车间两个辅助生产车间,主要为本公司的基本生产车间和行政管理部门等服务。根据"辅助生产成本"明细账汇总表:2023年10月,供水车间发生费用20 650元,供电车间发生费用47 400元,各辅助生产车间供应产品数量如表3-13所示。

表3-13　辅助生产车间产品供应量汇总表
2023年10月

受益对象	供水数量/立方米	供电数量/度
基本生产——甲产品		10 300
基本生产一般耗用	20 500	8 000
辅助生产车间——供电	1 000	
——供水		3 000
行政管理部门	8 000	1 200
专设销售机构	2 800	500
合　计	32 300	23 000

假设两个辅助生产车间的"制造费用"明细账均不单独设置,基本生产成本明细账单独设置"燃料和动力"成本项目,以核算基本生产车间为产品生产而耗用的电力,基本生产车间只生产甲产品一种产品。

要求:使用直接分配法分配辅助生产费用。

解:根据表3-13所列资料,采用直接分配法分配辅助生产费用,分配结果见表3-14。

表3-14　辅助生产费用分配表(直接分配法)
2023年10月
金额单位:元

项　　目	供水车间		供电车间		金额合计
待分配辅助生产费用/元	20 650		47 400		68 050
供应辅助生产以外的产品数量	31 300		20 000		
单位成本(分配率)	0.66		2.37		
受益对象	耗用数量/立方米	分配金额	耗用数量/度	分配金额	
基本生产——甲产品			10 300	24 411	24 411
基本生产车间一般耗用	20 500	13 530	8 000	18 960	32 490
行政管理部门	8 000	5 280	1 200	2 844	8 124
专设销售机构	2 800	1 840*	500	1 185	3 025
合　计	31 300	20 650		47 400	68 050

表中的有关数据计算过程如下:

$$供水车间单位成本 = \frac{20\ 650}{32\ 300 - 1\ 000} \approx 0.66(元/立方米)$$

$$供电车间单位成本=\frac{47\,400}{23\,000-3\,000}=2.37(元/度)$$

* 由于供水车间单位成本是保留小数,倒算出专设销售机构应负担的水费:20 650—13 530—5 280=1 840(元)。

课程思政

如果费用分配率或单位成本是保留小数,最后一个分配对象需要使用倒挤法计算分配费用,以保证分配完的费用之和等于分配前的总成本,体现了会计核算的严谨性。同样,学生要养成慎独慎欲、慎省慎微的好习惯,做事一丝不苟,培养高尚的道德品质。

根据辅助生产费用分配表(直接分配法)编制的会计分录如下:

借:基本生产成本——甲产品	24 411
制造费用——基本生产车间	32 490
管理费用	8 124
销售费用	3 025
贷:辅助生产成本——供电	47 400
——供水	20 650

2. 交互分配法

交互分配法(Reciprocal Allocation Method)是将辅助生产车间相互提供的劳务先行交互分配,然后将各辅助生产车间交互分配后的实际费用,全部分配给辅助生产车间以外各受益单位的一种分配方法。

特点:两次分配。第一次分配,根据各辅助生产车间相互提供的产品或劳务数量和交互分配前的分配率(单位成本)进行一次交互分配;第二次分配,将各辅助生产车间交互分配后的实际费用(即交互分配前的费用加上交互分配转入的费用,减去交互分配转出的费用),按提供产品或劳务的数量和交互分配后的分配率(单位成本)向辅助生产车间以外各受益单位进行分配。

评价:交互分配法比较合理地解决了辅助生产车间之间因相互提供产品或劳务而引起的费用分配问题,提高了分配结果的准确性。由于各辅助生产车间、部门发生的费用都要进行两次分配,计算两个分配率,因而增加了费用分配的复杂性。

适用范围:辅助生产车间相互提供劳务较多的企业。

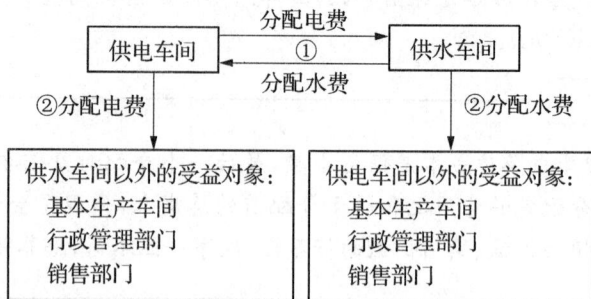

理解记忆

① 供电车间和供水车间交互分配电费和水费。

② 供电、供水车间向辅助生产车间以外的受益对象分配电费和水费。

交互分配法的一般程序如表 3-15 所示。

表 3-15　交互分配法程序

步　骤	分配方法
第一步	根据各辅助生产车间相互提供产品或劳务数量和交互分配前的单位成本(交互分配率),在辅助生产车间之间进行交互分配。 计算公式: $$交互分配率 = \frac{交互分配前辅助车间生产费用总额}{该辅助车间提供产品或劳务总量}$$ 某辅助车间分配额＝该辅助车间耗用量×交互分配率
第二步	将辅助生产车间交互分配后的实际费用,按提供产品或劳务数量在辅助车间以外的各受益对象之间进行分配。 计算公式: 某辅助车间交互分配后的实际费用＝交互分配前费用＋转入费用－转出费用 $$对外分配率 = \frac{某辅助车间交互分配后的实际费用}{该辅助车间提供产品或劳务总量－其他辅助车间耗用量}$$ 某受益对象分配额＝该受益对象耗用量×对外分配率

(1) 辅助生产车间"制造费用"明细账户不单独设置时,交互分配法核算程序如下:

① 辅助生产车间之间交互分配,交互分配后的费用分别计入各辅助生产车间"辅助生产成本"账户。

② 将交互分配后的辅助生产费用在辅助生产车间以外的受益对象之间进行分配,根据辅助生产费用的受益对象计入相应的账户,从"辅助生产成本"账户贷方转出。

【例 3-9】　三环公司设有供水车间和供电车间两个辅助生产车间,主要为本公司的基本生产车间和行政管理部门等服务。根据"辅助生产成本"明细账汇总表:2023 年 10 月供水车间发生费用 20 650 元,供电车间发生费用 47 400 元,各辅助生产车间供应产品数量如表 3-16 所示。

表 3-16　辅助生产车间劳务供应量汇总表

2023 年 10 月

受益对象	供水数量/立方米	供电数量/度
基本生产——甲产品		10 300
基本生产一般耗用	20 500	8 000
辅助生产车间——供电	10 000	
——供水		3 000
行政管理部门	8 000	1 200
专设销售机构	2 800	500
合　计	41 300	23 000

假设两个辅助生产车间的"制造费用"明细账均不单独设置,基本生产成本明细账单独设置"燃料和动力"成本项目,以核算基本生产车间为产品生产而耗用的电费,基本生产车间只生产甲产品一种产品。

要求:使用交互分配法分配辅助生产费用。

解:根据表 3-16 所列资料,采用交互分配法分配辅助生产费用,分配结果见表 3-17。

表 3-17　辅助生产费用分配表(交互分配法)

2023 年 10 月　　　　　　　　　　　　　　　　　　　金额单位:元

项　目		供水车间		供电车间		合　计
		分配金额	单位成本元/立方米	分配金额	单位成本元/度	
待分配辅助生产费用		20 650	0.5	47 400	2.060 9	68 050
交互分配	辅助生产——供水			6 183		
	辅助生产——供电	5 000				
对外分配辅助费用		21 833	0.697 5	46 217	2.310 85	68 050
对外分配	基本生产车间——甲产品			23 801.76		23 801.76
	基本生产车间一般耗用	14 300		18 486.80		32 786.80
	行政管理部门	5 580		2 773.02		8 353.02
	专设销售机构	1 953		1 155.42		3 108.42
合　计		21 833		46 217		68 050

表中的有关数据计算过程如下:

① 交互分配。

$$供水车间单位成本 = \frac{20\ 650}{41\ 300} = 0.5(元/立方米)$$

$$供电车间单位成本 = \frac{47\ 400}{23\ 000} = 2.060\ 9(元/度)$$

供水车间应分配的电费＝2.060 9×3 000＝6 183(元)

供电车间应分配的水费＝0.5×10 000＝5 000(元)

② 交互分配后的实际费用。

供水车间实际费用＝20 650＋6 183－5 000＝21 833(元)

供电车间实际费用＝47 400＋5 000－6 183＝46 217(元)

③ 对外分配。

$$供水车间单位成本＝\frac{21\ 833}{41\ 300－10\ 000}＝0.697\ 5(元/立方米)$$

$$供电车间单位成本＝\frac{46\ 217}{23\ 000－3\ 000}＝2.310\ 85(元/度)$$

基本生产车间甲产品应分配的电费:2.310 85×10 300＝23 801.76(元)

合计:23 801.76 元

基本生产车间应分配的水费:0.697 5×20 500＝14 300(元)

基本生产车间应分配的电费:2.310 85×8 000＝18 486.80(元)

合计:32 786.80 元

行政管理部门应分配的水费:0.697 5×8 000＝5 580(元)

行政管理部门应分配的电费:2.310 85×1 200＝2 773.02(元)

合计:8 353.02 元

专设销售机构应分配的水费:0.697 5×2 800＝1 953(元)

专设销售机构应分配的电费:2.310 85×500＝1 155.42(元)

合计:3 108.42 元

根据辅助生产费用分配表(交互分配法)编制的会计分录如下:

① 交互分配:

借:辅助生产成本——供水   6 183

        ——供电   5 000

  贷:辅助生产成本——供电   6 183

          ——供水   5 000

交互分配后,辅助生产成本明细账余额见图 3-6 所示。

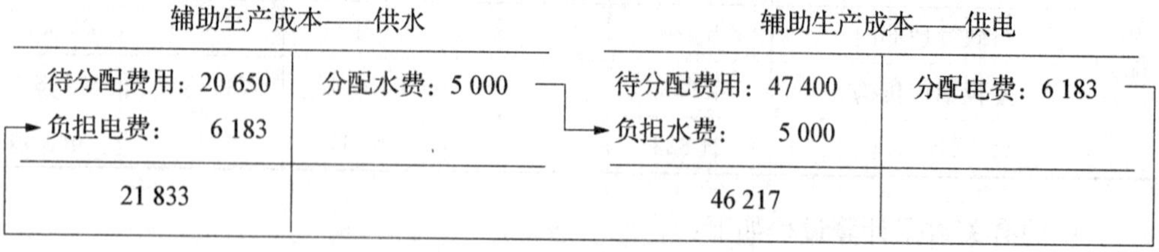

辅助生产成本——供水		辅助生产成本——供电	
待分配费用: 20 650	分配水费: 5 000	待分配费用: 47 400	分配电费: 6 183
负担电费: 6 183		负担水费: 5 000	
21 833		46 217	

图 3-6 交互分配账户对应关系

② 对外分配:

借:基本生产成本——甲产品   23 801.76

   制造费用——基本生产车间   32 786.80

管理费用	8 353.02
销售费用	3 108.42
贷:辅助生产成本——供水	21 833
——供电	46 217

（2）辅助生产车间"制造费用"明细单独设置时，交互分配法核算程序如下：

① 辅助生产车间之间交互分配，待分配的辅助生产费用为该车间"辅助生产成本"明细账余额与"制造费用"明细账余额的合计数；

② 结转辅助生产车间的"制造费用"明细账余额，进入该车间"辅助生产成本"明细账；

③ 将交互分配后产生的辅助生产费用在辅助生产车间以外的受益对象之间进行分配。

【例3-10】 飞翔公司设有两个辅助生产车间：供水车间和运输车间，2023年10月两个车间有关资料见表3-18，假设两个辅助生产车间的"制造费用"明细账均单独设置，基本生产成本明细账没有设置"燃料和动力"成本项目，基本生产车间只生产甲产品一种产品。

表3-18　辅助生产车间劳务供应量汇总表

2023年10月

项　目		供水车间	运输车间
待分配辅助生产费用/元	"辅助生产成本"账户	112 200 千米	68 800
	"制造费用"账户	27 000 千米	26 200
	小计	139 200	95 000
劳务供应数量		139 200 立方米	100 000 千米
耗用劳务数量	供水车间		2 000 千米
	运输车间	20 000 立方米	
	基本生产车间	100 000 立方米	40 000 千米
	企业管理部门	10 000 立方米	10 000 千米
	专设销售机构	9 200 立方米	48 000 千米

要求：使用交互分配法分配辅助生产费用。

解：根据表3-18所列资料，采用交互分配法分配辅助生产费用，分配结果见表3-19。

表3-19　辅助生产费用分配表（交互分配法）

2023年10月　　　　　　　　　　　　　　金额单位：元

项　目		交互分配			对外分配		
辅助生产车间		供水	运输	合计	供水	运输	合计
待分配辅助生产费用	"辅助生产成本"	112 200	68 800	181 000			
	"制造费用"账户	27 000	26 200	53 200			
	小计	139 200	95 000	234 200	121 100	113 100	234 200

项　目		交互分配			对外分配		
劳务供应数量		139 200 立方米	100 000 千米		119 200 立方米	98 000 千米	
费用分配率（单位成本）		1	0.95		1.015 94	1.154 1	
辅助生产 车间耗用	供水车间 耗用数量		2 000 千米				
	供水车间 分配金额		1 900				
	运输车间 耗用数量	20 000 立方米					
	运输车间 分配金额	20 000					
基本生产 车间耗用	耗用数量				100 000 立方米	40 000 千米	
	分配金额				101 594	46 164	147 758
企业管理 部门耗用	耗用数量				10 000 立方米	10 000 千米	
	分配金额				10 159.4	11 541	21 700.4
专设销售 机构耗用	耗用数量				9 200 立方米	48 000 千米	
	分配金额				9 346.6	55 395	64 741.6
分配金额合计					121 100	113 100	234 200

表中的有关数据核算过程如下：

① 交互分配。

$$供水车间单位成本 = \frac{139\ 200}{139\ 200} = 1（元/立方米）$$

$$运输车间单位成本 = \frac{95\ 000}{100\ 000} = 0.95（元/千米）$$

供水车间应分配的运输费 = 0.95 × 2 000 = 1 900（元）

运输车间应分配的水费 = 1 × 20 000 = 20 000（元）

② 交互分配后的实际费用。

供水车间实际费用 = 139 200 + 1 900 − 20 000 = 121 100（元）

运输车间实际费用 = 95 000 + 20 000 − 1 900 = 113 100（元）

③ 对外分配。

$$供水车间单位成本 = \frac{121\ 100}{139\ 200 - 20\ 000} = 1.015\ 94（元/千米）$$

$$运输车间单位成本 = \frac{113\ 100}{100\ 000 - 2\ 000} = 1.154\ 1（元/千米）$$

基本生产车间应分配的水费：1.015 94 × 100 000 = 101 594（元）

基本生产车间应分配的运输费：$1.154\ 1 \times 40\ 000 = 46\ 164$(元)

合计：147 758 元

企业管理部门应分配的水费：$1.015\ 94 \times 10\ 000 = 10\ 159.4$(元)

企业管理部门应分配的运输费：$1.154\ 1 \times 10\ 000 = 11\ 541$(元)

合计：21 700.4 元

专设销售机构应分配的水费：$121\ 100 - 101\ 594 - 10\ 159.4 = 9\ 346.6$(元)

专设销售机构应分配的运输费：$113\ 100 - 46\ 164 - 11\ 541 = 55\ 395$(元)

合计：64 741.6 元

根据辅助生产费用分配表(交互分配法)编制的会计分录如下：

① 交互分配。

借：制造费用——供水	1 900
——运输	20 000
贷：辅助生产成本——供水	20 000
——运输	1 900

② 结转辅助生产车间的制造费用。

借：辅助生产成本——供水	28 900
——运输	46 200
贷：制造费用——供水	28 900
——运输	46 200

③ 对外分配。

借：制造费用——基本生产车间	147 758
管理费用	21 700.4
销售费用	64 741.6
贷：辅助生产成本——供水	121 100
——运输	113 100

辅助生产车间的辅助生产成本明细账和制造费用明细账账户关系见图 3 - 7。

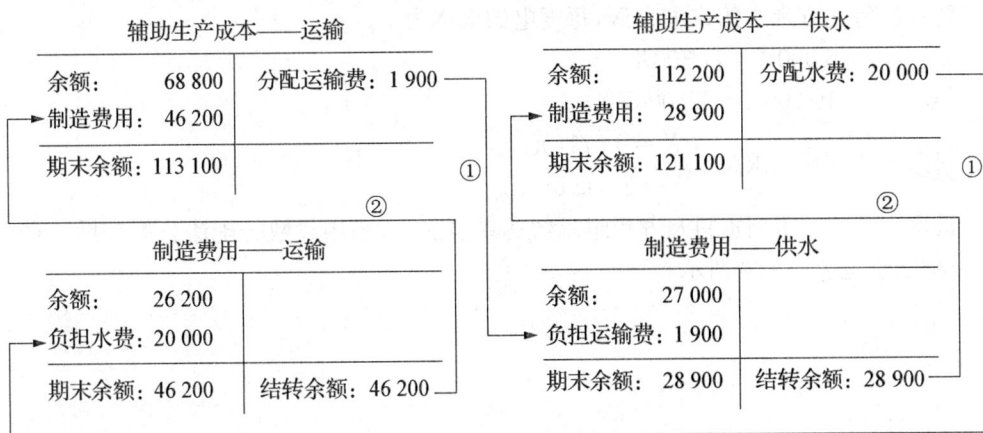

图 3 - 7 交互分配及结转制造费用账户对应关系

① 辅助生产车间之间进行交互分配。

② 结转辅助生产车间的制造费用。

3. 代数分配法

代数分配法（Algebra Allocation Method）是通过建立多元一次联立方程并求解的方法，得出各种辅助生产车间产品或劳务的单位成本，进而进行辅助生产费用分配的一种辅助生产费用分配方法。

采用这种方法，计算步骤如下：

(1) 设未知数，并根据辅助生产车间之间交互提供服务关系建立方程组。

(2) 解方程组，计算出各产品或劳务的单位成本。

(3) 用各单位成本乘以各受益部门的耗用量，求出各受益部门应分配计入的辅助生产费用。

理解记忆

确立方程的思路：某辅助生产车间总成本的两种计算方式。

左边＝某辅助生产车间的劳务总量×其单位成本（设立的未知数）

右边＝某辅助生产车间发生的费用＋从其他辅助生产车间转来的费用

从其他辅助生产车间转来的费用＝受益量×其他辅助生产车间的单位成本（设立的另外一个未知数）

代数分配法评价：

通过解联立方程组求单位成本，分配结果最为准确。但在辅助生产车间较多的情况下，未知数较多，核算复杂。这种方法适用于辅助生产车间较少或已实现会计电算化的企业。

【例 3-11】 有关资料见【例 3-9】。

要求：使用代数分配法分配辅助生产费用。

解：设：每立方米水的成本为 X，每度电的成本为 Y。

$$\begin{cases} 20\ 650 + 3\ 000Y = 41\ 300X \\ 47\ 400 + 10\ 000X = 23\ 000Y \end{cases}$$

根据上述方程组求解：$\begin{cases} X = 0.671(元) \\ Y = 2.352\ 6(元) \end{cases}$

根据表 3-16 所列资料及方程组求解的单位成本，采用代数分配法分配辅助生产费用，分配结果见表 3-20 所示。

表 3-20 辅助生产费用分配表(代数分配法)

2023 年 10 月　　　　　　　　　　　　　金额单位:元

项　目	供水车间	供电车间	合　计
待分配辅助生产费用	20 650	47 400	68 050
单位成本(分配率)	0.671	2.352 6	
辅助生产车间——供水		7 057.80	7 057.80
——供电	6 710.00		6 710.00
基本生产——甲产品		24 231.80	24 231.80
基本生产车间一般耗用	13 755.50	18 820.80	32 576.30
行政管理部门	5 368.00	2 823.10	8 191.10
专设销售机构	1 878.80	1 176.30	3 055.10
合　计	27 712.30	54 109.80	81 822.10

根据辅助生产费用分配表(代数分配法)编制的会计分录如下:

借:辅助生产成本——供电车间　　　　　　　　　　　6 710
　　　　　　　——供水车间　　　　　　　　　　　7 057.80
　基本生产成本——甲产品　　　　　　　　　　　　24 231.80
　制造费用——基本生产车间　　　　　　　　　　　32 576.30
　管理费用　　　　　　　　　　　　　　　　　　　8 191.10
　销售费用　　　　　　　　　　　　　　　　　　　3 055.10
　贷:辅助生产成本——供水车间　　　　　　　　　　　　27 712.30
　　　　　　　——供电车间　　　　　　　　　　　　54 109.80

4. 计划成本分配法

计划成本分配法(Planning Allocation Method)是将各辅助生产车间为受益单位提供的产品或劳务按预先确定的计划单位成本进行分配。

计划成本分配法分配辅助生产费用的具体做法分两步进行,如表 3-21 所示。

表 3-21 计划成本分配法程序

步　骤	分配方法
第一步	将各辅助车间费用按计划成本分配给受益单位
第二步	把各辅助生产车间按计划成本分配出去的费用和其实际发生的费用(分配前的费用加上按计划单位成本交互分配转入的费用)进行比较,其差额全部计入管理费用

(1) 按计划成本分配,计算公式如下:

某受益对象应分配的辅助生产费用=该受益对象受益数量×计划单位成本

（2）成本差异的核算，计算公式如下：

$$成本差异 = \frac{各辅助生产部门}{发生的费用} + \frac{按计划成本交互}{分配转入的费用} - \frac{按计划成本分配}{转出的全部费用}$$

计划成本分配法评价：

计划成本分配法对辅助生产费用进行两次分配，第一次分配时不需要计算分配率，第二次分配时将实际成本与计划成本的差异全部转入管理费用账户，因而简化和加速了分配的计算工作；按照计划单位成本分配，排除了辅助生产实际费用的高低对各受益单位成本的影响，便于考核和分析各受益单位的经济责任；能够反映辅助生产车间产品或劳务的实际成本脱离计划成本的差异。但是，采用该种分配方法，必须具有较为准确的计划成本资料，否则分配结果不准确。

【例 3 - 12】 有关资料见【例 3 - 9】。

要求：使用计划成本分配法分配辅助生产费用。

解：根据表 3 - 16 所列资料及计划单位成本，采用计划成本分配法分配辅助生产费用，分配结果如表 3 - 22 所示。

表 3 - 22 辅助生产费用分配表（计划成本分配法）

2023 年 10 月

金额单位：元

项　目	供水车间		供电车间		合　计
	计划单位成本 0.6 元/立方米		计划单位成本 2.2 元/度		
	数量/立方米	金额	数量/度	金额	
辅助生产车间——供水			3 000	6 600	6 600
——供电	10 000	6 000			6 000
基本生产车间——甲产品			10 300	22 660	22 660
基本生产一般耗用	20 500	12 300	8 000	17 600	29 900
行政管理部门	8 000	4 800	1 200	2 640	7 440
专设销售机构	2 800	1 680	500	1 100	2 780
按计划单位成本分配合计	41 300	24 780	23 000	50 600	75 380
辅助生产实际成本		27 250		53 400	80 650
辅助生产成本差异		＋2 470		＋2 800	＋5 270

辅助生产实际成本：

供水车间实际成本＝20 650＋6 600＝27 250(元)

供电车间实际成本＝47 400＋6 000＝53 400(元)

辅助生产车间成本差异：

供水车间成本差异＝27 250－24 780＝＋2 470(元)

供电车间成本差异＝53 400－50 600＝＋2 800(元)

根据辅助生产费用分配表(计划成本分配法)编制的会计分录如下：

（1）按计划成本分配辅助生产费用。

借：辅助生产成本——供水车间　　　　　　　　　　　　　　　　　　6 600
　　　　　　　　　——供电车间　　　　　　　　　　　　　　　　　　6 000
　　基本生产成本——甲产品　　　　　　　　　　　　　　　　　　22 660
　　制造费用——基本生产车间　　　　　　　　　　　　　　　　　29 900
　　管理费用　　　　　　　　　　　　　　　　　　　　　　　　　7 440
　　销售费用　　　　　　　　　　　　　　　　　　　　　　　　　2 780
　　贷：辅助生产成本——供水车间　　　　　　　　　　　　　　　　　　24 780
　　　　　　　　　——供电车间　　　　　　　　　　　　　　　　　　50 600

（2）结转辅助生产成本差异。

借：管理费用　　　　　　　　　　　　　　　　　　　　　　　　　5 270
　　贷：辅助生产成本——供水车间　　　　　　　　　　　　　　　　　　2 470
　　　　　　　　　——供电车间　　　　　　　　　　　　　　　　　　2 800

计划成本分配法下辅助生产成本明细账账户结构如图3-8所示。

辅助生产成本——供水	
发生费用：20 650 负担电费 （按计划 单位成本）：6 600	分配水费 （按计划 单位成本）：24 780
成本差异：2 470	结转差异：2 470

辅助生产成本——供电	
发生费用：47 400 负担水费 （按计划 单位成本）：6 000	分配电费 （按计划 单位成本）：50 600
成本差异：2 800	结转差异：2 800

图3-8　辅助生产成本明细账账户结构

5. 顺序分配法

顺序分配法（Step-down Allocation Method）是按照受益量多少的顺序将辅助生产车间依次排列，受益量少的排在前面，先进行费用分配，受益量多的排在后面，后进行费用分配的一种辅助生产费用分配方法。

┌─── **理解记忆** ───────────────────────────────────┐

分配思路：先排队，再分配。

例如，按照受益量从小到大排队：供水车间＜供电车间＜机修车间

（1）供水车间$\left(\text{单位成本}=\dfrac{\text{供水车间辅助生产成本总额}}{\text{该车间的产品供应总量}}\right)$

分配对象：供电　机修　其他部门

（2）供电车间$\left(\text{单位成本}=\dfrac{\text{供电车间辅助生产成本总额＋应负担的水费}}{\text{该车间的产品供应总量－供水车间用电量}}\right)$

分配对象：　机修　　其他部门

（3）机修车间

$$\left\{\begin{array}{l}\text{单位成本}=\dfrac{\text{机修车间辅助}\atop\text{生产成本总额}+\text{应负担的水费}+\text{应负担的电费}}{\text{该车间的劳务供应总量}-\dfrac{\text{供水车间使用}}{\text{修理劳务量}}-\dfrac{\text{供电车间使用}}{\text{修理劳务量}}}\\[3mm]\text{分配对象：}\qquad\text{其他部门}\end{array}\right.$$

顺序分配法评价：

该种分配方法不进行交互分配，各辅助生产车间、部门只分配一次辅助生产费用，即分配费用给辅助生产车间、部门以外的受益单位和排在后面的其他辅助生产车间、部门，因而计算工作较为简便；由于未全面考虑辅助生产车间、部门之间交互服务关系，因此分配结果不够准确。另外，各辅助生产车间、部门费用分配的先后顺序也较难确定。这种分配方法只适宜在各辅助生产车间、部门之间相互受益程度有明显顺序的情况下采用。

【例3-13】 有关资料见【例3-9】。

要求：使用顺序分配法分配辅助生产费用。

解：假设：供电车间用水量＜供水车间用电量。

(1) 供电车间分配电费：

$$\text{电费单位成本}=\frac{47\,400}{23\,000}=2.06(\text{元/度})$$

借：辅助生产成本——供水	6 180
基本生产成本——甲产品	21 218
制造费用——基本生产车间	16 480
管理费用	2 472
销售费用	1 050
贷：辅助生产成本——供电	47 400

(2) 供水车间分配水费：

$$\text{水费单位成本}=\frac{20\,650+6\,180}{41\,300-10\,000}=0.857(\text{元/立方米})$$

借：制造费用——基本生产车间	17 568.50
管理费用	6 856
销售费用	2 405.50
贷：辅助生产成本——供水	26 830

顺序分配法下辅助生产成本明细账账户结构如图3-9所示。

辅助生产成本——供电		辅助生产成本——供水	
发生费用：47 400	分配电费：47 400	发生费用：20 650	分配水费：26 830
		负担电费： 6 180	

图3-9 辅助生产成本明细账账户结构

┌─ 课程思政 ─┐

　　辅助生产费用分配方法基本使用一个例题进行讲解,可以看出不同的分配方法下费用分配的结果不同。会计核算原则规定企业会计核算方法一经确定,不得随意变更。会计人员不能弄虚作假随意变更方法来降低成本美化业绩,这是会计人员的职业道德的要求。只有敬业才能保证专业,才能恪守"诚信"。

┌─ 随堂思考 ─┐

　　1. 直接分配法下分母做了扣除后,辅助生产车间所耗用的劳务量成本应由谁负担?

　　2. 直接分配法和交互分配法的账务处理有什么不同?

　　3. 辅助生产费用分配方法中,哪种方法是最准确的,请说明理由。

┌─ 小　　结 ─┐

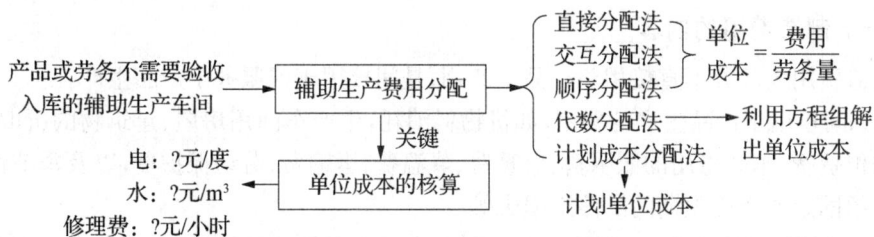

┌─ 知识拓展 ─┐

　　辅助生产费用的分摊会使各使用部门自身负担的成本费用有所增加,根据产品(或劳务)的定价原则,各使用部门的产品(或劳务)的价格也会随之上升,那么该产品(或劳务)的消费者购买数量将会有所下降。可以看出,辅助生产费用的分摊会间接地影响消费者的行为,这就是所谓的辅助生产费用分摊中的行为会计理论。

第三节　制造费用的归集和分配

知识结构图

```
制造费用的归集
                                        生产工人工时比例法
制造费用的分配 → 制造费用的分配方法        生产工人工资比例法
                                        机器工时比例法
                                        年度计划分配率分配法
```

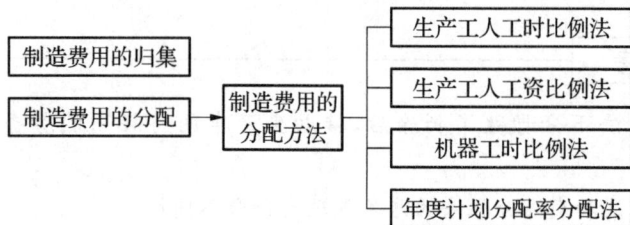

一、制造费用归集

制造费用(Factory Overhead Cost)是指企业生产车间为生产产品(或提供劳务)而发生的,应计入产品成本,但没有专设成本项目的各项生产费用。

(一)制造费用的内容

制造费用大部分不直接用于产品生产,而是间接用于或服务于产品生产。

(1)间接用于产品生产的费用,如机物料消耗,生产车间用房屋、建筑物的折旧费、保险费或租赁费,车间生用的照明费、取暖费、降温费、运输费、劳动保护费,以及季节性停工和生产用固定资产修理期间的停工损失等。

(2)直接用于产品生产,但管理上不要求或不便于单独核算,因而未专设成本项目的费用,如生产用机器设备的折旧费、保险费或租赁费,生产用低值易耗品摊销,设计图纸费和试验检验费等。

(3)生产部门用于组织和管理生产而发生的费用,如生产部门管理人员工资及福利费,生产部门管理用房屋通信设备的折旧费、保险费或租赁费,生产部门管理用具摊销,以及生产管理部门的照明费、取暖费、差旅费和办公费等。

(二)账户的设置

设置"制造费用"总分类账户,按生产单位开设明细账,账内按照费用明细项目设专栏或专行核算。明细项目:机物料消耗、职工薪酬、折旧费、租赁费、保险费、低值易耗品摊销、水费、取暖费、运输费、劳动保护费、设计制图费、试验检验费、差旅费、办公费、在产品盘亏、毁损和报废,以及季节性及修理期间停工损失等。

辅助生产车间可不设"制造费用"账户,直接通过"辅助生产成本"账户进行核算。

制造费用的实际发生数按其经济用途和发生地点进行归集。归集时,应根据费用发生的有关凭证和费用分配表,在制造费用总账及其明细账借方进行登记,并视具体情况,分别贷记"原材料""应付职工薪酬""累计折旧""辅助生产成本""银行存款"等账户。除季节性生产的车间外,"制造费用"账户期末应无余额。

"制造费用"明细账的一般格式如表3-23所示。

表3-23 制造费用明细账

车间:一车间 单位:元

2023年		摘　要	机物料消耗	职工薪酬	动力费用	折旧费	其　他	合　计	转　出
月	日								
9	15	付款凭证					1 950	1 950	
	30	材料费用分配表	6 000					6 000	
	30	工资费用分配表		2 600				2 600	
	30	折旧费用分配表				10 000		10 000	
	30	动力费用分配表			8 000			8 000	
	30	制造费用分配表							28 550
	30	合　计	6 000	2 600	8 000	10 000	1 950	28 550	28 550

二、制造费用分配

为了正确计算产品的生产成本,必须合理地分配制造费用。基本生产车间的制造费用是产品生产成本的组成部分,在单一成本核算对象的车间,制造费用可以直接转入该核算对象生产成本明细账中的制造费用成本项目;在多个成本核算对象的车间,制造费用应采用适当的分配方法,分配计入各核算对象的生产成本。辅助生产车间单独核算其制造费用时,汇总在"制造费用—辅助生产车间"账户的数额比照基本生产车间"制造费用"账户进行核算。

由于各车间制造费用水平不同,因此制造费用应该按照各车间分别进行分配,而不得将各车间的制造费用统一在整个企业范围内分配。分配方法主要有生产工人工时比例法、生产工人工资比例法、机器工时比例法、年度计划分配率法。分配方法一经确定,不应随意变更。

(一) 生产工人工时比例法

生产工人工时比例法(Proportion of Producer Hour Method)是按照各种产品所用生产工人工时的比例分配制造费用的一种方法。按生产工时比例分配,可以用各种产品实际耗用的生产工时,如果产品的工时定额比较准确,制造费用也可以按定额工时的比例分配。

其计算公式如下:

$$制造费用分配率 = \frac{制造费用总额}{车间产品生产工时(实际或定额)总额}$$

$$某成本核算对象应分配的制造费用 = \frac{该成本核算对象生产工时}{(实际或定额)} \times 制造费用分配率$$

【例3-14】 长江公司一车间生产三种产品。2023年9月末制造费用明细账总额为25 180元,生产工时总额为22 000小时,其中甲产品4 000小时,乙产品10 000小时,丙产品8 000小时。

要求:采用生产工人工时比例法分配制造费用。

解:制造费用分配率$=\dfrac{25\ 180}{22\ 000}=1.144\ 5$

甲产品应分配制造费用$=4\ 000\times1.144\ 5=4\ 578$(元)

乙产品应分配制造费用$=10\ 000\times1.144\ 5=11\ 445$(元)

丙产品应分配制造费用$=25\ 180-4\ 578-11\ 445=9\ 157$(元)

在实际工作中,制造费用分配一般通过编制制造费用分配表进行,如表3-24所示。

表3-24 制造费用分配表

车间:一车间　　　　　　　　　　　2023年9月　　　　　　　　　　　金额单位:元

应借科目		生产工时/小时	分配金额(分配率:1.144 5)
基本生产成本	甲产品	4 000	4 578
	乙产品	10 000	11 445
	丙产品	8 000	9 157
合　计		22 000	25 180

根据制造费用分配表编制会计分录。

借:基本生产成本——甲产品　　　　　　　　　　　4 578

　　　　　　　　——乙产品　　　　　　　　　　　11 445

　　　　　　　　——丙产品　　　　　　　　　　　9 157

　　贷:制造费用——一车间　　　　　　　　　　　25 180

生产工人工时比例法评价:

该种分配方法是较为常见的一种分配方法,能将劳动生产率的高低与产品负担费用的多少联系起来,分配结果比较合理。但是,必须做好产品生产工时的记录和核算工作,以保证生产工时的准确、可靠。

该种分配方法适用于机械化程度较低,或生产单位内生产的各种产品工艺过程机械化程度大致相同的情况。

(二) 生产工人工资比例法

生产工人工资比例法(Proportion of Producer Wage Method)是按照计入各种产品成本的生产工人实际工资的比例分配制造费用的方法。计算公式如下:

$$制造费用分配率=\frac{制造费用总额}{车间产品生产工人工资总额}$$

$$某成本核算对象应分配的制造费用=\frac{该成本核算对象}{生产工人工资}\times制造费用分配率$$

生产工人工资比例法评价:

由于工资费用分配表中有现成的生产工人工资的资料,因此这种分配方法核算工作较为简便。但采用此法的前提是各成本核算对象生产的机械化程度大致相同,否则,机械化程度高的产品,由于工资费用少,分配负担的制造费用也少,与实际情况不符,影响费用分配的合理性。

该分配方法与生产工时比例法原理基本相同。如果生产工人的计时工资是按照生产工时比例分配的,那么按照生产工人工资比例分配制造费用,实际上就是按生产工人工时比例分配制造费用。

(三) 机器工时比例法

机器工时比例法(Proportion of Ration Method)是按照各成本核算对象生产时所用机器设备运转时间的比例分配制造费用的一种方法。计算公式如下:

$$制造费用分配率 = \frac{制造费用总额}{车间产品生产机器设备运转时间总额}$$

$$某成本核算对象应分配的制造费用 = \frac{该成本核算对象}{机器设备运转时间} \times 制造费用分配率$$

机器工时比例法评价:

这种方法适用于机械化程度较高的车间,因为在这种车间,单位制造费用中机器设备的折旧费比重较大,并且与机器设备运转的时间有密切的关系。采用这种方法,必须做好各成本核算对象所耗用机器工时的记录工作,以保证工时的准确性。

注:当生产单位机器设备差别较大时,不同机器设备在同一运转时间内的折旧费用差别也会较大。也就是说,被加工产品在较为高级精密或大型机器设备上加工一小时所应负担的费用,与在较小型机器设备上加工一小时所应负担的费用,应当有所区别。当一个生产单位内存在成本差别较大的机器设备时,应将机器设备按单位工时费用发生的多少合理分类,确定各类机器设备的工时换算系数。按照机器设备的工时换算系数,将各成本核算对象实际机器运转小时换算成标准机器运转小时,作为分配制造费用的依据。计算公式如下:

$$\frac{某成本核算对象的}{标准机器工时} = \frac{该成本核算对象}{实际机器工时} \times \frac{机器设备的}{工时换算系数}$$

【例 3 - 15】红星工厂 2023 年 4 月发生制造费用总额 583 200 元。各种产品使用的机器工时如表 3 - 25 所示。

表 3 - 25　产品使用机器工时数

2023 年 4 月

单位:小时

项　目	甲	乙	丙	合　计
A 类设备	34 000	16 000	40 000	90 000
B 类设备	19 000	40 000	16 000	75 000
合　计	53 000	56 000	56 000	165 000

该车间 A 类设备为一般设备,工时系数定为 1;B 设备为高级精密大型设备,按照设备使用和维修费用发生情况,工时系数定为 1.5。

要求:采用机器工时比例法分配制造费用。

解:根据以上资料编制制造费用分配表,见表 3-26 所示。

表 3-26　制造费用分配表

车间:一车间　　　　　　　　　　　2023 年 4 月　　　　　　　　　　　金额单位:元

应借科目		标准机器工时(小时)				分配金额(分配率:2.88)
		A 类设备(标准工时)	B 类设备(系数 1.5)		标准机器工时合计	
			实际工时	标准工时		
基本生产成本	甲产品	34 000	19 000	28 500	62 500	180 000
	乙产品	16 000	40 000	60 000	76 000	218 880
	丙产品	40 000	16 000	24 000	64 000	184 320
合　计		90 000	75 000	112 500	202 500	583 200

表中:

$$制造费用分配率=\frac{583\,200}{202\,500}=2.88$$

根据制造费用分配表编制会计分录如下:

借:基本生产成本——甲产品　　　　　　　　　　　　　　　　　　180 000

　　　　　　　　——乙产品　　　　　　　　　　　　　　　　　　218 880

　　　　　　　　——丙产品　　　　　　　　　　　　　　　　　　184 320

　　贷:制造费用——一车间　　　　　　　　　　　　　　　　　　　　583 200

(四) 年度计划分配率法

年度计划分配率法(Annual Planning Distributive Rate Allocation Method),是按照年度开始前确定的全年适用的计划分配率分配费用的方法。

采用这种分配方法,不论各月实际发生的制造费用为多少,每月各成本核算对象成本中的制造费用都按年度计划确定的计划分配率分配。年度内如果发现全年制造费用的实际数和产品实际产量下的计划数产生较大的差额,应及时调整计划分配率。

年度计划分配率法的基本步骤如下。

(1) 年初时计算制造费用年度计划分配率,计算公式如下:

$$制造费用年度计划分配率=\frac{年度制造费用计划总额}{年度各成本核算对象计划产量的定额工时总额}$$

年度计划产量的定额工时总额可以是计划产量的生产工人工时,也可以是机器工时数。

(2) 每个月按年初计算的年度计划分配率分配制造费用,计算公式如下:

$$某月某成本核算对象制造费用=该月该成本核算对象实际产量的定额工时数×年度计划分配率$$

（3）处理分配的差异。

按年度计划分配率分配的制造费用数额与实际数额之间往往存在差异，一般应在年末将其差异额按已分配的比例进行一次再分配，调整计入各成本核算对象12月份的成本。实际数大于已分配数的，用蓝字补计；小于已分配数的，用红字冲回。

【例3-16】 兴安公司2023年第一车间制造费用年度计划数为57 000元，全年各种产品的计划产量为：甲产品3 000件，乙产品1 200件；单位产品的工时定额为甲产品6小时，乙产品4小时。该车间4月份实际产量：甲产品260件，乙产品105件，实际制造费用为4 800元。制造费用账户月初为贷方余额50元。

要求：按年度计划分配率分配结转制造费用。

解：（1）各种产品年度计划产量的定额工时。

甲产品年度计划产量的定额工时＝3 000×6＝18 000（小时）

乙产品年度计划产量的定额工时＝1 200×4＝4 800（小时）

（2）制造费用年度计划分配率。

$$制造费用年度计划分配率＝\frac{57\,000}{18\,000+4\,800}＝2.5（元/小时）$$

（3）各种产品应分配的制造费用。

甲产品4月应分配的制造费用＝260×6×2.5＝3 900（元）

乙产品4月应分配的制造费用＝105×4×2.5＝1 050（元）

该车间本月按计划分配率分配转出的制造费用为：3 900＋1 050＝4 950（元）

会计分录如下：

借：基本生产成本——甲产品   3 900

     ——乙产品   1 050

 贷：制造费用——一车间   4 950

4月份制造费用的实际发生额和分配转出额登记结果，如图3-10所示。

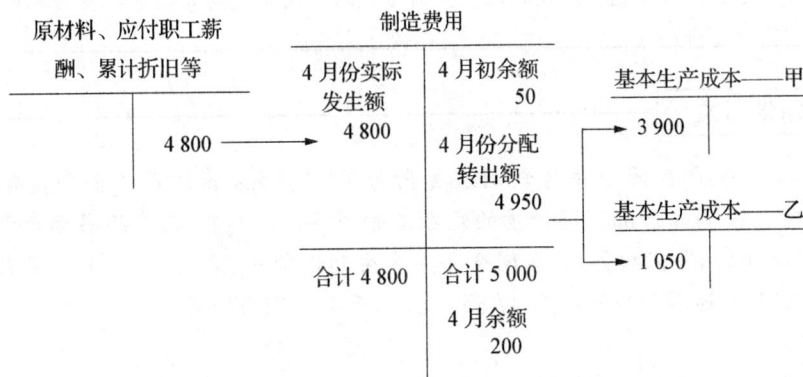

图3-10 制造费用归集与分配账户关系

12月末"制造费用"账户余额的处理。

【例3-17】 兴安公司2023年全年按年度计划分配率分配第一车间的制造费用80 000元，其中甲产品50 000元，乙产品30 000元；全年实际发生制造费用10 546.20元，

12月末制造费用账户余额为借方 546.20 元。

要求:对制造费用账户余额进行处理。

解:余额分配率 $=\dfrac{546.20}{50\,000+30\,000}=0.006\,827\,5$

甲产品应分配制造费用余额:$0.006\,827\,5\times50\,000=341.38$(元)

乙产品应分配制造费用余额:$546.20-341.38=204.82$(元)

会计分录如下:

借:基本生产成本——甲产品   341.38

           ——乙产品   204.82

  贷:制造费用——一车间   546.20

注:年末制造费用账户借方余额表示实际费用大于计划费用,属于超支,也意味着按年度计划分配率结转的制造费用小于实际费用,所以把少结转的费用补充进入"基本生产成本"账户;贷方余额表示实际费用小于计划费用,属于节约,也意味着按年度计划分配率结转的制造费用大于实际费用,所以把多结转的费用冲减掉。

年度计划分配率法评价:

此方法因年度内各个月份不进行差异的再分配,因此,核算工作较为简便。但采用这种分配方法,必须有较高的计划管理工作水平,否则,年度制造费用的计划数脱离实际成本太大,会影响成本计算准确性。该种方法特别适用于季节性生产的车间,因为分配率不受淡季和旺季产量悬殊的影响,从而不会使各月单位产品成本中制造费用忽高忽低,便于进行成本分析。

课程思政

上述四种制造费用分配方法属于较为传统的方法,随着我国经济水平的提高,企业不断进行技术创新,制造费用在整个成本中所占比重加大,包含的内容也有所改变,很多费用与生产工时没有太大的关系,如研发费用、试验费用,我国很多企业开始使用作业成本法进行成本核算,这是我国崛起和强大的表现。新时代的中国正走向高质量发展的现代化之路。

随堂训练

海峰公司生产车间全年计划制造费用为 72 000 元,各种产品全年定额工时为 80 000小时。12 月甲产品实际产量的定额工时为 5 200 小时,乙产品实际产量的定额工时为 2 200小时,年末核算,该车间全年共发生制造费用 75 430 元。1～11 月按计划分配率分配的制造费用甲产品为 47 850 元,乙产品为 21 530 元。

要求:

(1)计算制造费用年度计划分配率。

(2)计算 12 月甲、乙产品应分配的制造费用。

(3)计算制造费用实际发生额和计划发生额之间的差异。

(4)编制分配转出 12 月制造费用和年末调整差异的会计分录。

三、分配结转制造费用的账务处理

期末分配结转制造费用的账务处理程序如图 3-11 所示。

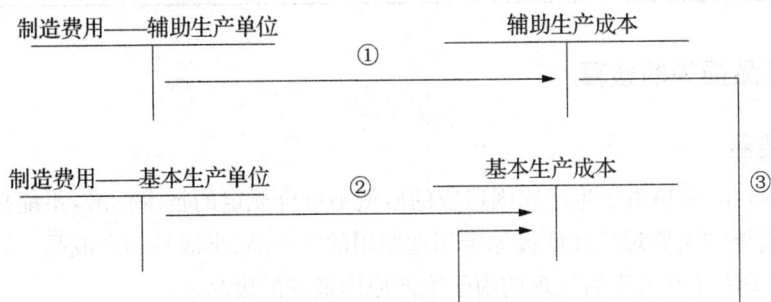

图 3-11　分配结转制造费用的账务处理程序

说明：

① 辅助生产单位的制造费用结转计入辅助生产成本账户；

② 基本生产单位的制造费用结转计入基本生产成本账户；

③ 分配结转辅助生产成本，其中应由产品成本负担的费用计入基本生产成本账户。

第四节　废品损失和停工损失的核算

知识结构图

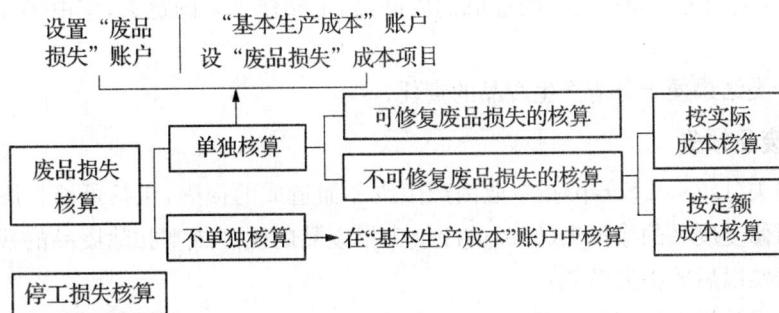

导　读

几乎所有生产过程都会发生损失。有些损失是生产过程的内部因素所致，如星巴克在烘烤咖啡豆时，水蒸气的挥发导致重量下降20%，这是正常范围内的损耗。另一种产品损失是由于生产过程中的失误（人为因素或设备因素）导致产品不符合质量标准或不符合规定的要求，从而形成损失，这属于非正常损失。废品损失和停工损失均属于后一种情况。生产损失应由产品制造成本承担,是产品制造成本的组成部分。如果企业生产损失经常发生,在产品成本中所占的比重大,对产品成本的影响也较大,则生产损失需要单独进行核算。

一、废品损失的核算

(一) 废品

废品(Scrap)是指由于生产原因造成的质量不符合规定的技术标准,不能按原定用途使用,或者需要加工修理后才能按原定用途使用的在产品、半成品和产成品。它包括生产过程中发现的废品和入库后发现的由于生产原因造成的废品。

废品一般可以进行以下分类。

1. 按其能否和有否必要修复分类

可修复废品(Repairable Scrap):技术上可以修复,并且支付修复费用在经济上是划算的,即修复费用低于原来的废品成本。

不可修复废品(Unrepairable Scrap):在技术上已不可能修复或者虽然技术上可修复,但所修复费用在经济上是不划算的,即修复费用高于原来的废品成本。

以上分类结果所包含的废品损失内容和核算方法不一致。

2. 按其产生的原因不同分类

料废品:由于被加工的原材料、半成品不符合质量要求而造成的废品,应由供应部门负责。

工废品:生产工人操作上原因造成的废品,属于操作工人的过失,应由操作工人承担责任。

以上分类结果便于分清产生废品的责任。

(二) 废品损失

废品损失(Loss of Scrap)指企业因产生废品而造成的损失,包括可修复废品的修复费用和不可修复废品的净损失(废品的净损失指废品的生产成本扣除废品的残料价值及由责任人赔偿以后的损失净额)。

不属于废品损失的范围如下:

(1) 经过质量检验部门鉴定不需要返修,可以降价出售的不合格品,应与合格品同等核算成本,其降价损失体现为销售损失。

(2) 产品入库后,保管不善等原因造成的损失变质,其损失属于管理上的原因,应列作管理费用。

(3) 实行产品三包的企业,在产品出售后发现废品所发生的一切损失,作为销售费用处理,也不计入废品损失。

理解记忆

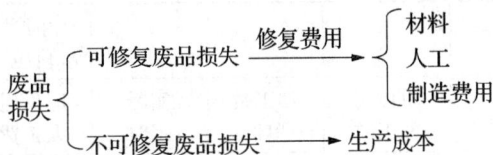

(三)单独核算废品损失的账务处理

1."废品损失"账户的设置

单独核算废品损失的企业,应设置"废品损失"账户,在基本生产成本明细账中增设"废品损失"成本项目,如表3-27所示。

表 3-27 基本生产成本明细账

车间:第一车间

产品:甲产品   单位:元

年		摘 要	成本项目				合 计
月	日		直接材料	直接人工	制造费用	废品损失	

废品损失应根据废品损失计算表和各种费用分配表等有关凭证,通过"废品损失"账户进行核算。"废品损失"总分类账户应按成本核算对象设置明细账,账内按成本项目登记废品损失的详细资料。借方归集不可修复废品的生产成本和可修复废品的修复费用;贷方登记废品残料回收的价值、应收赔款,以及分配结转应由本月生产的同种合格产品成本负担的废品净损失,如图3-12所示。

图 3-12 废品损失账户结构

2.废品损失的归集与分配

计算废品损失的原始凭证主要是"废品通知单"。"废品通知单"依据废品的发现地点,由企业质检部门或生产部门填写。废品通知单的一般格式如表3-28所示。

表 3-28　废品通知单

2023 年 6 月

工　　号		图　　号		工序号		生产班组		
废品名称	计量单位	数量	单位定额工时	加工费单价	实际工时	应负担人工费	应负担材料费	废品原因
合　　计								
处理意见		返修、不可返修			个人赔偿额				

检验员：　　　　　　　　质检部：　　　　　　　　厂部：

废品损失归集与分配通过"废品损失"账户进行,其账务处理程序如图 3-13 所示。

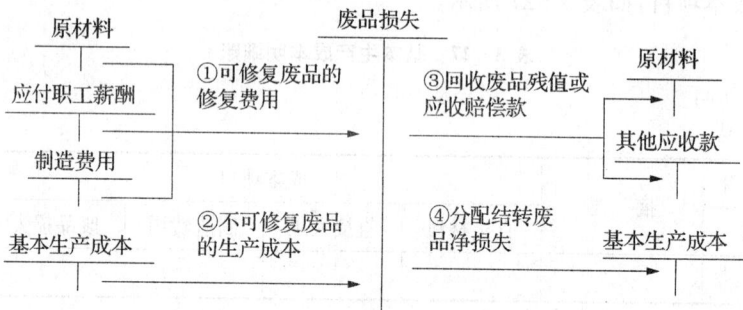

图 3-13　废品损失归集与分配账务处理程序

说明:

① 归集可修复废品的修复费用;

② 结转不可修复废品的生产成本;

③ 回收废品残值或应收赔偿款的核算;

④ 将废品净损失分配结转进入"基本生产成本"明细账。

(1) 不可修复废品损失的归集与分配。

不可修复废品的损失是指废品的生产成本,扣除回收的残料价值及应收赔偿款后的数额。废品的生产成本是指从生产开始截至报废时所发生的一切耗费,这些费用与合格品成本是同时发生的,应采用适当方法,将全部生产成本在合格品与废品之间进行分配。一般有两种方法:一是按废品所耗实际费用计算,二是按废品所耗定额费用计算。

① 按废品所耗实际费用计算的方法。

这一方法是指在废品报废时,根据废品和合格品实际发生的全部费用,采用一定的分配标准,在合格品与废品之间进行分配,计算出废品的实际成本,从"基本生产成本"账户的贷方转入"废品损失"账户的借方。

计算公式如下:

$$废品负担的直接材料费用 = \frac{某成本核算对象直接材料费用总额}{合格品数量+废品数量(或约当量)} \times 废品数量(或约当量)$$

$$废品负担的直接人工费用=\frac{某成本核算对象直接人工费用总额}{合格品数量（或生产工时）+废品约当量（或生产工时）}\times 废品约当量（或生产工时）$$

$$废品负担的制造费用=\frac{某成本核算对象制造费用总额}{合格品数量（或生产工时）+废品约当量（或生产工时）}\times 废品约当量（或生产工时）$$

如果该产品月末尚有部分产品未完工,则上述公式中的分母还包括在产品数量或约当产量（或生产工时）。

废品损失的计算一般通过编制废品损失计算表进行。

【例3-18】 黄池工厂第一车间2023年2月生产乙产品1 000件,经验收入库发现不可修复废品40件;合格品生产工时为26 500小时,废品工时为1 500小时,全部生产工时为28 000小时;合格品机器工时为5 600小时,废品机器工时为450小时,全部机器工时为6 050小时。按所耗实际费用计算废品的生产成本。乙产品基本生产成本明细账所列全部生产费用为:直接材料640 000元;直接燃料和动力121 000元;直接人工308 000元;制造费用196 000元,共计1 265 000元。原材料在生产开始时一次投入,废品残料价值为6 000元,已入库,过失人应赔偿金额1 200元。直接材料费用按合格品和废品数量的比例分配;直接燃料和动力费用按机器工时比例分配;其他费用按生产工时比例分配。

要求:归集和分配不可修复废品净损失。

解:不可修复废品生产成本如下:

$$直接材料费用=\frac{640\,000}{960+40}\times 40=25\,600（元）$$

$$直接燃料和动力费用=\frac{121\,000}{5\,600+450}\times 450=9\,000（元）$$

$$直接人工费用=\frac{308\,000}{26\,500+1\,500}\times 1\,500=16\,500（元）$$

$$制造费用=\frac{196\,000}{26\,500+1\,500}\times 1\,500=10\,500（元）$$

不可修复废品净损失=25 600+9 000+16 500+10 500-1 200-6 000=54 400（元）

根据上述计算结果,编制不可修复废品损失计算表,如表3-29所示。

表3-29 废品损失计算表（按实际成本计算）

产品名称:乙产品

废品数量40件

车间:一车间　　　　　　　　　　2023年2月　　　　　　　　　金额单位:元

项　目	数量/件	直接材料	直接燃料和动力	直接人工	制造费用	合　计
生产费用合计	1 000	640 000	121 000	308 000	196 000	1 265 000
费用分配率		640	20	11	7	
废品生产成本	40	25 600	9 000	16 500	10 500	61 600
减:残料价值		6 000				6 000

项　目	数量/件	直接材料	直接燃料和动力	直接人工	制造费用	合　计
应收赔偿款				1 200		1 200
废品损失		19 600	9 000	15 300	10 500	54 400

根据不可修复废品损失计算表,编制如下会计分录:

从生产成本中结转废品损失。

借:废品损失——乙产品　　　　　　　　　　　　　　　　61 600

　　贷:基本生产成本——乙产品　　　　　　　　　　　　　　　61 600

回收废品材料入库价值。

借:原材料　　　　　　　　　　　　　　　　　　　　　　6 000

　　贷:废品损失——乙产品　　　　　　　　　　　　　　　　　6 000

应收过失人赔款。

借:其他应收款　　　　　　　　　　　　　　　　　　　　1 200

　　贷:废品损失——乙产品　　　　　　　　　　　　　　　　　1 200

将废品净损失分配转入合格品成本。

借:基本生产成本——乙产品　　　　　　　　　　　　　　54 400

　　贷:废品损失——乙产品　　　　　　　　　　　　　　　　　54 400

产生废品后,其损失应由合格品负担,会导致合格品的单位成本上升。

$$合格品的单位成本 = \frac{基本生产成本明细账归集的完工产品总成本}{扣除废品数量以后的合格品数量}$$

上例中合格品的单位成本 $= \dfrac{1\ 265\ 000 - 61\ 600 + 54\ 400}{960} = 1\ 310.21(元/件)$

表 3-30 为基本生产成本明细账。

表 3-30　基本生产成本明细账

车间:一车间

产品:乙产品

单位:元

2023年		摘　要	成本项目					合　计
月	日		直接材料	直接燃料和动力	直接人工	制造费用	废品损失	
2	28	生产费用合计	640 000	121 000	308 000	196 000		1 265 000
		转出不可修复废品成本	−25 600	−9 000	−16 500	−10 500		−61 600
		转入废品净损失					54 400	54 400
		完工产品总成本(960件)	614 400	112 000	291 500	185 500	54 400	1 257 800
		完工产品单位成本	638.67	116.67	303.65	193.23	56.67	1 310.21

如果不产生废品,原 1 000 件产品的单位成本为 1 256 元(= 1 265 000 ÷ 1 000)。

按废品的实际费用计算和分配废品损失的特点是:计算结果符合实际情况,但计算工作量较大。

② 按废品所耗定额费用计算的方法。

在消耗定额和费用定额比较健全的企业,也可以按不可修复废品的数量和各项费用定额计算废品的定额成本,再将废品的定额成本扣除废品残料回收价值,计算出废品净损失,分配结转进入"基本生产成本"明细账,不考虑废品实际发生费用的多少。

按废品的定额费用核算和分配废品损失的特点是:采用这一方法,核算工作比较简便,有利于考核和分析废品损失和产品成本。但要求企业必须具备比较准确的定额成本资料,否则会影响成本计算的准确性。

(2) 可修复废品修复费用的归集和分配。

可修复废品损失是指废品在修复过程中所发生的各项修复费用。对于可修复废品修复以前发生的生产费用,在"基本生产成本"账户中不必转出,因为其不属于废品损失。

修复过程中发生的费用,应根据原材料、职工薪酬、辅助生产费用和制造费用等分配表借记"废品损失"账户,贷记有关科目。在编制各种费用分配表时,材料费用应根据有关领料凭证直接确定;人工费用有的可以直接确定,有的需要根据修复废品实际消耗工时和小时工资率计算确定;制造费用不能直接计入,一般可根据修复废品的实际消耗的工时和小时费用率计算确定。

废品残值和应收赔偿款,以及废品净损失分配结转的账务处理,和不可修复废品损失有关账务处理相同。

【例3-19】 兴宇工厂2023年8月所生产的甲产品发生可修复废品9件,已修复验收入库。耗用材料汇总表:材料1 000元;直接人工费用分配表:实际修复工时200小时,小时工资率4.56元,共912元;制造费用分配表:小时费用分配率2.5元,共500元。应收过失人赔偿款200元。

要求:根据以上资料编制相关的会计分录。

解:

① 根据各种费用分配表结转修复费用:

借:废品损失——甲产品　　　　　　　　　　　　　　　1 000
　　贷:原材料　　　　　　　　　　　　　　　　　　　　　1 000
借:废品损失——甲产品　　　　　　　　　　　　　　　912
　　贷:应付职工薪酬　　　　　　　　　　　　　　　　　　912
借:废品损失——甲产品　　　　　　　　　　　　　　　500
　　贷:制造费用　　　　　　　　　　　　　　　　　　　　500

② 应收赔偿款时:

借:其他应收款　　　　　　　　　　　　　　　　　　　200
　　贷:废品损失——甲产品　　　　　　　　　　　　　　　200

③ 废品净损失计入生产成本时:

借:基本生产成本——甲产品　　　　　　　　　　　　　2 212
　　贷:废品损失——甲产品　　　　　　　　　　　　　　　2 212

（四）不单独核算废品损失的处理

不单独核算废品损失的企业,不需要设置"废品损失"账户和在基本生产成本明细账中设置成本项目。发生的残料价值和应收过失人赔款,冲减生产成本,残料价值应从生产成本明细账的"直接材料"成本项目中扣除,借记"原材料"账户,贷记"基本生产成本"账户;应收过失人赔款一般可从"直接人工"成本项目中扣除。生产成本明细账归集的完工产品总成本,除以扣除废品数量以后的合格品数量,就是合格品的单位成本。

【例 3－20】 红兴工厂 2023 年 3 月投产甲产品 100 件,月末完工时发现合格品 94 件,不可修复废品 6 件。在合格品中正常合格品 90 件,可修复废品修复后合格品 4 件。甲产品发生可修复费用共计 2 400 元,其中直接材料费用 1 000 元、直接人工费用 800 元、制造费用 600 元。废品残料价值 800 元,已交仓库验收;按规定应由过失人赔偿 500 元。该厂不单独核算废品损失。

要求:根据上述资料编制相关的会计分录。

解:编制会计分录如下:

(1) 归集可修复废品修复费用。

借:基本生产成本——甲产品	1 000
贷:原材料	1 000
借:基本生产成本——甲产品	800
贷:应付职工薪酬	800
借:基本生产成本——甲产品	600
贷:制造费用	600

(2) 回收废品残料价值和应收过失人赔款。

借:原材料	800
其他应收款	500
贷:基本生产成本——甲产品	1 300

生产甲产品所投入的费用以及废品损失的计算,见基本生产明细账(表 3－31)所示。

表 3－31　基本生产成本明细账

车间:第一车间

产品:甲产品

单位:元

| 2023 年 | | 摘　要 | 成本项目 | | | 合　计 |
月	日		直接材料	直接人工	制造费用	
3	31	材料费用分配表	11 000			11 000
		人工费用分配表		6 800		6 800
		制造费用分配表			7 600	7 600
		废品残料价值	−800			−800
		应收废品过失人赔款		−500		−500
		完工产品总成本	10 200	6 300	7 600	24 100
		完工产品单位成本	108.51	67.02	80.85	256.38

课程思政

废品的产生会给企业造成损失,也造成了整个社会的资源浪费。学废品损失的核算,学生要联系自己的生活实际,首先要培养节俭的良好生活习惯,擅于废物利用,变废为宝;其次要树立环保的意识,进行垃圾分类,促进可回收废品的再次利用。

二、停工损失的核算

(一) 停工损失的含义

停工计算损失的时间和空间界限,一般由企业主管部门规定,或由企业主管部门授权企业自行规定。为了简化核算,生产单位不满一个工作日的停工,可以不计算停工损失;企业正常停工,如季节性停工、计划内的大修理停工、技术改造及革新停工、固定资产的改建和扩建停工,是为了以后生产经营活动的正常开展而进行的可预见的活动,其停工期间发生的各种支出与未来提供相应的营业收入有关,因而不属于停工损失;非正常停工,如因为停电、停水、待料、机械故障、不可抗力造成机器大修等停工,其间发生的各种支出均是丧失的无利益获得的资源,因而属于损失。

因此,就制造业企业而言,停工损失(Loss on Idle Time)是指企业或生产车间、班组在非正常停工期间发生的各项费用,包括停工期间发生的燃料和动力费、损失的材料费用、应支付的生产工人的薪酬费用和应负担的制造费用等。

(二) 停工损失的归集和分配

企业发生停工的原因多种多样,如停电、待料、机械故障、机器设备修理、发生非常灾害以及计划压缩产量等,都可能引起停工。一般情况下,企业在停工期间所发生的计划内停工损失应由开工生产的产品负担,计入产品生产成本;计划外的停工损失,计入当期损益,即管理费用或营业外支出。由于非常灾害造成的停工损失和由于计划压缩产量而使主要生产车间连续停产一个月以上或整个企业连续停产十天以上所造成的停工损失,按制度规定由营业外支出列支。

单独核算停工损失的企业,应增设"停工损失"账户,在基本生产成本明细账中增设"停工损失"成本项目(见表3-32)。停工损失的归集和分配,是通过设置"停工损失"账户进行的,该账户应按车间和成本项目进行明细核算。根据停工报告单和各种费用分配表、分配汇总表等有关凭证,将停工期内发生的、应列作停工损失的费用归集计入"停工损失"账户的借方,贷记"原材料""应付职工薪酬"和"制造费用"等账户。"停工损失"账户的贷方登记应由过失单位及过失人员或保险公司支付的赔款、属于自然灾害应计入营业外支出的损失以及计入本月产品成本的损失,即贷记"停工损失",借记"其他应收款""营业外支出"和"基本生产成本"账户。该账户月末无余额。

表 3 – 32　基本生产成本明细账

车间:第一车间
产品:甲产品

单位:元

年		摘　要	成本项目				合　计
月	日		直接材料	直接人工	制造费用	停工损失	

　　不单独核算停工损失的企业,不设"停工损失"账户,也不需要在基本生产成本明细账中增设停工损失成本项目。停工期间发生的属于停工损失的各项费用,分别计入"制造费用"和"营业外支出"账户。

第五节　生产费用在完工产品与在产品之间的归集和分配

知识结构图

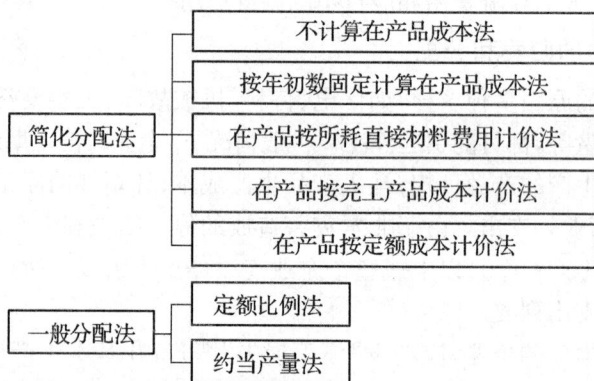

```
              ┌─ 不计算在产品成本法
              ├─ 按年初数固定计算在产品成本法
      简化分配法─┼─ 在产品按所耗直接材料费用计价法
              ├─ 在产品按完工产品成本计价法
              └─ 在产品按定额成本计价法

      一般分配法─┬─ 定额比例法
              └─ 约当产量法
```

知识引导

　　本月发生的生产费用,通过上述所介绍的各种费用汇集和分配,将应计入产品成本的生产费用,按成本核算对象汇集在基本生产成本明细账户中的有关成本项目中。这时企业在本月发生的生产费用有四种情况:

　　(1)如果本月投产产品本月月末全部完工,则生产费用全部为完工产品的总成本。

　　(2)如果月初有在产品但在本月月末全部完工,则基本生产成本明细账中的本月生产费用与月初在产品生产费用相加,即为该成本核算对象完工产品总成本。

　　(3)如果本月月末无完工产品,则生产费用全部为月末在产品成本。

（4）如果本月月末既有完工产品又有在产品,则需要将生产费用在完工产品和在产品之间进行分配——即本节要介绍的内容。

一、在产品及其数量的核算

要正确进行本月完工产品与月末在产品之间的费用分配,就必须正确组织在产品的数量核算,以取得在产品收发和结存的数量资料。

(一) 在产品的含义

企业的在产品(Goods in Process)有广义和狭义之分。

（1）广义的在产品是指从整个企业角度来看,没有完成全部生产过程,不能作为商品销售的产品,包括在各个生产单位加工中的在制品,尚需继续加工的自制半成品(入库或未入库)和返修的废品,不包括不可修复废品和对外销售的半成品。

（2）狭义的在产品是就某一生产单位或某一生产步骤而言,只指在本生产单位或生产步骤正在加工中的在制品,对于该生产单位或生产步骤已完工的半成品,不包括在内。

(二) 在产品数量的核算

在产品数量的核算,应同时具备账目核算资料和实际盘点资料。为此,企业应做好在产品收发结存的日常核算工作和在产品的清查工作。这样既可以从账面上随时掌握在产品的动态,又可以查清在产品的实存数量,从而为正确计算产品成本,加强生产资金运营和在产品实物管理提供资料。

1. 在产品收发存的日常核算

在产品收发结存的日常核算,通常是通过在产品收发结存账(即在产品台账)进行的。在产品收发结存账按车间及产品品种和在产品的名称(零部件名称)设置,提供车间各种在产品收发结存动态的业务核算资料。在产品收发结存账一般格式见表 3-33 所示。

表 3-33　在产品收发结存账

生产单位:　　　　生产工序:　　　　在产品名称:　　　　计量单位:

日期	摘要	收入		转出			结存			备注
		凭证号	数量	凭证号	合格品	废品	已完工	未完工	废品	
合　计										

在产品收发结存账应根据领料凭证、在产品内部转移凭证、产品检验凭证和产品交库凭证及时登记,最后由车间核算人员汇总。

2. 在产品清查的核算

对于在产品的管理,与固定资产及其他存货一样,应定期或不定期地进行清查,做到在产品账实相符,保护在产品的安全完整。如果车间没有建立在产品收发日常核算,每月月末必须清查一次在产品,以便取得在产品的实际盘存资料,用来计算产品成本。

在产品清查后,应根据实际盘点数和账面资料编制在产品盘存表,列明在产品的账面数、实有数、盘盈盘亏数及其原因和处理意见等,对于报废和毁损的在产品还要登记残值。成本核算人员应对在产品盘存表进行认真审核,并报有关部门审批,同时对在产品盘盈、盘亏结果进行账务处理。在产品清查的账务处理如下:

(1)发生盘盈时:

借:基本生产成本——某产品

　　贷:待处理财产损溢

批准后予以转销时:

借:待处理财产损溢

　　贷:管理费用

(2)发生在产品盘亏及毁损时:

借:待处理财产损溢

　　贷:基本生产成本——某产品

在产品发生非常损失,应计算需负担的增值税;

借:待处理财产损溢

　　贷:应交税费——应交增值税(进项税额转出)

批准后转销时,区别不同情况处理:

借:原材料(毁损在产品收回的残值)

　　其他应收款(应收过失人或保险公司赔偿的损失)

　　营业外支出(非常损失的净损失)

　　管理费用(无法收回的损失)

　　贷:待处理财产损溢

二、完工产品与在产品之间分配费用的方法

在完工产品与月末在产品之间分配费用的方法有多种,大体上可以分两种类型:

(1)月初在产品成本+本月生产费用=本月完工产品成本+月末在产品成本。

上述公式表示,前两项费用之和,即生产产品所发生的累计生产费用应该由完工产品和月末在产品共同承担。分配方法是将前两项费用之和在完工产品与月末在产品之间按一定的比例进行分配,同时计算完工产品成本和月末在产品成本。

(2)本月完工产品成本=月初在产品成本+本月生产费用-月末在产品成本。

上述公式表示,先确定月末在产品成本,再从前两项费用之和中减去月末在产品成本,计算完工产品成本。

企业应该根据在产品数量的多少,各月在产品数量变化的大小,各项费用比重的大小以及定额管理基础等具体条件并考虑管理的要求,选择合理而又简便的方法。实务中常用的方法有:不计算在产品成本法、按年初数固定计算在产品成本法、在产品按所耗直接材料费用计价法、在产品按完工产品成本计价法、在产品按定额成本计价法、约当产量比例

法和定额比例法。

（一）不计算在产品成本法

采用这种分配方法时,月末虽然有在产品,但不计算在产品成本。其特点为:基本生产成本明细账中归集的生产费用,全部由本月完工产品负担,本月完工产品成本＝本月生产费用,并且成本明细账账面上不登记在产品成本。基本生产成本明细账核算的一般情况,如表3-34所示。

表3-34　基本生产成本明细账

车间:第一车间

产品:甲产品

单位:元

2023年		摘　要	成本项目			合　计
月	日		直接材料	直接人工	制造费用	
3	31	材料费用分配表	15 000			15 000
		人工费用分配表		9 800		9 800
		制造费用分配表			8 600	8 600
		本月生产费用合计	15 000	9 800	8 600	33 400
		完工产品总成本(100件)	15 000	9 800	8 600	33 400
		完工产品单位成本	150	98	86	334

不计算在产品成本法适用于各月末在产品数量较少的生产企业,如采煤、自来水、发电企业等。本月完工产品成本的多少,取决于本月生产费用与月初和月末在产品成本的差额。如果各月月末在产品数量很少,那么月初和月末在产品的费用就很少,月初在产品费用与月末在产品费用的差额就更小。在这种情况下,是否计算在产品成本对于完工产品成本的影响很小,为了简化核算工作,可以不计算在产品成本。

（二）按年初数固定计算在产品成本法

采用这种分配方法时,各月末在产品的成本固定不变。基本生产成本明细账核算的一般情况,如表3-35所示。其特点为:年内各月在产品成本均按年初在产品成本计算,1—11月固定不变,每年年末,对在产品进行实地盘点,并以实地盘存数为计算基础重新确定年末在产品成本。

表3-35　基本生产成本明细账

车间:第一车间

产品:甲产品

单位:元

2023年		摘　要	成本项目			合　计
月	日		直接材料	直接人工	制造费用	
3	31	月初在产品成本(固定数)	5 200	3 600	2 900	11 700
		材料费用分配表	15 000			15 000
		人工费用分配表		9 800		9 800

2023 年		摘　要	成本项目			合　计
月	日		直接材料	直接人工	制造费用	
		制造费用分配表			8 600	8 600
		生产费用合计	20 200	13 400	11 500	45 100
		完工产品总成本结转(100 件)	−15 000	−9 800	−8 600	−33 400
		完工产品单位成本	150	98	86	334
		月末在产品成本(固定数)	5 200	3 600	2 900	11 700

按年初数固定计算在产品成本法适用于各月末之间在产品数量较少,或虽然数量较多但各月末数量变化不大的产品,如炼铁和化工企业或其他有固定容器装置生产的产品。各月末在产品数量较少或变化不大,月初、月末在产品成本的差额也就不大,是否计算各月在产品成本的差额,对于完工产品成本的影响不大。为了简化核算工作,同时又反映在产品占用的资金,各月在产品可以按年初数固定计算。

> **知识卡片**
>
> 使用该方法时需要注意企业生产的产品数量相对稳定的判断,即主要看该产品市场的反应度,即与市场的关联度。应用这种方法时,产品应该具有相对的垄断性。

(三) 在产品按所耗直接材料费用计价法

采用这种分配方法时,只将直接材料费用在完工产品与月末在产品之间进行分配,其他费用全部由完工产品负担。

这种方法适用于各月末在产品数量较大、各月在产品数量变化也较大,同时直接材料费用在产品成本中所占比重较大的产品,如酿酒、造纸和纺织等行业的产品。各月月末在产品数量较大且变化也较大的产品采用上述两种方法都不合适,因而对月末在产品成本就要采用具体的方法计算。由于产品成本中直接材料费用比重大,其他费用比重较小,对于未完工的在产品来说,其他费用就更小,这样月初、月末在产品加工费用的差额也就很小。为了简化核算,在产品可以不计算其他费用。

具体计算公式(假定原材料在生产开始时一次投入)如下:

$$单位产品原材料成本 = \frac{原材料费用总额}{完工产品数量 + 月末在产品数量}$$

$$月末在产品成本 = 月末在产品数量 \times 单位产品原材料成本$$

$$本月完工产品成本 = 月初在产品成本 + 本月生产费用 - 月末在产品成本$$

【例 3-21】　某企业生产甲产品,直接材料费用在产品成本中所占比重较大。2023年 3 月月初在产品成本(原材料费用)为 3 650 元,本月发生直接材料费用 21 200 元,直接人工费用 1 100 元,制造费用 900 元。完工产品 850 件,月末在产品 150 件。原材料在生产开始时一次投入,按数量比例分配费用。

要求:在产品按所耗原材料费用计价,计算完工产品总成本。

解:单位产品原材料成本$=\dfrac{3\,650+21\,200}{850+150}=24.85$(元/件)

完工产品应负担的原材料费用$=850\times24.85=21\,122.50$(元)

月末在品应负担的原材料费用$=150\times24.85=3\,727.50$(元)

完工产品总成本$=21\,122.50+1\,100+900=23\,122.50$(元)

基本生产明细账,如表3-36所示。

表3-36　基本生产成本明细账

车间:一车间
产品:甲产品
单位:元

2023年		摘要	成本项目			合计
月	日		直接材料	直接人工	制造费用	
3	1	月初在产品成本	3 650			3 650
	31	材料费用分配表	21 200			21 200
		人工费用分配表		1 100		1 100
		制造费用分配表			900	900
	31	生产费用合计	24 850	1 100	900	26 850
	31	完工产品成本结转	−21 122.5	−1 100	−900	−23 122.5
	31	月末在产品成本	3 727.5			3 727.5

知识卡片

该方法主要适用于附加值较低的产品生产,一般用于产品的初加工行业,对高科技产品的成本计算不适用。

(四) 在产品按完工产品成本计价法

这种方法将在产品视同完工产品分配生产费用,即完工产品和月末在产品成本按两者的数量比例分配直接材料费用和其他加工费用。适用于月末在产品已经接近完工,或者产品已经加工完毕,但尚未验收或包装入库的产品。在这种情况下,在产品成本已接近完工产品成本,为了简化成本核算工作,将月末在产品视同完工产品,按完工产品与在产品的数量分配费用。

知识卡片

该方法遵循了"实质重于形式原则"。但是需要注意,如果包装环节复杂且成本较高时,此方法需谨慎使用。

（五）在产品按定额成本计价法

在产品按定额成本计价法是按照预先制定的定额成本计算月末在产品成本，然后从某成本核算对象全部生产费用（月初在产品费用加本月生产费用）中减去月末在产品的定额成本，就是完工产品成本。

这种方法将每月实际生产费用脱离定额的差异，全部计入当月完工产品成本。适用于定额管理基础比较好，各项消耗定额或费用定额比较准确、稳定，而且各月在产品数量变动不大的产品。如果产品各项定额准确，月初和月末单位在产品实际费用脱离定额的差异就不会大；各月末在产品数量变化不大，月初在产品费用总额脱离月末在产品定额费用的总额差异也就不会大。所以，月末在产品成本不计算成本差异，对完工产品成本影响不大。

理　解

各项消耗定额或费用定额比较稳定：单位在产品定额成本 100 元。

各月在产品数量变动不大：月初在产品 10 件，月末在产品 11 件。

完工产品成本＝月初在产品成本＋本月生产费用－月末在产品成本

|定额成本|实际成本|定额成本|
|1 000 元|9 800 元|1 100 元|

各项定额比较准确：实际成本 1 050 元　　　　　实际成本 1 150 元

完工产品成本（在产品按定额成本计算）＝1 000＋9 800－1 100＝9 700（元）

完工产品成本（在产品按实际成本计算）＝1 050＋9 800－1 150＝9 700（元）

在产品定额成本计算公式如下：

$$材料定额成本＝在产品数量×材料消耗定额$$
$$人工定额成本＝全部在产品定额工时×小时工资率$$
$$制造费用定额成本＝全部在产品定额工时×小时费用率$$

采用这种分配方法，如果产品成本中直接材料费用所占比重较大，为了进一步简化成本计算工作，月末在产品成本可以只按定额直接材料费用计算，其他各项实际费用计入完工产品成本。也就是把在产品按所耗直接材料费用计价法，与在产品按定额成本计价法结合应用，即在产品按定额直接材料费用计价法。

（六）定额比例法

定额比例法是产品的生产费用按照完工产品和月末在产品的定额消耗量或定额费用比例进行分配，计算完工产品成本和月末在产品成本的方法。其中，直接材料费用按直接材料定额消耗量或直接材料定额费用比例分配；直接人工、制造费用等各项加工费用，可以按定额工时的比例进行分配，也可按定额费用比例分配。

这种分配方法适用于定额管理基础较好，各项消耗定额或费用定额比较准确、稳定，但各月末在产品数量变动较大的产品。由于各月末在产品数量变化较大，因而月初和月末在产品费用脱离定额的差额会较大,如果仍采用在产品按定额成本计价法,将两者的差额计入完工产品成本,会影响完工产品成本的正确性,甚至出现完工产品成本是负数的不合理现象。因此,应采用定额比例法使在产品和完工产品共同负担脱离定额差异,有利于减少月初月末在产品数量波动对成本计算准确性的不利影响。

理　解

各项消耗定额或费用定额比较准确、稳定:单位在产品定额成本 100 元。

但各月在产品数量变动较大:月初在产品 10 件,月末在产品 110 件。

完工产品成本＝月初在产品成本＋本月生产费用－月末在产品成本

定额成本	实际成本	定额成本
1 000 元	9 800 元	11 000 元

完工产品成本＝1 000＋9 800－11 000＝－200(元)

计算公式如下:

$$某成本项目费用分配率=\frac{该成本项目生产费用合计数}{本月完工产品定额消耗量(定额费用)+月末在产品定额消耗量(定额费用)}$$

$$完工产品某成本项目费用=完工产品定额消耗量(定额费用)×该成本项目费用分配率$$

$$在产品某成本项目费用=在产品定额消耗量(定额费用)×该成本项目费用分配率$$

采用定额比例法在完工产品和在产品之间分配生产费用时,也可以先计算消耗量分配率,利用消耗量分配率计算出完工产品和在产品的实际消耗量,再将实际消耗量和定额消耗量进行对比。这样既可以提供完工产品和月末在产品的实际费用资料,还便于考核和分析各项消耗定额的执行情况。但是,在各产品所耗原材料的品种较多的情况下,计算工作量较大。

【例 3-22】 海利企业生产甲产品,单位产品原材料消耗定额为 220 元,工时消耗定额为 30 小时,2023 年 3 月完工产品 2 000 件,各工序在产品总计 300 件,如表 3-37 所示。

表 3-37　在产品在各工序数量及定额情况

2023 年 3 月

	Ⅰ	Ⅱ	Ⅲ
在产品/件	80	120	100
单位在产品原材料消耗定额/元	132	198	220
在产品工时消耗定额/小时	6	16.5	25.5

月初在产品成本为 131 997 元,其中:材料费用 69 720 元,人工费用 27 675 元,制造费

用 34 602 元;本月发生生产费用 899 154 元,其中:材料费用 525 864 元,人工费用 178 190 元,制造费用 195 100 元。完工产品与月末在产品之间,直接材料费用按直接材料定额费用比例分配,其他费用按定额工时比例分配。

要求:按定额比例法计算本月完工产品成本与月末在产品成本。

解:直接材料费用分配率计算如下:

完工产品直接材料定额总成本=220×2 000=440 000(元)

在产品直接材料定额总成本=80×132+120×198+100×220=56 320(元)

$$直接材料费用分配率=\frac{525\ 864+69\ 720}{440\ 000+56\ 320}=1.2$$

加工费用分配率计算如下:

完工产品工时消耗总定额=30×2 000=60 000(小时)

在产品工时消耗总定额=80×6+120×16.5+100×25.5=5 010(小时)

$$直接人工费用分配率=\frac{178\ 190+27\ 675}{60\ 000+5\ 010}=3.166\ 7(元/小时)$$

$$制造费用分配率=\frac{195\ 100+34\ 602}{60\ 000+5\ 010}=3.533\ 3(元/小时)$$

月末在产品成本=56 320×1.2+5 010×3.166 7+5 010×3.533 3=101 151(元)

完工产品总成本=440 000×1.2+60 000×3.166 7+60 000×3.533 3=930 000(元)

完工产品单位成本=930 000÷2 000=465(元/件)

┌─ **知识卡片** ─────────────────────────────────┐

定额比例法是加强成本控制的一种有效方法,可以及时控制成本,发现实际成本和定额成本差异。

└──┘

(七)约当产量比例法

约当产量(Equivalent Units)比例法是将月末在产品数量按照完工程度折算为相当于完工产品的产量,即约当产量,然后按照完工产品产量与在产品约当产量的比例分配计算完工产品成本和月末在产品成本的一种方法。

这种分配方法适用于月末在产品数量较大、各月末在产品数量变化也较大、产品成本中直接材料费用和人工及制造费用等加工费用的比重相差不大的产品。

约当产量比例法的计算程序,如表 3-38 所示。

表 3-38　约当产量比例法计算程序

步　骤	计算公式(方法)
(1) 测定月末在产品完工程度 (投料程度)	材料费用一般用材料消耗定额计算投料程度 加工费用一般用工时消耗定额计算完工程度
(2) 计算期末在产品约当产量	在产品约当产量=期末在产品数量×月末在产品完工程度(投料程度)

步　骤	计算公式(方法)
(3)计算单位成本	$单位成本 = \dfrac{期初在产品成本+本期生产费用}{完工产品数量+期末在产品约当产量}$
(4)计算完工产品总成本	完工产品总成本=单位成本×完工产品数量
(5)计算期末在产品成本	期末在产品成本=单位成本×期末在产品约当产量

从上述计算程序可以看出,这种方法的关键是计算期末在产品的约当产量。由于在产品的各项费用的投入程度不同,所以需要分别按不同的成本项目计算约当产量。其中,用以分配直接材料费用的在产品约当产量按投料程度计算,用以分配其他加工费用的在产品约当产量按完工程度计算。

1. 计算期末在产品的约当产量

(1)用以分配"直接材料费用"的在产品约当产量计算。

用以分配直接材料费用的在产品约当产量是按投料程度计算的。在产品投料程度指单位在产品已投材料占单位完工产品应投材料的比重。在计算在产品投料程度时,应根据原材料在生产过程中的投料情况的不同而分别计算。

① 原材料在生产过程开始时一次性投入的情况。

无论在产品的完工程度如何,在产品和完工产品所耗材料数量相同,因而在产品的投料程度为100%,如图3-14所示。

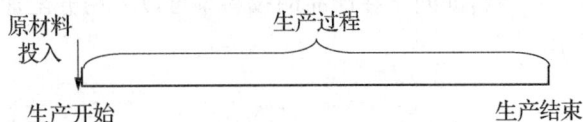

图3-14 原材料一次投入示意图

这种情况下,期末在产品约当产量=期末在产品实际产量。

② 原材料分阶段投入,并在每道工序开始时一次性投入。

原材料在每道工序开始时一次性投入,如图3-15所示,应按工序分别确定投料率。在确定各工序的投料率时,应以各工序的直接材料的消耗定额为依据,投料程度按已完成本工序投料的100%计算。

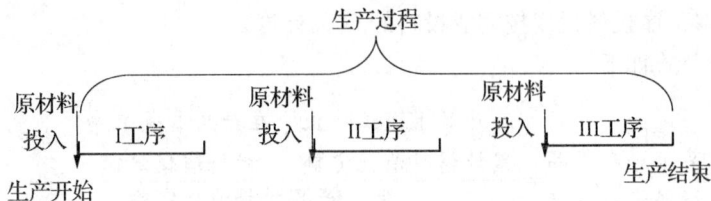

图3-15 原材料分阶段投入示意图

有关计算公式如下：

$$某工序在产品材料投料程度=\frac{到本道工序为止的累计投料定额}{完工产品材料消耗定额}\times100\%$$

$$期末在产品约当产量=\sum(期末各工序在产品数量\times该工序在产品材料投料程度)$$

【例 3-23】 甲产品生产需经过三道工序，2023 年 6 月月末在产品数量：第一道工序为 80 件，第二道工序为 120 件，第三道工序为 100 件。单位产品材料消耗定额为 220 元：第一道工序 132 元，第二道工序 66 元，第三道工序 22 元。原材料分阶段投入，并在每道工序开始时一次性投入。

要求：计算甲产品月末在产品约当产量。

解：在产品投料程度：

第一工序：$\frac{132}{220}\times100\%=60\%$

第二工序：$\frac{132+66}{220}\times100\%=90\%$

第三工序：$\frac{132+66+22}{220}\times100\%=100\%$

月末在产品约当产量 $=80\times60\%+120\times90\%+100\times100\%=256$（件）

③ 原材料随生产过程陆续投入，且投料程度与加工进度不一致。

如果直接材料随加工进度陆续投入，且直接材料投入的程度与加工进度完全一致或基本一致，这时分配直接材料费用所依据的期末在产品约当产量可以与分配加工费用所采用的在产品约当产量一致，即期末在产品的投料率可以采用分配加工费用的完工率来计算，如图 3-16 所示。

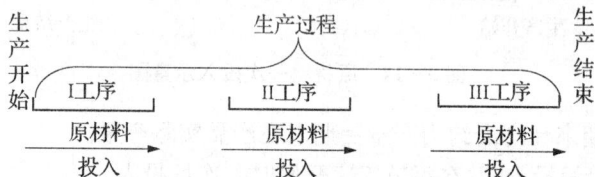

图 3-16 原材料陆续投入示意图

如果直接材料随加工进度陆续投入，其投料程度与加工进度不一致，则应按工序分别确定各工序在产品的投料率。在确定各工序的投料率时，一般以各工序的直接材料消耗定额为依据，本工序投料程度按完成投料的 50% 计算。

有关计算公式如下：

$$某工序在产品材料投料程度=\frac{在产品上道工序止累计材料消耗定额+在产品本道工序材料消耗定额\times50\%}{完工产品材料消耗定额}$$

$$期末在产品约当产量=\sum(期末各工序在产品数量\times该工序在产品材料投料程度)$$

理　解

公式中的"本道工序",即在产品所在工序,其材料消耗定额乘以 50%,是因为该工序中各在产品的投料程度不同,为了简化投料率的测算工作,在产品所在工序的投料程度一律按平均投料率 50%计算。在产品从上一道工序转入下一道工序时,因上一道工序已经完工,所以前面各道工序的材料消耗定额为 100%。

【**例 3-24**】　甲产品生产需经过三道工序,2023 年 6 月月末在产品数量:第一道工序为 80 件,第二道工序为 120 件,第三道工序为 100 件。材料消耗定额:第一道工序为 132 元,第二道工序为 66 元,第三道工序为 22 元。单位产品材料消耗定额为 220 元。原材料随生产过程陆续投入,且投料程度与加工进度不一致。

要求:计算甲产品期末在产品约当产量。

解:在产品投料程度:

第一工序:$\dfrac{132 \times 50\%}{220} \times 100\% = 30\%$

第二工序:$\dfrac{132 + 66 \times 50\%}{220} \times 100\% = 75\%$

第三工序:$\dfrac{132 + 66 + 22 \times 50\%}{220} \times 100\% = 95\%$

期末在产品约当产量 $= 80 \times 30\% + 120 \times 75\% + 100 \times 95\% = 209$(件)

小　结

表 3-39　分配直接材料费用的在产品约当产量计算

投料形式	投料程度
原材料在生产开始时一次性投入	100%
原材料在每道工序开始时一次性投入	某工序在产品材料投料程度 $= \dfrac{\text{在产品上道工序累计材料消耗定额} + \text{在产品本道工序投入材料消耗定额}}{\text{完工产品材料消耗定额}}$
原材料随生产过程陆续、均衡投入	某工序在产品材料投料程度 $= \dfrac{\text{在产品上道工序累计材料消耗定额} + \text{在产品本道工序材料消耗定额} \times 50\%}{\text{完工产品材料消耗定额}}$

---

(2)用以分配加工费用的在产品约当产量计算。

对于直接材料费用以外的项目,如燃料和动力、直接人工和制造费用等加工费用,其发生与完工程度关系密切,随着工艺过程的进行而逐渐投入耗费,完工程度可按照各道工序分别计算,也可不分工序,确定一个平均完工程度。

① 各工序平均计算在产品完工程度。

各道工序在产品的加工数量相差不多的情况下,由于后道工序多加工的程度可以抵补前面工序少加工的程度,此时,全部在产品的加工程度均可以按 50％平均计算。

$$期末在产品约当产量＝\sum（期末各工序在产品数量×50\%）$$

② 各工序分别测定在产品完工程度。

为了保证成本计算的准确性,可以按照各工序的累计工时定额占完工产品工时定额的比率,分别计算确定各工序在产品的完工程度。有关计算公式如下:

$$某工序在产品完工程度＝\dfrac{上道工序累计工时定额＋本道工序工时定额×50\%}{完工产品工时定额}×100\%$$

$$期末在产品约当产量＝\sum（期末各工序在产品数量×该工序在产品完工程度）$$

【例 3-25】 甲产品生产需经过三道工序,2023 年 6 月月末在产品数量:第一道工序为 80 件,第二道工序为 120 件,第三道工序为 100 件。工时消耗定额:第一道工序为 12 小时,第二道工序为 9 小时,第三道工序为 9 小时。单位产品工时消耗定额为 30 小时。

要求:计算甲产品月末在产品约当产量。

解:在产品完工程度:

第一工序为 $\dfrac{12×50\%}{30}×100\%＝20\%$

第二工序为 $\dfrac{12＋9×50\%}{30}×100\%＝55\%$

第三工序为 $\dfrac{12＋9＋9×50\%}{30}×100\%＝85\%$

月末在产品约当产量＝80×20％＋120×55％＋100×85％＝167(件)

2. 运用在产品约当产量分配费用

根据已计算出的期末在产品约当产量分配费用,计算公式如下:

$$某成本项目费用分配率＝\dfrac{该成本项目生产费用合计数}{本月完工产品数量＋期末在产品约当产量}$$

【例 3-26】 某企业生产甲产品,2023 年 3 月末完工产品 2 000 件,分配材料费用的期末在产品约当量为 256 件,分配加工费用的期末在产品约当量为 167 件。其他资料以及运用在产品约当产量分配费用结果见表 3-40。

表 3-40 基本生产成本明细账

车间:一车间
产品:甲产品

金额单位:元

2023 年		摘 要	成本项目			合 计
月	日		直接材料	直接人工	制造费用	
3	1	—	—	—	—	—

续　表

2023年		摘　要	成本项目			合　计
月	日		直接材料	直接人工	制造费用	
	31	生产费用合计	496 320	205 865	229 702	931 887
		完工产品数量	2 000	2 000	2 000	
		期末在产品约当产量	256	167	167	
	31	费用分配率	220	95	106	421
	31	完工产品成本	440 000	190 000	212 000	842 000
	31	在产品成本	56 320	15 865	17 702	89 887

上述明细账中费用分配率计算过程如下:

$$直接材料费用分配率=\frac{496\ 320}{2\ 000+256}=220(元/件)$$

$$直接人工费用分配率=\frac{205\ 865}{2\ 000+167}=95(元/件)$$

$$制造费用分配率=\frac{229\ 702}{2\ 000+167}=106(元/件)$$

三、完工产品成本的结转

企业生产产品发生的各项生产费用,已在各成本核算对象之间进行了分配,在此基础上又在同一成本核算对象的完工产品和月末在产品之间进行了分配,计算出各成本核算对象完工产品的成本。产品完工后应将完工产品的成本从"基本生产成本"总账账户及所属明细账贷方转出,记入有关科目的借方。完工入库产成品的成本,借记"库存商品"科目;完工的自制材料、工具、模具等的成本,分别借记"原材料""周转材料"等科目。"基本生产成本"账户月末借方余额是基本生产在产品的成本,即占用在基本生产过程中的生产资金。

【例3-27】 开广工厂生产甲、乙两种产品,2023年3月甲产品完工500件,乙产品完工600件,根据两种产品基本生产成本明细账所记完工产品成本和产量资料,汇总编制产成品成本汇总表,见表3-41。

表3-41 产成品成本汇总表

2023年3月

应借科目	产品名称	产量/件	成　本	直接材料	直接人工	制造费用	废品损失	合　计
库存商品	甲	500	总成本	116 400	63 800	24 600		204 800
			单位成本	232.80	127.60	49.20		409.60
库存商品	乙	600	总成本	136 000	94 400	22 300	2 160	254 860
			单位成本	226.67	157.33	37.17	3.60	424.77

续　表

应借科目	产品名称	产量/件	成　本	直接材料	直接人工	制造费用	废品损失	合　计
	总成本合计			252 400	158 200	46 900	2 160	459 660

根据表 3-41 产成品汇总表,编制会计分录如下:

借:库存商品——甲产品　　　　　　　　　　　　　　　　204 800
　　　　　　——乙产品　　　　　　　　　　　　　　　　254 860
　贷:基本生产成本——甲产品　　　　　　　　　　　　　204 800
　　　　　　　　　——乙产品　　　　　　　　　　　　　254 860

课程思政

完工产品形成企业的资产,并在销售后给企业带来收益,是企业前期所有耗费的成果。"坚持付出,才有回报",作为学生,学习要立足于根本,端正学习态度,树立远大的志向,为收获成功的果实坚持不懈地努力付出。

思考题

1. 怎样选择分配费用的适当方法? 各种费用分配的标准主要有哪几类?
2. 原材料作为间接计入费用时,一般应采用哪些分配方法进行分配?
3. 各种辅助生产费用分配方法的特点、适用范围和优缺点是什么,如何进行分配?
4. 分配制造费用的方法一般有哪几种,如何进行分配?
5. 完工产品与在产品之间费用的分配方法有哪几种,各自的特点、适用范围、计算分配程序以及优缺点是什么?

实务训练题

1. 某企业 2023 年 5 月甲、乙、丙三种产品共同耗用 A 材料 72 500 元,本月三种产品净重分别为 1 210 千克、2 300 千克、3 060 千克。

要求:按重量分配法分配材料费用。

2. 某企业 2023 年 5 月生产 A 产品 26 台,B 产品 39 台,C 产品 50 台。共同耗用甲材料 3 692 千克,甲材料单价 5 元。三种产品单位材料消耗量分别是 60 千克、40 千克和 10 千克。

要求:采用定额耗用量分配甲材料费用。

3. 某厂 2023 年 5 月耗用材料汇总表的记录,该厂本月共消耗 B 材料 215 930 元,其中生产甲、乙、丙三种产品耗用 205 600 元,车间一般耗用 3 760 元,厂部管理部门消耗 6 570元。三种产品本月产量分别为 2 000 件、1 600 件和 1 200 件,B 材料消耗定额分别为

3千克、2.5千克和5千克。

要求:(1) 采用定额耗用量比例分配B材料费用;

(2) 编制分配结转本月耗用B材料的会计分录。

4. 某企业设有修理、运输两个辅助生产车间、部门,2023年5月发生辅助生产费用、提供劳务量等如下表所示。

辅助生产车间劳务量表

辅助生产单位名称		修理车间	运输车间
待分配费用		5 040 元	9 000 元
劳务供应数量		2 100 小时	7 500 千米
耗用劳务数量	修理车间		290 千米
	运输部门	150 小时	
	基本生产车间	1 800 小时	6 800 千米
	行政管理部门	200 小时	600 千米

要求:采用直接分配法分配辅助生产费用。核算分配率要求保留五位小数,分配金额保留整数。

5. 某企业设有修理、运输两个辅助生产车间、部门,2023年5月发生辅助生产费用、提供劳务量见下表。

辅助生产车间劳务量

辅助生产单位名称		修理车间	运输车间
待分配费用		7 840 元	9 600 元
劳务供应数量		2 470 小时	7 970 千米
耗用劳务数量	修理车间		300 千米
	运输部门	120 小时	
	基本生产车间	1 800 小时	6 640 千米
	行政管理部门	210 小时	600 千米

要求:采用一次交互分配法分配辅助生产费用。

6. 企业设有修理、运输两个辅助生产车间,2023年5月发生的辅助生产费用和提供劳务数量的资料见下表。

辅助生产车间提供劳务数量

辅助车间名称	修理车间	运输车间
待分配费用	4 825 元	7 275 元
劳务供应数量	2 010 小时	7 400 吨千米

辅助车间名称		修理车间	运输车间
耗用劳务数量	修理车间		200 吨千米
	运输车间	50 小时	
	基本生产一车间	850 小时	4 250 吨千米
	基本生产二车间	810 小时	1 850 吨千米
	行政管理部门	300 小时	1 100 吨千米

要求:(1) 采用代数分配法核算修理车间和运输车间的单位成本(列示核算过程);

(2) 编制辅助生产费用分配的会计分录。

7. 某企业辅助生产修理车间和供电车间 2023 年 5 月发生费用、提供劳务量以及各受益单位耗用劳务量汇总表见下表。

辅助生产费用耗用量

辅助生产车间		修理车间	供电车间
待分配费用		5 200 元	9 200 元
劳务供应量		4 000 小时	22 500 度
计划单位成本		1.50 元	0.42 元
耗用劳务数量	供电车间	230 小时	
	修理车间		1 200 度
	基本生产车间	3 520 小时	19 850 度
	管理部门	390 小时	1 630 度

要求:采用计划成本分配法分配辅助生产费用。

8. 某企业设置修理和运输两个辅助生产车间、部门。修理车间 2023 年 5 月发生费用 19 000 元,提供修理劳务 20 000 小时,其中,为运输部门修理 1 000 小时,为基本生产车间修理 16 000 小时,为行政管理部门修理 3 000 小时。运输部门本月发生费用 20 000 元,提供运输 40 000 吨千米,其中,为修理车间提供运输劳务 1 500 吨千米,为基本生产车间提供运输劳务 30 000 吨千米,为行政管理部门提供运输劳务 8 500 吨千米。

要求:采用交互分配法核算交互分配前的分配率、交互分配后的分配率及交互分配后的实际费用(核算结果保留到五位小数)。

9. 东风工厂季节性生产车间全年制造费用计划为 82 400 元;全年各种产品计划产量为:A 产品 2 000 件,B 产品 1 060 件;单件产品的工时定额为:A 产品 4 小时,B 产品 8 小时,2023 年 10 月份该车间的实际产量为:A 产品 120 件,B 产品 90 件。实际发生的制造费用为 8 000 元。

要求:(1) 核算制造费用年度计划分配率(列出核算过程)。

(2) 核算 10 月份应分配转出的制造费用,并编制会计分录。

10. 某企业规定不可修复废品成本按定额成本计价。2023 年 5 月某产品的不可修复废品 20 件,每件直接材料定额为 15 元;20 件废品的定额工时共 130 小时。每小时的费用定额为:直接人工 5 元,制造费用 7 元。该月该产品的可修复废品的修复费用为:直接材料 500 元,直接人工 360 元,制造费用 800 元。废品残料作为辅助材料入库,计价 100 元。应由责任人员赔偿的废品损失 200 元。废品净损失由当月同种产品成本负担。

要求:(1) 核算不可修复废品的生产成本;

(2) 核算全部废品的净损失;

(3) 编制归集废品修复费用以及结转不可修复废品生产成本的会计分录。

11. 山水企业第二生产车间本月生产 1 000 件甲产品,共发生生产费用 62 844 元,其中材料费用 21 600 元,人工费用 23 568 元,制造费用 17 676 元,完工入库合格甲产品 940 件,其中已修复废品 3 件,修复时发生材料费 60 元,人工费用 30 元,制造费用 18 元。不可修复废品 60 件,原材料在生产开始时一次投入,不可修复废品加工程度为 70%,收回残料 480 元,已变现,应收过失人赔偿款 200 元。

要求:(1) 计算并结转不可修复废品的生产成本。

(2) 登记可修复废品的修复费用。

(3) 登记回收废品残料价值。

(4) 登记过失人应赔偿款项。

(5) 计算结转本月发生的废品净损失,并进行分配结转。

12. 甲产品分两道工序制成,2023 年 5 月甲产品工时定额为 50 小时,其中:第 1 道工序为 26 小时,第 2 道工序为 24 小时,每道工序按本工序工时定额的 50% 计算。在产品数量:第 1 道工序为 1 240 件,第 2 道工序为 1 670 件。

要求:(1) 分工序计算在产品的完工率;

(2) 分工序计算在产品的约当产量。

13. 某企业第一生产车间乙产品 2023 年 5 月月初在产品成本为 20 000 元,其中直接材料为 12 000 元,直接人工为 5 000 元,制造费用为 3 000 元。乙产品本月发生生产费用为 100 000 元,其中直接材料为 52 650 元,直接人工为 30 325 元,制造费用为 17 025 元。本月完工入库乙产品 200 件,月末在产品 50 件。乙产品原材料在生产开始时一次投入,工资和其他费用的发生比较均衡,月末在产品加工程度为 50%。

要求:采用约当产量法计算乙产品本月完工产品成本和月末在产品成本。

14. 某产品经两道工序完工,2023 年 5 月月初在产品与本月发生的工资及福利费之和为 255 000 元,该月完工产品 620 件。该产品的工时定额为:第一工序 30 小时,第二工序 20 小时。月末在产品数量为:第一工序 300 件,第二工序 200 件。各工序在产品在本工序的完工程度均按 50% 计算。

要求:(1) 分别计算该产品各工序在产品的累计工时定额和定额工时。

(2) 计算完工产品定额工时。

(3) 按定额工时比例分配计算完工产品和在产品的工资及福利费。

15. 某企业甲产品分两道工序制成。2023 年 5 月第 1 道工序月末在产品 320 件,完工程度为 36%(完工率);第 2 道工序月末在产品 180 件,完工程度为 86%(完工率)。本月完工产品 680 件,月初加本月直接人工合计 61 275 元。

要求:(1) 计算各工序月末在产品约当产量;

(2) 计算直接人工费用分配率;

(3) 分配完工产品与月末在产品的直接人工费用。

16. 乙产品由两道工序制成。原材料不是在生产开始时一次投入,而是在每道工序生产开始以后陆续投入。2023 年 5 月第 1 道工序原材料消耗定额为 280 千克,月末在产品数量 3 200 件;第 2 道工序原材料消耗定额为 220 千克,月末在产品数量 2 400 件。完工产品 8 200 件,月初在产品和本月发生的实际原材料费用累计 493 560 元。

要求:(1) 分别计算两道工序按原材料消耗程度表示的在产品完工率;

(2) 分别计算两道工序按原材料消耗程度表示的在产品约当产量;

(3) 采用约当产量比例法计算分配完工产品与月末在产品的原材料费用。

17. 某企业生产甲产品由三道工序制成,原材料在生产开始时一次投入。单位产品工时定额为 40 小时,其中:第 1 道工序工时定额为 8 小时,第 2 道工序工时定额为 16 小时,第 3 道工序工时定额为 16 小时,各道工序在产品加工程度均按 50% 计算。本月甲产品完工 200 件,各工序在产品数量:第 1 道工序为 20 件,第 2 道工序为 40 件,第 3 道工序为 60 件。月初在产品及本月生产费用累计为:直接材料 16 000 元,直接人工 7 980 元,制造费用 8 512 元。

要求:(1) 分工序计算完工率;

(2) 分工序计算在产品约当产量;

(3) 计算费用分配率。

18. 某企业生产的甲产品采用定额比例法分配费用,原材料费用按定额费用比例分配,其他费用按定额工时比例分配。2023 年 9 月份甲产品生产成本明细账部分数据见下表。

甲产品成本明细账

单位:元

摘 要		直接材料	直接人工	制造费用	合 计
月初在产品费用		1 120	950	830	2 900
本月生产费用		8 890	7 660	6 632	23 182
生产费用累计					
完工产品	定额	5 600	3 860(工时)		
	实际				
月末在产品	定额	3 500	1 880(工时)		
	实际				

要求:(1) 计算各项费用分配率;

(2) 分配计算完工产品和月末在产品成本。

19. 某企业生产的丙产品采用定额比例法分配费用,原材料费用按定额费用比例分配,其他费用按定额工时比例分配。2023 年 9 月份丙产品生产成本明细账部分数据见下表。

丙产品成本明细账　　　　　　　　　　　　　　　　单位:元

成本项目	月初在产品费用		本月生产费用	
	定额	实际	定额	实际
原材料	3 000	3 500	7 000	7 500
工资及福利费	2 000(工时)	2 500	3 000(工时)	3 500
制造费用		1 500		2 500
合　计		7 500		13 500

要求:(1) 计算完工产品、月末在产品定额原材料费用和定额工时;

(2) 计算各项费用分配率;

(3) 分配计算完工产品成本。

第四章　成本核算主要方法

学习目标 >>>>>>

- 掌握品种法的特点、适用范围和一般核算程序。
- 掌握简化分批法核算的特点和核算程序。
- 掌握逐步结转分步法下成本还原的方法。
- 掌握平行结转分步法的特点和核算程序。
- 了解逐步结转分步法和平行结转分步法各自的优缺点。
- 了解分类法和定额法的特点、成本计算程序。
- 掌握分类法中的系数分配法。

引导案例

成本核算的重要性

　　项目获利取决于正确的定价,而正确的定价又取决于正确计算项目的成本。对于建筑装修工程来说,需要计算花费多少钱完成一个批次,然后在成本基础上加一定的利润进行定价。在萨顿建筑材料公司,建筑副总裁麦克·萨顿负责分批成本核算,萨顿仔细检查并确认每一批次发生的成本,合同协调者埃德·格林复核所有的数额,特别注意可能对批次净利润造成重大影响的非正常的成本。如果某一批次的成本太高,合同就不会得到批准。同样,戴姆勒克莱斯勒公司经理需要知道花费多少成本生产梅赛德斯S级轿车,普华永道需要知道花费多少成本审计诺华公司。通过成本核算了解企业发生的实际成本将有助于管理人员追求经营战略、制定价格计划和满足外部报告要求。

　　我国企业传统的成本核算方法主要有品种法、分批法、分步法三种基本方法,分类法、定额法两种辅助成本核算方法。

第一节　品种法

知识结构图

```
        ┌─ 品种法的特点和适用范围
品种法 ─┼─ 品种法成本的计算程序
        └─ 品种法账务处理实训
```

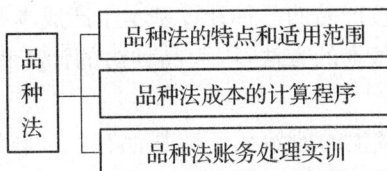

一、品种法的含义和特点

(一) 品种法的含义

品种法(Species-costing System)是以产品品种为成本核算对象归集生产费用,计算产品成本的方法。适用于单步骤的大量大批生产,如发电、采掘等企业,也适用于管理上不要求计算半成品成本的大量大批多步骤生产,如小型水泥厂、织布厂以及辅助生产的供水、蒸汽车间等。

(二) 品种法的特点

1. 以产品品种作为成本核算对象,并据以设置产品成本明细账或成本计算单

如果企业只生产一种产品,计算产品成本时,只需为这种产品开设一本生产成本明细账,并按成本项目开设专栏,除制造费用以外,所发生的费用全部为直接费用,可直接计入该产品成本明细账的有关成本项目。如果企业生产多种产品,需要按产品品种分别设置若干本基本生产成本明细账,并按成本项目开设专栏,发生的生产费用属于直接费用的直接计入各产品成本明细账的有关成本项目,间接费用则需要采用适当的分配方法在各种产品间进行分配,分别计入各种产品成本明细账的有关成本项目。

2. 成本计算期与会计报告期一致,即按月定期计算产品成本

大量大批生产的企业,其生产是连续不断进行的,不可能在每件产品生产完工时就计算出产品成本,也不可能等到全部产品完工时计算产品成本,只能定期在每月月末计算当月产出的完工产品成本。

3. 月末一般有完工产品和在产品之间的费用分配

在一些规模较小,而且管理上不要求按照生产步骤计算成本的大量大批多步骤生产的企业,由于产品是不断地产出,而成本计算期是固定的,因此,在月末计算成本时,一般既会有完工产品,又会有在产品,这就需要选择适当的分配方法,将产品生产费用在完工

产品和月末在产品之间进行分配。如果产品生产工艺过程是单步骤且品种单一,生产周期短,月末没有在产品或在产品很少,则可以不计算在产品成本,产品成本明细账中归集的生产费用就是该产品完工产品的总成本。

二、品种法的计算程序和账务处理实训

(一)品种法成本计算程序

品种法在核算时首先要按产品的品种开设基本生产成本明细账或成本计算单。品种法是产品成本计算方法中最基本的方法,因而品种法的计算程序体现着产品成本计算的一般程序。

(1)根据各项生产费用发生的原始凭证和其他有关资料编制各要素费用分配表,分配各项要素费用。

> **知识链接**
>
> 第三章第一节所介绍的"要素费用的分配"知识在此步骤中进行应用。

(2)根据各要素费用分配表及其他费用凭证,登记基本生产成本明细账或产品成本计算单、辅助生产成本明细账、制造费用明细账、管理费用明细账等。

(3)根据权责发生制的要求跨期摊销、预提费用,登记有关成本费用明细账。

(4)根据辅助生产成本明细账所归集的全月费用,编制辅助生产成本分配表,采用适当分配方法,在各受益部门之间分配,并登记有关成本费用明细账。

> **知识链接**
>
> 第三章第二节所介绍的"辅助生产费用的分配"知识在此步骤中进行应用。

(5)根据制造费用明细账所归集的全月费用,编制制造费用分配表,在各种产品之间分配费用并据以登记各基本生产成本明细账。

> **知识链接**
>
> 第三章第三节所介绍的"制造费用的分配"知识在此步骤中进行应用。

(6)根据基本生产成本所归集的全部费用,采用适当的方法在本月完工产品和月末在产品之间进行分配,确定完工产品和月末在产品成本,编制完工产品成本汇总表。

> **知识链接**
>
> 第三章第五节所介绍的"生产费用在完工产品和在产品之间的分配"知识在此步骤中进行应用。

品种法的成本核算程序,如图 4 - 1 所示。

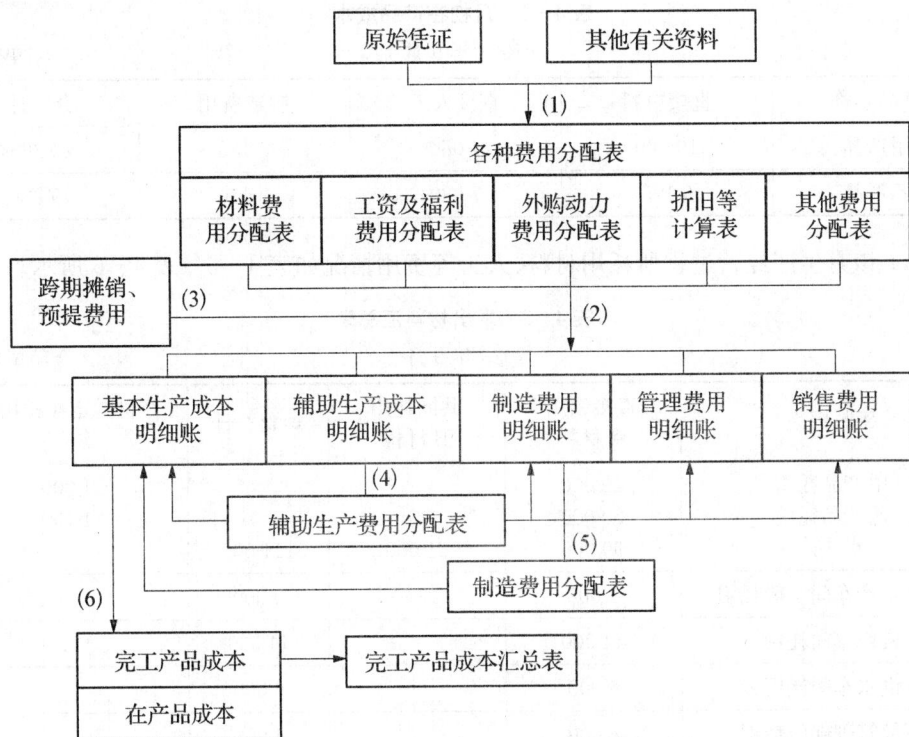

图 4 - 1 品种法成本核算程序流程图

(二)品种法账务处理实训

1. 实训资料

香江工厂设有一个基本生产车间,大量生产甲、乙两种产品,另设有供水、机修两个辅助生产车间,辅助生产车间单独核算制造费用。甲、乙两种产品月末在产品完工程度均为50%,原材料均为生产开始时一次性投入,废品损失不单独核算,产品成本包括"直接材料""直接人工"和"制造费用"三个成本项目。该企业 2023 年 9 月份成本有关资料如下:

(1)有关费用分配方法。

① 甲、乙产品共同耗用的材料费用按定额耗用量比例分配。

② 生产工人工资、制造费用均按甲、乙两种产品生产工时比例分配。

(2)该月两种产品的产量资料如表 4 - 1 所示。

表 4 - 1 产量资料

2023 年 9 月

数量单位:件

产品名称	月初在产品	本月投入	本月完工产品	月末在产品
甲产品	50	700	450	300
乙产品	70	580	650	

（3）该月两种产品的月初在产品成本资料如表 4-2 所示。

表 4-2 月初在产品成本

2023 年 9 月

单位：元

产品名称	直接材料	直接人工	制造费用	合 计
甲产品	10 000	4 080	6 186	20 266
乙产品	9 175	7 030	3 034	19 239

（4）该月生产经营过程所耗用材料、人工等费用情况如表 4-3～表 4-6 所示。

表 4-3 发出材料汇总表

2023 年 9 月

金额单位：元

领料用途	直接领用 A 材料	共同耗用 B 材料	耗料合计	B 材料定额耗用量 /千克
甲产品耗用	40 000			1 000
乙产品耗用	50 000			1 100
小 计	90 000	21 000	111 000	
基本生产车间一般耗用	5 000		5 000	
机修车间耗用	14 000		14 000	
供水车间耗用	6 000		6 000	
厂部管理部门耗用	4 000		4 000	
合 计	119 000	21 000	140 000	

表 4-4 应付职工薪酬汇总表

2023 年 9 月

单位：元

人员类别	应付工资	应付福利费	合 计
产品生产工人	17 000	2 380	19 380
机修车间	10 000	1 400	11 400
供水车间	8 000	1 120	9 120
基本生产车间管理人员	7 000	980	7 980
厂部管理人员	8 500	1 190	9 690
合 计	50 500	7 070	57 570

表 4-5 折旧费用表

2023 年 9 月

单位：元

车间名称	金 额
基本生产车间	10 000
机修车间	4 000
供水车间	6 000

续　表

车间名称	金　额
行政管理部门	5 000
合　计	25 000

表 4 - 6　其他费用表

2023 年 9 月

单位:元

车间名称	费用项目					
	低值易耗品摊销	办公费	电费	保险费	其他	合计
基本生产车间	1 600	500	2 800	2 200	400	7 500
机修车间	800	200	1 000	500	500	3 000
供水车间	500	400	1 800	1 200	600	4 500
行政管理部门		1 000	750	600	300	2 650
合　计	2 900	2 100	6 350	4 500	1 800	17 650

（5）工时记录:甲产品 4 000 小时,乙产品 4 500 小时。

（6）机修车间和供水车间劳务及产品供应量,如表 4 - 7 所示。

表 4 - 7　辅助生产产品及劳务供应量

2023 年 9 月

受益单位		机修车间/小时	供水车间/吨
辅助生产车间	供水车间	100	
	机修车间		1 000
基本生产车间		3 100	29 000
行政管理部门		140	1 000
合　计		3 340	31 000

辅助生产费用采用直接分配法进行分配。

2. 实训所需材料

基本生产成本明细账账页 2 张;辅助生产成本明细账账页 2 张;多栏式明细账账页 3 张;A4 纸 7 张,用于编制各种费用分配表及汇总表;通用记账凭证 10 张。

3. 实训任务

任务一:开设基本生产成本明细账

开设甲、乙两种产品的基本生产成本明细账,根据表 4 - 1 和表 4 - 2 资料,将月初在产品数量、月初在产品生产费用按成本项目记入开设的明细账中,如表 4 - 8 和表 4 - 9 所示。

表 4 - 8 基本生产成本明细账
2023 年 9 月

编制单位:香江工厂

生产车间:基本生产车间

产品名称:甲产品
单位:元

2023 年		凭证号		摘 要	产量/件	成 本 项 目			合 计
月	日	字	号			直接材料	直接人工	制造费用	
9	1			月初在产品成本	50	10 000	4 080	6 186	20 266

表 4 - 9 基本生产成本明细账
2023 年 9 月

编制单位:香江工厂

生产车间:基本生产车间

产品名称:乙产品
单位:元

2023 年		凭证号		摘 要	产量/件	成 本 项 目			合 计
月	日	字	号			直接材料	直接人工	制造费用	
9	1			月初在产品成本	70	9 175	7 030	3 034	19 239

任务二:编制材料费用分配表及进行相应的会计处理

(1) 根据发出材料汇总表和有关的费用分配标准,分配甲、乙两种产品共同耗用的材料。

B 材料费用分配率 $= \dfrac{21\,000}{1\,000 + 1\,100} = 10(元/千克)$

甲产品应负担的 B 材料费用 $= 1\,000 \times 10 = 10\,000(元)$

乙产品应负担的 B 材料费用 $= 1\,100 \times 10 = 11\,000(元)$

甲产品应负担的材料费用总额 $= 40\,000 + 10\,000 = 50\,000(元)$

乙产品应负担的材料费用总额 $= 50\,000 + 11\,000 = 61\,000(元)$

> **知识链接**
>
> 材料费用的分配方法有重量分配法、体积分配法、定额耗用量比例法以及定额费用比例法,此处使用定额耗用量比例法进行分配。

(2) 按照上述材料费用分配结果及材料费用耗用情况,编制材料费用分配表,如表 4 - 10 所示。

表 4－10　材料费用分配表

编制单位:香江工厂　　　　　　　　　2023 年 9 月　　　　　　　　　金额单位:元

| 会计账户 | | A 材料 | B 材料 | | | 合　计 |
总账账户	明细账户		定额用量/千克	分配率元/千克	分配额	
基本生产成本	甲产品	40 000	1 000		10 000	50 000
	乙产品	50 000	1 100		11 000	61 000
	小计	90 000	2 100	10	21 000	111 000
辅助生产成本	机修车间	14 000				14 000
	供水车间	6 000				6 000
	小计	20 000				20 000
制造费用	基本生产车间	5 000				5 000
管理费用		4 000				4 000
合　计		119 000			21 000	140 000

(3) 根据材料费用分配表,编制会计分录如下。

记　账　凭　证

2023 年 9 月 30 日　　　　　　　　　　　　　　　　记第 01 $\frac{1}{2}$ 号

摘　要	会计科目	明细科目	借方金额									贷方金额									记账
			千	百	十	万	千	百	十	元	角	分	千	百	十	万	千	百	十	元	角	分	
分配材料费用	基本生产成本	甲产品			5	0	0	0	0	0	0											√
		乙产品			6	1	0	0	0	0	0											√
	辅助生产成本	机修车间			1	4	0	0	0	0	0											√
		供水车间				6	0	0	0	0	0											√
	制造费用	基本生产车间				5	0	0	0	0	0											√
	管理费用					4	0	0	0	0	0											√
合　计	(附件　　　张)																					

会计主管:张涛　　　　记账:李峰　　　　审核:王阳阳　　　　制单:秦梅

记 账 凭 证

2023 年 9 月 30 日

记第 01 $\frac{2}{2}$ 号

摘　　要	会计科目	明细科目	借方金额										贷方金额										记账
			千	百	十	万	千	百	十	元	角	分	千	百	十	万	千	百	十	元	角	分	
分配材料费用	原材料	B材料													1	4	0	0	0	0	0	0	√
合　　计	（附件　1　张）			¥	1	4	0	0	0	0	0	0		¥	1	4	0	0	0	0	0	0	

会计主管:张涛　　　　记账:李峰　　　　审核:王阳阳　　　　制单:秦梅

实训目的:加强材料费用分配的训练,练习材料费用分配表的编制以及相关会计处理,了解在整个核算程序中材料分配所处的环节。

任务三:编制人工费用分配表及进行相应的会计处理

(1) 根据应付职工薪酬汇总表和有关的费用分配标准,分配甲、乙两种产品共同负担的人工费用。

工资费用分配率 $= \dfrac{17\,000}{4\,000+4\,500} = 2(元/小时)$

甲产品应负担的工资费用 $= 4\,000 \times 2 = 8\,000(元)$

乙产品应负担的工资费用 $= 4\,500 \times 2 = 9\,000(元)$

福利费分配率 $= \dfrac{2\,380}{4\,000+4\,500} = 0.28(元/小时)$

甲产品应负担的福利费 $= 4\,000 \times 0.28 = 1\,120(元)$

乙产品应负担的福利费 $= 4\,500 \times 0.28 = 1\,260(元)$

> **知识链接**
>
> 人工费用的分配可使用工时作为分配标准,分配方法有实际生产工时分配法、定额生产工时分配法,此处使用实际生产工时分配法进行分配。

(2) 根据各车间、部门的工资结算凭证和其他应付职工薪酬的计提比率,编制职工薪酬费用分配表,如表 4-11 所示。

表 4-11　职工薪酬费用分配表

编制单位:香江工厂 2023 年 9 月 金额单位:元

应借账户		生产工时/小时	分配率元/小时	应分配工资	分配率元/小时	应分配福利费	合计
总账账户	明细账户						
基本生产成本	甲产品	4 000		8 000		1 120	9 120
	乙产品	4 500		9 000		1 260	10 260
	小计	8 500	2.00	17 000	0.28	2 380	19 380
辅助生产成本	机修车间			10 000		1 400	11 400
	供水车间			8 000		1 120	9 120
	小计			18 500		2 590	21 090
制造费用	基本生产车间			7 000		980	7 980
管理费用				8 500		1 190	9 690
合计				50 500		7 070	57 570

(3) 根据职工薪酬费用分配表,编制会计分录如下。

记 账 凭 证

2023 年 9 月 30 日 记第 02 $\frac{1}{2}$ 号

摘要	会计科目	明细科目	借方金额										贷方金额										记账
			千	百	十	万	千	百	十	元	角	分	千	百	十	万	千	百	十	元	角	分	
分配职工薪酬费用	基本生产成本	甲产品				9	1	2	0	0	0												√
		乙产品			1	0	2	6	0	0	0												√
	辅助生产成本	机修车间			1	1	4	0	0	0	0												√
		供水车间				9	1	2	0	0	0												√
	制造费用	基本生产车间				7	9	8	0	0	0												√
	管理费用					9	6	9	0	0	0												√
合计	(附件　　张)																						

会计主管:张涛　　　记账:李峰　　　审核:王阳阳　　　制单:秦梅

记 账 凭 证

2023 年 9 月 30 日

记第 02 $\frac{2}{2}$ 号

摘 要	会计科目	明细科目	借方金额										贷方金额										记账
			千	百	十	万	千	百	十	元	角	分	千	百	十	万	千	百	十	元	角	分	
分配职工薪酬费用	应付职工薪酬	工资													5	0	5	0	0	0	0	0	√
		福利费														7	0	7	0	0	0	0	√
合计	(附件 1 张)		¥	5	7	5	7	0	0	0	0		¥	5	7	5	7	0	0	0	0		

会计主管:张涛　　　记账:李峰　　　审核:王阳阳　　　制单:秦梅

实训目的:加强人工费用分配的训练,练习人工费用分配表的编制以及相关会计处理,了解在整个核算程序中人工费用分配所处的环节。

任务四:编制固定资产折旧及其他费用分配表并进行相应会计处理

(1) 分配本月应计提固定资产折旧额,以及跨期摊提费用,并归集办公费等其他费用,如表 4-12 所示。

表 4-12　固定资产折旧及其他费用汇总表

编制单位:香江工厂　　　　　2023 年 9 月　　　　　单位:元

应借账户		金 额						
总账账户	二级账户	折旧费	低值易耗品摊销	办公费	电费	保险费	其他	合计
制造费用	基本生产车间	10 000	1 600	500	2 800	2 200	400	17 500
	机修车间	4 000	800	200	1 000	500	500	7 000
	供水车间	6 000	500	400	1 800	1 200	600	10 500
管理费用		5 000		1 000	750	600	300	7 650
合　计		25 000	2 900	2 100	6 350	4 500	1 800	42 650

(2) 根据固定资产折旧及其他费用汇总表,编制会计分录如下。

记 账 凭 证

2023 年 9 月 30 日　　　　　　　　　　　　　记第 03 $\frac{1}{2}$ 号

摘　要	会计科目	明细科目	借方金额 千	百	十	万	千	百	十	元	角	分	贷方金额 千	百	十	万	千	百	十	元	角	分	记账
分配折旧及其他费用	制造费用	基本生产车间				1	7	5	0	0	0	0											√
		机修车间					7	0	0	0	0	0											√
		供水车间				1	0	5	0	0	0	0											√
	管理费用						7	6	5	0	0	0											√
	累计折旧															2	5	0	0	0	0	0	√
	低值易耗品																2	9	0	0	0	0	√
合　计	（附件　　张）																						

会计主管：张涛　　　记账：李峰　　　审核：王阳阳　　　制单：秦梅

记 账 凭 证

2023 年 9 月 30 日　　　　　　　　　　　　　记第 03 $\frac{2}{2}$ 号

摘　要	会计科目	明细科目	借方金额 千	百	十	万	千	百	十	元	角	分	贷方金额 千	百	十	万	千	百	十	元	角	分	记账
分配折旧及其他费用	银行存款															1	0	2	5	0	0	0	√
	预付账款																4	5	0	0	0	0	√
合　计	（附件　1　张）					¥	4	2	6	5	0	0	0				¥	4	2	6	5	0	0	0	

会计主管：张涛　　　记账：李峰　　　审核：王阳阳　　　制单：秦梅

实训目的：加强折旧及其他费用分配的训练，也可将折旧费用与其他费用分别进行分配并核算。练习折旧及其他费用分配表的编制以及相关会计处理，了解在整个核算程序中折旧及其他费用分配所处的环节。

任务五：编制辅助生产费用分配表及进行相应会计处理

（1）用直接分配法编制辅助生产费用分配表。

根据辅助生产车间发生的成本及表 4-7 劳务供应量资料，用直接分配法分配辅助生产车间发生的费用，编制辅助生产费用分配表如表 4-13 所示。

表 4 - 13 辅助生产费用分配表(直接分配法)

编制单位:香江工厂　　　　　　　　2023 年 9 月　　　　　　　　金额单位:元

项　目			机　修	供　水	合　计
待分配费用	"辅助生产成本"账户发生额		25 400	15 120	40 520
	"制造费用"账户发生额		7 000	10 500	17 500
	小　计		32 400	25 620	58 020
供应辅助生产以外单位的劳务数量			3 240 小时	30 000 立方米	
费用分配率			10 元/小时	0.854 元/立方米	
制造费用	基本生产车间	耗用数量		29 000 立方米	
		分配金额		24 766	24 766
管理费用	基本生产车间	耗用数量	3 100 小时		
		分配金额	31 000		31 000
	行政管理部门	耗用数量	140 小时	1 000 立方米	
		分配金额	1 400	854	2 254
对外分配金额合计			32 400	25 620	58 020

$$机修车间费用分配率 = \frac{32\ 400}{3\ 240} = 10(元/小时)$$

$$供水车间费用分配率 = \frac{25\ 620}{30\ 000} = 0.854(元/立方米)$$

（2）根据辅助生产费用分配表,编制会计分录如下。

记 账 凭 证

2023 年 9 月 30 日　　　　　　　　　　　　　　　　　　记第 04 号

摘　要	会计科目	明细科目	借方金额									贷方金额									记账
			千	百	十	万	千	百	十	元	角	分	千	百	十	万	千	百	十	元	角	分	
分配辅助生产费用	制造费用	基本生产车间				2	4	7	6	6	0	0											√
		管理费用				3	3	2	5	4	0	0											√
	辅助生产成本	供水车间														2	5	6	2	0	0	0	√
		机修车间														3	2	4	0	0	0	0	√
合　计	(附件　1　张)		￥	5	8	0	2	0	0	0			￥	5	8	0	2	0	0	0			

会计主管:张涛　　　　记账:李峰　　　　审核:王阳阳　　　　制单:秦梅

知识链接

① 辅助生产车间的生产分成产品需要验收入库以及产品(劳务)不需要验收入库直接提供给各受益对象两种,后者需要按照受益性原则在各受益对象之间分配辅助生产费用,分配方法有直接分配法、交互分配法、代数分配法、计划成本分配法以及顺序分配法。

② 按照现行会计准则,生产车间和管理部门发生的固定资产修理费应直接计入"管理费用"账户,与专设销售机构相关的固定资产修理费应计入"销售费用"账户。

实训目的:加强辅助生产费用分配的训练,练习辅助生产费用分配表的编制以及相关会计处理,了解在整个核算程序中辅助生产费用分配所处的环节。

任务六:结转辅助生产车间制造费用

(1) 编制辅助生产车间制造费用分配表,将各辅助生产车间的制造费用分配转入辅助生产成本明细账。辅助生产车间制造费用分配表如表 4-14 所示。

表 4-14　辅助生产车间制造费用分配表

编制单位:香江工厂　　　　　　　　2023 年 9 月　　　　　　　　单位:元

应借账户		供水车间制造费用	机修车间制造费用	合　计
总账账户	明细账户			
辅助生产成本	供水车间 机修车间	10 500	7 000	10 500 7 000
合　计		10 500	7 000	17 500

(2) 根据辅助生产车间制造费用分配表,编制会计分录如下。

记　账　凭　证

2023 年 9 月 30 日　　　　　　　　　　　　　　　　　记第 05 号

摘　要	会计科目	明细科目	借方金额 千百十万千百十元角分	贷方金额 千百十万千百十元角分	记账
结转辅助生产车间	辅助生产成本	供水车间	1 0 5 0 0 0 0		√
制造费用		机修车间	7 0 0 0 0 0		√
	制造费用	供水车间		1 0 5 0 0 0 0	√
		机修车间		7 0 0 0 0 0	√
合　计	(附件 1 张)		¥1 7 5 0 0 0 0	¥1 7 5 0 0 0 0	

会计主管:张涛　　　　记账:李峰　　　　审核:王阳阳　　　　制单:秦梅

| 说　明 |

辅助生产车间如果采用"直接分配法"分配辅助生产费用，因为不涉及辅助生产车间相互分配费用，在产品成本核算时也可以先将辅助生产车间的制造费用结转计入该车间的辅助生产成本明细账，然后进行辅助生产费用的分配；但是，在采用其他分配方法时，因为涉及辅助生产车间相互分配费用，需要将其他辅助生产车间承担的费用计入该车间的制造费用明细账，所以在成本核算时应先进行辅助生产费用的分配，在辅助生产车间制造费用归集完毕后，再结转制造费用计入辅助生产成本明细账。

实训目的：加强辅助生产车间制造费用结转的训练，练习辅助生产车间制造费用分配表的编制以及相关会计处理，了解在整个核算程序中辅助生产车间制造费用结转所处的环节。

任务七：登记辅助生产车间的各种成本费用明细账

（1）登记辅助生产车间的制造费用明细账。

| 知识链接 |

辅助生产车间的制造费用明细账可单独设置，也可不单独设置。对于辅助生产车间规模较小，发生的辅助生产费用较少，辅助生产也不对外销售产品或提供劳务的情况，为了简化核算工作，辅助生产车间不单独设置"制造费用"明细账。

根据上述分配结果登记机修车间、供水车间的制造费用明细账，如表4－15、表4－16所示。

表4－15　制造费用明细账

编制单位：香江工厂
车间名称：机修车间　　　　　　　　　　　　　　　　　　　　　　　　　单位：元

2023年		凭证号		摘　要	折旧费	低值易耗品摊销	办公费	电　费	保险费	其　他	合　计	转　出	余　额
月	日	字	号										
9	30	记	03	分配折旧及其他费用	4 000	800	200	1 000	500	500	7 000		
	30			待分配费用小计	4 000	800	200	1 000	500	500	7 000		7 000
	30	记	05	结转制造费用								7 000	
	30			合　计	4 000	800	200	1 000	500	500	7 000	7 000	0

表 4-16　制造费用明细账

编制单位:香江工厂

车间名称:供水车间

单位:元

2023年		凭证号		摘　要	折旧费	低值易耗品摊销	办公费	电费	保险费	其　他	合　计	转　出	余　额
月	日	字	号										
9	30	记	03	分配折旧及其他费用	6 000	500	400	1 800	1 200	600	10 500		
	30			待分配费用小计	6 000	500	400	1 800	1 200	600	10 500		10 500
	30	记	05	结转制造费用								10 500	
	30			合　计	6 000	500	400	1 800	1 200	600	10 500	10 500	0

（2）登记辅助生产成本明细账。

根据上述分配结果登记机修车间、供水车间的两个辅助生产车间的辅助生产成本明细账,如表 4-17、表 4-18 所示。

表 4-17　辅助生产成本明细账

编制单位:香江工厂

车间名称:机修车间

单位:元

2023年		凭证号		摘　要	直接材料	直接人工	制造费用	合　计	转　出	余　额
月	日	字	号							
9	30	记	01	分配材料费用	14 000			14 000		
	30	记	02	分配职工薪酬费用		11 400		11 400		
	30			待分配费用小计	14 000	11 400		25 400		25 400
	30	记	04	分配辅助生产费用					32 400	
	30	记	05	结转制造费用			7 000	7 000		32 400
	30			合　计	14 000	11 400	7 000	32 400	32 400	0

表 4-18　辅助生产成本明细账

编制单位:香江工厂

车间名称:供水车间

单位:元

2023年		凭证号		摘　要	直接材料	直接人工	制造费用	合　计	转　出	余　额
月	日	字	号							
9	30	记	01	分配材料费用	6 000			6 000		
	30	记	02	分配职工薪酬费用		9 120		9 120		
	30			待分配费用小计	6 000	9 120		15 120		15 120
	30	记	04	分配辅助生产费用					25 620	
	30	记	05	结转制造费用			10 500	10 500		25 620
	30			合　计	6 000	9 120	10 500	25 620	25 620	0

实训目的:练习如何根据辅助生产车间成本费用发生资料、相关费用分配表及相关记账凭证,进行辅助生产车间成本费用明细账的登记。

任务八:分配结转基本生产车间制造费用

(1) 根据已归集的制造费用和有关的费用分配标准,将基本生产车间发生的制造费用分配后分别转入甲、乙两种产品的基本生产成本明细账。

$$制造费用分配率 = \frac{55\ 246}{4\ 000 + 4\ 500} = 6.499\ 5\ 元/小时$$

甲产品应负担的制造费用 $= 4\ 000 \times 6.499\ 5 = 25\ 998(元)$

乙产品应负担的制造费用 $= 4\ 500 \times 6.499\ 5 = 29\ 248(元)$

(2) 编制制造费用分配表。

根据制造费用分配率及分配结果,编制制造费用分配表,见表 4-19 所示。

表 4-19 制造费用分配表

编制单位:香江工厂　　　　　　　　　　2023 年 9 月　　　　　　　　　　金额单位:元

分配对象	生产工时/小时	分配率/(元/小时)	应分配金额
甲产品	4 000		25 998
乙产品	4 500		29 248
合 计	8 500	6.499 5	55 246

(3) 根据制造费用分配表结转基本生产车间的制造费用,编制会计分录如下。

记 账 凭 证

2023 年 9 月 30 日　　　　　　　　　　　　　　　　　记第 06 号

摘 要	会计科目	明细科目	借方金额 千百十万千百十元角分	贷方金额 千百十万千百十元角分	记账
结转基本生产车间	基本生产成本	甲产品	2 5 9 9 8 0 0		√
制造费用		乙产品	2 9 2 4 8 0 0		√
	制造费用	甲产品		2 5 9 9 8 0 0	√
		乙产品		2 9 2 4 8 0 0	√
合 计	(附件 1 张)		¥5 5 2 4 6 0 0	¥5 5 2 4 6 0 0	

知识链接

制造费用的分配方法有生产工人工资比例法、生产工人工时比例法、机器功率时数比例法以及年度计划分配率分配法,最后一种方法主要适用季节性生产企业。

实训目的:加强基本生产车间制造费用结转的训练,练习基本生产车间制造费用分配表的编制以及相关会计处理,了解在整个核算程序中基本生产车间制造费用结转所处的环节。

任务九:登记基本生产车间制造费用明细账

根据以上有关基本生产车间制造费用会计分录,登记基本生产车间制造费用明细账,见表4-20所示。

表4-20 制造费用明细账

编制单位:香江工厂

车间名称:基本生产车间

单位:元

2023年		凭证号		摘要	机物料消耗	职工薪酬	折旧费	低值易耗品摊销	办公费	电费	保险费	水费	其他	合计	转出
月	日	字	号												
9	30	记	01	分配材料费用	5 000									5 000	
	30	记	02	分配职工薪酬费用		7 980								7 980	
	30	记	03	分配折旧及其他费用			10 000	1 600	500	2 800	2 200		400	17 500	
	30	记	04	分配水费								24 766		24 766	
	30			待分配费用	5 000	7 980	10 000	1 600	500	2 800	2 200	24 766	400	55 246	
	30	记	06	结转制造费用											55 246

实训目的:练习如何根据基本生产车间成本费用发生资料、相关费用分配表及相关记账凭证,进行基本生产车间制造费用明细账的登记。

任务十:计算产品成本并登记基本生产成本明细账

(1)采用约当产量法,分配计算甲产品的完工产品成本和月末在产品成本。

$$直接材料分配率 = \frac{60\,000}{450+300} = 80(元/件)$$

$$直接人工分配率 = \frac{13\,200}{450+300 \times 50\%} = 22(元/件)$$

$$制造费用分配率 = \frac{32\,184}{450+300 \times 50\%} = 53.64(元/件)$$

甲产品完工产品成本 = $450 \times (80+22+53.64) = 70\,038$(元)

甲产品月末在产品成本 = $300 \times 80 + 300 \times 50\% \times (22+53.64) = 35\,346$(元)

┌─ **知识链接** ─────────────────────────────────

月末生产费用合计数在完工产品和在产品之间的分配方法有:不计算在产品成本法、按年初固定数计算在产品成本法、在产品按所耗原材料计算法、在产品按完工产品成本计算法、在产品按定额成本计算法、定额比例法以及约当产量比例法。

└──

(2)汇总产成品成本。

根据甲、乙产品的产成品成本,汇总编制产成品成本汇总表,如表4-21所示。

表 4 - 21　产成品成本汇总表

编制单位:香江工厂　　　　　　　　　　2023 年 9 月　　　　　　　　　　金额单位:元

成本项目	甲产品(450 件)		乙产品(650 件)	
	总成本	单位成本/(元/件)	总成本	单位成本/(元/件)
直接材料	36 000	80	70 175	107.96
直接人工	9 900	22	17 290	26.60
制造费用	24 138	53.64	32 282	49.66
合　计	70 038	155.64	119 747	184.22

(3) 编制产品完工入库分录。

记 账 凭 证

2023 年 9 月 30 日　　　　　　　　　　　　　　　　　　　　　记第 07 号

摘　要	会计科目	明细科目	借方金额										贷方金额										记账
			千	百	十	万	千	百	十	元	角	分	千	百	十	万	千	百	十	元	角	分	
结转完工产品成本	库存商品	甲产品				7	0	0	3	8	0	0											√
		乙产品			1	1	9	7	4	7	0	0											√
	基本生产成本	甲产品														7	0	0	3	8	0	0	√
		乙产品													1	1	9	7	4	7	0	0	√
合　计	(附件　1　张)		¥	1	8	9	7	8	5	0	0		¥	1	8	9	7	8	5	0	0		

会计主管:张涛　　　记账:李峰　　　审核:王阳阳　　　　　制单:秦梅

(4) 根据上述分配结果及相关记账凭证,登记甲、乙两种产品的基本生产成本明细账,如表 4 - 22、表 4 - 23 所示。

表 4 - 22　基本生产成本明细账

编制单位:香江工厂
生产车间:基本生产车间　　　　　　　　　　　　　　　　　　　　　　单位:元
产品名称:甲产品　　　　　完工产品数量:450 件　　　月末在产品数量:300 件

2023 年		凭证号		摘　要	成 本 项 目			合　计
月	日	字	号		直接材料	直接人工	制造费用	
9	1			月初在产品成本	10 000	4 080	6 186	20 266
	30	记	01	分配材料费用	50 000			50 000
	30	记	02	分配职工薪酬费用		9 120		9 120
	30	记	06	分配制造费用			25 998	25 998
	30			生产费用合计	60 000	13 200	32 184	105 384

续　表

2023年		凭证号		摘　要	成 本 项 目			合　计
月	日	字	号		直接材料	直接人工	制造费用	
	30			分配率/(元/件)	80	22	53.64	155.64
	30	记	07	结转完工产品成本	−36 000	−9 900	−24 138	−70 038
	30			月末在产品成本	24 000	3 300	8 046	35 346

表 4-23　基本生产成本明细账

编制单位:香江工厂

生产车间:基本生产车间　　　　　　　　　　　　　　　　　　　　单位:元

产品名称:乙产品　　　　　完工产品数量:650件　　　　　　月末在产品数量:0件

2023年		凭证号		摘　要	成 本 项 目			合　计
月	日	字	号		直接材料	直接人工	制造费用	
9	1			月初在产品成本	9 175	7 030	3 034	19 239
	30	记	01	材分配料费用	61 000			61 000
	30	记	02	分配职工薪酬费用		10 260		10 260
	30	记	06	分配制造费用			29 248	29 248
	30			生产费用合计	70 175	17 290	32 282	119 747
	30	记	07	结转完工产品成本	−70 175	−17 290	−32 282	−119 747

实训目的:练习月末生产费用合计数在完工产品和在产品之间的分配,如何根据基本生产车间成本费用发生资料、相关费用分配表及相关记账凭证,进行基本生产成本明细账的登记。

小提示

从上述实训中可以看出,品种法的计算程序体现了产品成本计算的一般程序。这一程序与第二章所列的成本核算账务处理程序图是相对应的,只是在学习第二章时,尚未学习成本计算具体账表的名称、结构和登记方法,成本计算程序只能用账户的对应关系来表示。学习本节内容时,要把两者联系起来,以加深对产品成本计算一般程序以及产品成本计算与一般会计核算关系的理解。

课程思政

品种法实训项目的练习,不仅能够锻炼学生实际动手解决问题的能力,还有利于学生更好地理解社会问题复杂性和多样性,培养学生树立创新解决问题意识,以及会计人所应具有的工匠精神。

第二节 分批法

知识结构图

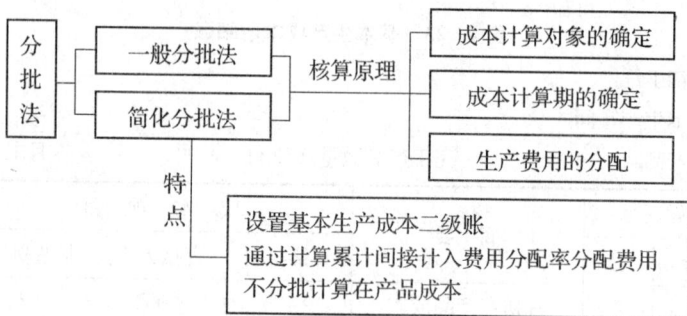

一、分批法的特点

分批法(Job-costing System)是以产品批别作为成本核算对象来归集生产费用计算产品成本的一种方法。分批法适用于单件小批并且管理上不要求分步计算各步骤半成品的多步骤生产,如重型机械制造、船舶制造、精密仪器制造,以及服装业、印刷业等。这种类型生产企业中,由于生产多是根据购货单位的订单组织的,因此,分批法也称为订单法。分批法的主要特点如下。

(一) 成本核算对象

以产品的批次(单件生产为件别)为成本核算对象,开设产品成本计算单或设置基本生产成本明细账。生产费用发生后,按产品批别进行归集和分配,直接计入费用直接计入,间接计入费用分配计入。在单件小批生产中,产品的种类和每批产品的批量,大多是根据购买单位的订单确定,因而按批、按件计算产品成本,往往是按照订单计算产品成本。

随堂训练

海峰公司采用分批法计算产品成本。6月1日投产甲产品5件,乙产品7件;6月15日投产甲产品3件,乙产品4件,丙产品7件;6月21日投产丙产品4件。那么,该公司6月应开设产品成本明细账的张数是(　　)。

A. 3张　　　　B. 4张　　　　C. 5张　　　　D. 6张

知识卡片

订单和批别并不是同一个概念。如果一份订货单有几种产品,或虽只有一种产品但是数量较多且要求分批交货时,如按订货单位的订单组织生产,就不利于按产品品种考核分析成本计划的完成情况,在生产管理上也不便于集中一次投料,或满足不了分批交货的要求。这种情况下,可以将上述订单按产品品种划分批别组织生产,或者将同类产品划分为数批组织生产并计算成本;如果同一会计期间企业接到不同购货单位要求生产同一产品的几张订单,为了经济合理地组织生产,也可以将其合并为一批组织生产并计算成本。如果在一张订单中只要求生产一件产品,但其属于大型复杂的产品,价值较大,生产周期较长,如大型船舶制造,也可以按照产品的组成部分分批组织生产。这些情况下,分批法的成本核算对象就不是购货单位的订单,而是把企业生产计划部门开出的生产任务通知单规定的批别作为成本核算对象。

(二) 产品成本计算期

为了保证各批产品成本计算的准确性,各批产品成本明细账的设立与结算,与生产任务通知单的签发和结束是协调一致的,即各批产品的总成本需待其完工之后才能计算确定。但由于各批产品的生产复杂程度不同、质量数量要求也不同,生产周期也就各不相同。有的批次当月投产,当月完工;有的批次要经过数月甚至数年才能完工。产成品的成本计算是不定期的,因各批次产品的生产周期而异,因此,分批法的成本计算期与产品的生产周期一致,与会计报告期不一致。

(三) 生产费用在完工产品和在产品之间的分配

在单件生产中,产品完工前,产品成本明细账所记录的生产费用,都是在产品成本;产品完工时,产品成本明细账所记录的生产费用,就是完工产品的成本,因而在月末计算成本时,不存在在完工产品与在产品之间费用分配的问题。

在小批生产中,由于产品批量较小,批内产品一般都能同时完工,或者在相距不久的时间内全部完工。月末计算产品成本时,或者是产品全部完工,或者是产品全部没有完工,因而一般也不存在完工产品与在产品之间费用分配的问题。但如果批内产品有跨月陆续完工的情况,在月末计算成本时,一部分产品已完工,另一部分产品尚未完工,这时就有必要在完工产品与在产品之间分配费用,以便分别计算完工产品成本和月末在产品成本。一般分为两种情况进行处理:① 如果跨月陆续完工的情况不多,月末完工产品数量占批量比重较小时,可以采用按计划单位成本、定额单位成本或近期相同产品的实际单位成本计算完工产品成本,从产品成本明细账中转出,剩余数额即为在产品成本。在该批产品全部完工时,还应计算该批产品的实际总成本和单位成本,但对已经转账的完工产品成本,不做账面调整。这样做主要是为了计算先交货的完工产品成本。② 在批内产品跨月陆续完工情况较多,月末完工产品数量占批量比重较大时,为了提高成本计算的正确性,则应采用适当的方法,在完工产品与月末在产品之间分配费用。所以,为了使同一批产品尽量同时完工,在合理组织生产的前提下,可以适当缩小产品的批量。

小案例

Aker Kvaerner MH 公司主要致力于能源、化工等行业大型设备的建造,服务范围综合广泛,包括设计、装配、运输和安装等环节。Aker Kvaerner MH 公司多数时候根据通过竞标签订的合同进行生产,在竞标过程中企业必须精确估计与合约相关的每一件产品的生产成本。由于其产品多为定制生产,每一次投标或每一份订单的内容与其他的投标或订单都有很大的不同,所以 Aker Kvaerner MH 公司对每一产品的成本都采用分批法进行核算。

资料来源:http//www.akerkvaerner.com

二、分批法计算程序

采用分批法计算产品成本时,只是成本核算对象和品种法下的成本核算对象不同,产品成本的计算程序和采用品种法的计算程序基本相同。

【例 4-1】 海天工厂根据客户的订单组织生产,采用分批法计算产品成本。该厂有两个生产车间连续进行生产,2023 年 12 月各批产品的生产情况,如表 4-24 所示。

表 4-24 各批产品生产情况表

2023 年 12 月

产品批号	产品名称	开工日期	批量/台	完工产量/台		本月耗用工时/小时	
				11 月	12 月	一车间	二车间
07	甲产品	11 月份	20	10	10	940	750
08	乙产品	12 月份	15		15	2 260	1 750
09	丙产品	12 月份	10		2	340	300

从表 4-24 可以看出,在分批法下,成本核算对象分别为 07 批甲产品、08 批乙产品、09 批丙产品,据此设置基本生产成本明细账(见表 4-25～表 4-27),后续费用归集、分配的程序及方法与品种法基本相同。

表 4-25 基本生产成本明细账

批 号:07　　　　　　　　产品名称:甲产品　　　　　　　　　　　单位:元

开工日期:2023 年 11 月　　　　　　　　　　　　　　完工日期:2023 年 12 月

批量:20 台　　　　　　　　　　　　　　　　　　　　完工数量:20 台

2023 年		摘 要	直接材料	直接人工	制造费用	合 计
月	日					
11	30	11 月份生产费用	66 500	18 900	16 050	101 450

表 4 - 26　基本生产成本明细账

批　　号:08　　　　　　　　　产品名称:乙产品　　　　　　　　　　　　单位:元

投产日期:2023 年 12 月　　　　　　　　　　　　　　　　　　完工日期:2023 年 12 月

批量:15 台　　　　　　　　　　　　　　　　　　　　　　　　完工数量:15 台

2023 年		摘　要	直接材料	直接人工	制造费用	合　计
月	日					
12	31	一车间费用分配	39 000	9 800	11 865	60 665
		二车间费用分配		6 200	10 430	16 630

表 4 - 27　基本生产成本明细账

批　　号:09　　　　　　　　　产品名称:丙产品　　　　　　　　　　　　单位:元

开工日期:2023 年 12 月　　　　　　　　　　　　　　　　　　完工日期:

批量:10 台　　　　　　　　　　　　　　　　　　　　　　　　完工数量:2 台

2023 年		摘　要	直接材料	直接人工	制造费用	合　计
月	日					
12	31	一车间费用分配	29 800	2 300	1 785	33 885
		二车间费用分配		1 800	1 788	3 588

课程思政

　　分批法的学习,让学生了解企业如何根据市场需求和订单情况组织生产,并意识到作为未来的企业家或管理者,需要对社会的需求和期望负责,清楚企业的生产对平衡经济效益和社会效益的重大作用,树立社会责任感。

三、简化分批法

问题引导

　　长宇机械制造厂,2023 年 4 月投产 56 批产品,使用分批法核算产品成本,按照产品批别应设置 56 个成本核算对象,并开设 56 本基本生产成本明细账,分别计算 56 批产品的生产成本。假设月末仅有 2 批产品有完工产品,在计算完工产品的过程中,涉及的费用分配有:间接计入费用在不同批别产品中进行分配;生产费用合计数在完工产品和期末在产品之间进行分配。最后计算出 2 批完工产品成本和其余 54 批在产品成本,核算过程相当烦琐,怎么做才可以简化成本核算工作呢?

　　在小批、单件生产的企业或车间中,如果同一月份投产的产品批数很多,几十批甚至上百批,且月末未完工的批数也较多,如机械制造厂或修配厂,可以采用简化的分批法进行产品成本核算。

（一）简化分批法的特点

1. 设置基本生产成本二级账

按产品批别设置产品生产成本明细账，同时根据需要按企业或车间等生产单位设置基本生产成本二级账，基本生产成本二级账的项目为生产工时、直接材料、直接人工、制造费用等，如表 4-28 所示。

表 4-28　基本生产成本二级账

生产单位：一车间　　　　　　　　　　　　　　　　　　　　　　　单位：元

月	日	摘　要	生产工时	直接材料	直接人工	制造费用	合　计
9	1	期初在产品					
	30	本月发生					

基本生产成本二级账的作用：① 按月提供某生产单位全部产品的累计生产费用和累计生产工时资料；② 在有产品完工的月份，根据二级账上的有关数据，计算累计间接计入费用分配率。

各批别产品基本生产成本明细账平时只登记该批别产品的生产工时和直接计入费用（通常指直接材料费用）。

2. 通过计算累计间接计入费用分配率来分配费用

对于有完工产品的批别，通过累计间接计入费用分配率和该批产品基本生产成本明细账上完工产品累计生产工时，计算完工产品应负担的间接计入费用（一般情况下指直接人工和制造费用等），与各批别产品基本生产成本明细账上的直接计入费用合计，从而计算完工产品总成本和单位成本，并在已完工批别产品成本明细上进行登记。有关计算公式如下：

$$\frac{全部产品某成本项目}{累计间接费用分配率}=\frac{该成本项目全部产品累计费用}{全部产品累计工时}$$

$$\frac{某批完工产品应负担}{某成本项目费用}=\frac{该批完工产品}{累计生产工时}\times\frac{全部产品该成本项目}{累计间接费用分配率}$$

3. 不分批计算在产品成本

将完工产品应负担的间接计入费用转入各完工产品生产成本明细账以后，基本生产成本二级账反映全部批别产品月末在产品的成本；各批别未完工产品的生产成本明细账上只反映累计直接计入费用和累计生产工时，不反映该批别在产品总成本。

所以简化分批法也叫"累计间接费用分配法"或"不分批计算在产品成本分批法"。

```
┌─ 理　解 ─────────────────────────────────────────┐
│                                                          │
│    简化分批法将各批产品之间分配间接计入费用(生产费用的横向分配)和生产费用      │
│  合计数在完工产品与月末在产品之间分配(生产费用的纵向分配)两者在有完工批次产      │
│  品时合并在一起完成,并且各批次产品基本生产成本明细账只在有完工产品时才计算      │
│  成本,所以起到了简化成本核算工作的作用。                                │
│                                                          │
└──────────────────────────────────────────────────┘
```

(二) 简化分批法计算程序

简化分批法计算程序,如图 4 - 2 所示。

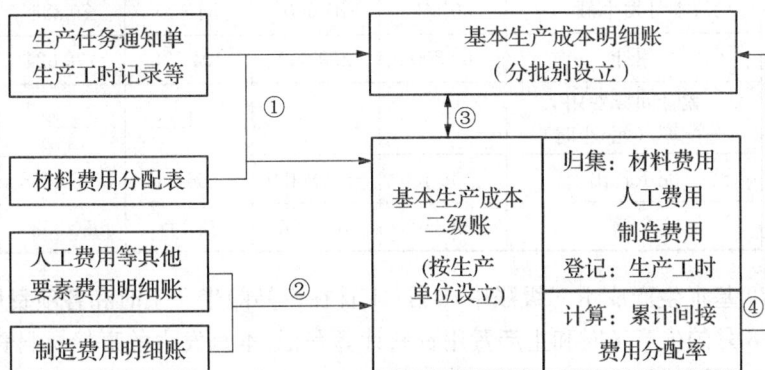

图 4 - 2　简化分批法程序

说明:

① 根据"生产任务通知单"所要求生产的批别设立基本生产成本明细账,按生产车间设置基本生产成本二级账;根据材料费用分配表和生产工时记录等,将各批别产品耗用的材料费用和生产工时分别登记进入各批别成本明细账,将整个生产车间耗用的材料费用总额和生产工时总额登记进入基本生产成本二级账。

② 根据人工费用以及制造费用分配表,将整个生产车间耗用的人工费用和制造费用总额登记进入基本生产成本二级账。

③ 期末,将二级账中的直接材料费用和生产工时与成本明细账中相对应项目进行核对。

④ 期末,如果某批产品有完工产品,根据基本生产成本二级账上数据计算累计间接计入费用分配率,并根据明细账记录的完工批别产品的生产工时分配间接费用,登记基本生产成本明细账和二级账。

(三) 简化分批法举例

【例 4 - 2】　天宇企业小批生产多种产品,产品批数很多,为了简化核算,采用简化分批法计算各批次产品成本。该企业 2023 年 9 月份各批产品的情况如下:

701 批号:A 产品 8 件,7 月份投产,本月份完工;

812 批号:B 产品 10 件,8 月份投产,本月完工 6 件,完工产品耗用工时为 13 250 小

时,原材料在生产开始时一次性投入,月末按约当产量比例法分配该批产品的材料费用;

824 批号:C 产品 8 件,8 月份投产,尚未完工;

901 批号:D 产品 5 件,9 月份投产,尚未完工。

该企业设立的"基本生产成本二级账",如表 4-29 所示。

表 4-29　基本生产成本二级账

单位:元

2023 年		摘　要	生产工时/小时	直接材料	直接人工	制造费用	合　计
月	日						
8	31	余额	30 650	218 000	50 276	68 240	336 516
9	30	本月发生额	30 150	81 600	54 300	70 384	206 284
9	30	累计	60 800	299 600	104 576	138 624	542 800
9	30	累计间接费用分配率/(元/小时)			1.72	2.28	
9	30	完工转出	−38 450	−178 480	−66 134	−87 666	−332 280
9	30	余额	22 350	101 296	38 442	50 958	190 696

表 4-29 基本生产成本二级账中,8 月 31 日在产品的生产工时和各项费用金额是 8 月月末根据 8 月的生产工时和生产费用资料计算登记;本月发生的直接材料费用和生产工时,应根据本月材料费用分配表、生产工时记录,与各批产品成本明细账平行登记;本月发生的间接计入费用,应根据各该费用分配表汇总登记。

全部产品累计间接计入费用分配率计算如下:

$$直接人工费用累计分配率=\frac{104\ 576}{60\ 800}=1.72(元/小时)$$

$$制造费用累计分配率=\frac{138\ 624}{60\ 800}=2.28(元/小时)$$

本月完工转出产品的直接材料费用和生产工时,应根据各批产品的成本明细账中完工产品的直接材料费用和生产工时汇总登记;完工产品的各项间接计入费用,可以根据账中完工产品工时分别乘以各项费用的累计分配率计算登记,也可以根据各批产品成本明细账中完工产品的各项费用分别汇总登记。以账中累计行的各栏数字分别减去本月完工产品转出数,即为 9 月月末在产品的直接材料费用、生产工时和各项间接计入费用。月末在产品的直接材料费用和生产工时,也可以根据各批产品成本明细账中月末在产品的直接材料费用和生产工时分别汇总登记;各项间接计入费用也可根据其生产工时分别乘以各项费用累计分配率计算登记。

该企业设立的各批产品成本明细账见表 4-30~表 4-33。

表 4 - 30　基本生产成本明细账

批号:701　　　　　开工日期:2023 年 7 月　　　　　批量:8 件
产品名称:A 产品　　　完工日期:2023 年 9 月　　　　　单位:元

2023年		摘　要	生产工时/小时	直接材料	直接工资	制造费用	合　计
月	日						
7	31	本月发生	9 460	64 850			
8	31	本月发生	5 940	36 650			
9	30	本月发生	9 800	28 200			
	30	累计数	25 200	129 700			
	30	累计间接费用分配率/(元/小时)			1.72	2.28	
	30	完工产品转出	−25 200	−129 700	−43 344	−57 456	−230 500
	30	完工产品单位成本		16 212.50	5 418	7 182	28 812.5

表 4 - 31　基本生产成本明细账

批号:812　　　　　开工日期:2023 年 8 月　　　　　批量:10 件
产品名称:B 产品　　　完工日期:2023 年 9 月　　　　　完工:6 件　单位:元

2023年		摘　要	生产工时/小时	直接材料	直接工资	制造费用	合　计
月	日						
8	31	本月发生	7 410	74 420			
9	30	本月发生	9 420	6 880			
9	30	累计数	16 830	81 300			
9	30	累计间接费用分配率/(元/小时)			1.72	2.28	
9	30	完工产品转出	−13 250	−48 780	−22 790	−30 210	−101 780
9	30	完工产品单位成本		8 130	3 798	5 035	16 963
	30	月末在产品成本	3 580	32 520			

表 4 - 32　基本生产成本明细账

批号:804　　　　　开工日期:2023 年 8 月　　　　　批量:8 件
产品名称:C 产品　　　完工日期:　　　　　　　　　　单位:元

2023年		摘　要	生产工时/小时	直接材料	直接工资	制造费用	合　计
月	日						
8	31	本月发生	7 840	42 080			
9	30	本月发生	4 270	8 680			

表 4 − 33　基本生产成本明细账

批号:901　　　　　　　　开工日期:2023 年 9 月　　　　　　　　　　批量:5 件
产品名称:D 产品　　　　　完工日期:　　　　　　　　　　　　　　　　单位:元

| 2023 年 | | 摘　要 | 生产工时 /小时 | 直接材料 | 直接工资 | 制造费用 | 合　计 |
月	日						
9	30	本月发生	6 660	37 840			

　　上述各批产品成本明细账中,对于没有完工产品的月份,只登记直接材料费用(直接计入费用)和生产工时;对于有完工产品的月份,包括批内产品全部完工或部分完工,除登记本月发生的直接材料费用和生产工时及其累计数外,还应根据基本生产成本二级账登记各项累计间接计入费用的分配率以及完工产品转出成本等内容。701 批号产品,月末全部完工,因而其产品成本明细账中累计的直接材料费用和生产工时,就是完工产品的直接材料费用和生产工时,以其生产工时分别乘以各项累计间接计入费用的分配率,即为完工产品应分配的各项间接计入费用。812 批号产品,月末部分产品完工、部分在产,因而还应在完工产品与在产品之间分配费用。该种产品所耗原材料在生产开始时一次投入,因而直接材料按完工产品与在产品的数量比例分配,完工产品直接材料费用 48 780 元(=81 300/10×6);完工产品生产工时 13 250 小时由生产车间提供。

　　简化分批法适用于同一月份投产的产品批数较多,且月末未完工批数也较多的企业。如果月末未完工的批数不多,则不宜采用此法。因为在这种情况下,绝大多数批号的产品仍然要分配登记各项间接计入费用,核算工作减少不多。另外,由于在这种方法下间接计入费用累计计算分配率,因而在各月间接计入费用水平相对悬殊的情况下也不宜使用此法。例如,前几个月的间接计入费用水平低而本月高,某批产品本月投产当月完工,这时,按累计间接计入费用分配率分配计算该批完工产品,就会产生偏低现象。

第三节　分步法

📊 知识结构图

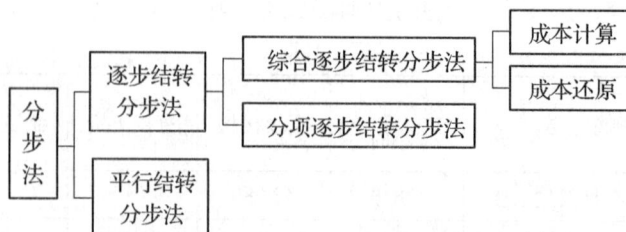

一、分步法的特点和适用范围

分步法(Process-costing System)是以产品的品种及其所经生产步骤作为成本核算对象,归集生产费用计算产品成本的方法。

适用范围:分步法主要适用于大量大批多步骤生产,因为在这些企业中,产品生产可以划分为若干个生产步骤进行。例如,冶金企业的生产可分为炼铁、炼钢、轧钢等步骤;造纸企业的生产可分制浆、制纸、包装等步骤;机械制造企业的生产可分为铸造、加工、装配等步骤;纺织企业的生产可分为纺纱、织布、染色等步骤。为了加强成本管理,不仅要求按照产品品种归集生产费用,计算产品成本,还要求按照产品的生产步骤归集生产费用,计算各步骤产品成本,提供反映各种产品及其各生产步骤成本计划执行情况的资料。

这种方法的主要特点如下。

(一) 成本核算对象

分步法以各种产品的生产步骤作为成本核算对象,并据以设置基本生产成本明细账。如果只生产一种产品,成本核算对象是该种产成品及其所经过的各生产步骤;如果生产多种产品,成本核算对象是各种产成品及其所经过的各生产步骤。

【例4-3】　某企业生产甲、乙两种产品,甲产品需要经过三个生产步骤加工完成,乙产品需要经过两个生产步骤加工完成,则在分步法的要求下,成本核算对象为甲产品第一步骤、甲产品第二步骤、甲产品以及乙产品第一步骤,该企业应按上述五个成本核算对象分别开设基本生产成本明细账。

> **理　解**
>
> 分步法中的生产步骤,是按成本管理的要求划分的。作为成本计算的生产步骤,可能与实际生产步骤一致,也可能不一致。为了简化成本核算工作,可以只对管理上有必要分步计算成本的生产步骤设置产品成本明细账,单独计算成本;管理上不要求单独分步计算成本的生产步骤,可以与其他生产步骤合并设立产品成本明细账,合并计算成本。

在进行成本计算时,应按步骤分产品归集和分配生产费用,单设成本项目的直接计入费用,直接计入各成本核算对象;单设成本项目的间接计入费用,需分配后计入各成本核算对象;没有单设成本项目的费用,一般是先按车间、部门等归集为制造费用,月末再直接计入或者分配计入各成本核算对象。

(二) 成本计算期

在大量、大批的多步骤生产中,由于生产过程较长,可以间断,而且往往都是跨月陆续完工,因此,成本计算一般是按月、定期进行。即在分步法下,产品成本计算期与会计报告期一致,按月进行成本计算,而与生产周期不一致。

(三) 费用在完工产品与在产品之间的分配

由于大量、大批多步骤生产的产品往往跨月陆续完工,月末各步骤一般都存在未完工的在产品。因此,在计算成本时,还需要采用适当的分配方法,将汇集在各种产品、各生产步骤产品成本明细账中的生产费用,在完工产品与在产品之间进行分配,计算各该产品、各该生产步骤的完工产品成本和在产品成本。

(四) 各步骤之间成本的结转

由于产品生产是分步骤进行的,各步骤之间的半成品在生产过程中具有一定的联系。依据各个企业生产工艺过程的特点和成本管理对各步骤成本资料的要求(是否要求计算半成品成本)不同,以及为简化成本计算工作的考虑,生产步骤成本的计算和结转可采用逐步结转法和平行结转法两种不同的方法。因而,产品成本计算的分步法也就相应地分为逐步结转分步法和平行结转分步法。

二、逐步结转分步法

(一) 逐步结转分步法概述

逐步结转分步法是指按照产品的生产步骤逐步计算并结转半成品成本,最后算出产成品成本的一种分步法。这种方法也称为计算半成品成本的分步法。

1. 适用范围和特点

(1) 逐步结转分步法的适用范围。

逐步结转分步法适用于大量大批多步骤生产、成本管理要求计算各生产步骤半成品成本的企业,主要有以下几种情况:

① 半成品可以加工为不同产品,如铸件作为半成品可以为生产多种产品耗用,为了分别计算各种产品的成本就需要计算半成品的成本;

② 半成品不仅供本企业进一步加工,还经常作为商品对外销售,如钢铁企业的生铁、钢锭,纺织企业的棉纱等,为了计算外售半成品的盈亏和全面考核、分析产品成本计划的执行情况,需要计算这些半成品的成本;

③ 有的半成品虽然不一定对外销售,但要进行同行业成本的评比,因而也要计算半成品的成本,如化肥工业成本评比的重要指标之一就是其半成品合成氨成本;

④ 在实行厂内经济核算或责任会计的企业中,为了全面考核和分析各生产步骤等内部单位的生产耗费和资金占用水平,需要随半成品实物在各个生产步骤之间的转移,逐步计算并结转半成品成本。

(2) 逐步结转分步法的主要特点。

① 成本核算对象。

成本核算对象是各步骤的半成品和最后步骤的产成品。按照各步骤半成品和最后步骤产成品设置生产成本明细账,半成品成本的计算随着半成品实物的转移而在账面上同步转移。

② 产品成本计算期。

产品成本计算期是按月进行,与会计报告期一致。

③ 费用在完工产品与在产品之间分配。

月末各生产步骤一般需要将生产费用在完工产品与月末在产品之间进行分配。生产费用是指本步发生的费用加上上步转入的半成品成本;完工产品是本生产步骤已经完工的半成品(最后生产步骤的产成品);月末在产品是本生产步骤正在加工尚未完工的在制品,即狭义的在产品。

2. 计算程序

由于采用逐步结转分步法计算各步骤产品成本时,上一步骤所产半成品的成本,要随着半成品实物的转移,从上一个步骤的成本计算单转入下一步骤相同产品成本计算单中,因而其计算程序要受半成品实物流转程序制约。半成品实物的流转程序有两种,即不通过仓库收发及通过仓库收发。

(1) 不通过仓库收发的半成品流转程序,如图 4-3 所示。

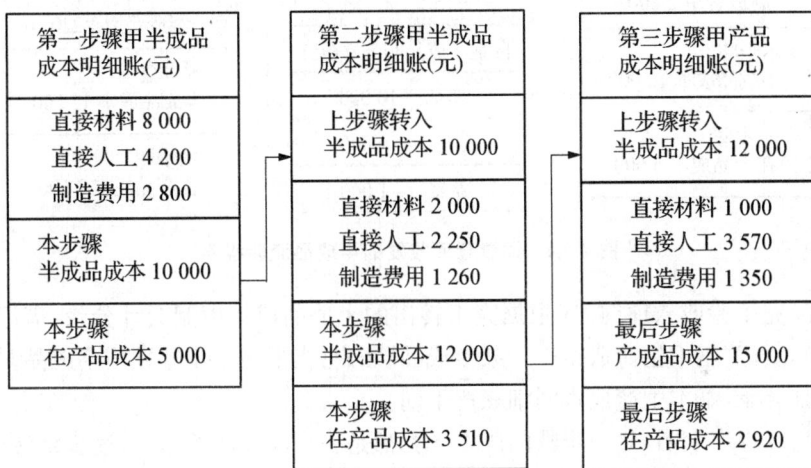

第一步骤甲半成品 成本明细账(元)	第二步骤甲半成品 成本明细账(元)	第三步骤甲产品 成本明细账(元)
直接材料 8 000 直接人工 4 200 制造费用 2 800	上步骤转入 半成品成本 10 000	上步骤转入 半成品成本 12 000
本步骤 半成品成本 10 000	直接材料 2 000 直接人工 2 250 制造费用 1 260	直接材料 1 000 直接人工 3 570 制造费用 1 350
本步骤 在产品成本 5 000	本步骤 半成品成本 12 000	最后步骤 产成品成本 15 000
	本步骤 在产品成本 3 510	最后步骤 在产品成本 2 920

图 4-3 不通过仓库收发的半成品流转程序

① 按产品品种和各生产步骤设置基本生产成本明细账,将各步骤的生产费用计入各步骤基本生产成本明细账中(直接计入费用直接计入,间接计入费用分配计入)。② 将第一步骤基本生产成本明细账中所归集的生产费用在完工产品和月末在产品之间进行分配,计算第一步骤半成品成本。③ 随半成品实物转移,将第一步骤完工的半成品成本转入第二步骤产品成本明细账,然后将第一生产步骤所产半成品成本加上第二生产步骤发生的各种费用,计算第二步骤半成品成本。④ 依次逐步累计结转,直到最后步骤计算出产成品成本。

半成品从上一个步骤结转到下一个步骤时应编制的会计分录:借记"基本生产成本——某半成品"账户,贷记"基本生产成本——某半成品",各步骤半成品名称不同。

(2) 通过仓库收发的半成品流转程序,如图 4-4 所示。

① 按产品品种和各生产步骤设置基本生产成本明细账,将各步骤的生产费用计入各步骤基本生产成本明细账中(直接计入费用直接计入,间接计入费用分配计入)。② 将第一步骤基本生产成本明细账中所归集的生产费用在完工产品和月末在产品之间进行分

配,计算第一步骤半成品成本。③ 随半成品实物验收入库,将第一步骤完工的半成品成本转入自制半成品明细账。④ 第二步骤领用半成品继续加工时,将自制半成品按个别计价法、先进先出法、加权移动平均法或全月一次加权平均法从自制半成品明细账中转出,然后将自制半成品成本加上第二生产步骤发生的各种费用,计算第二步骤半成品成本。⑤ 依次逐步累计结转,直到最后步骤计算出产成品成本。

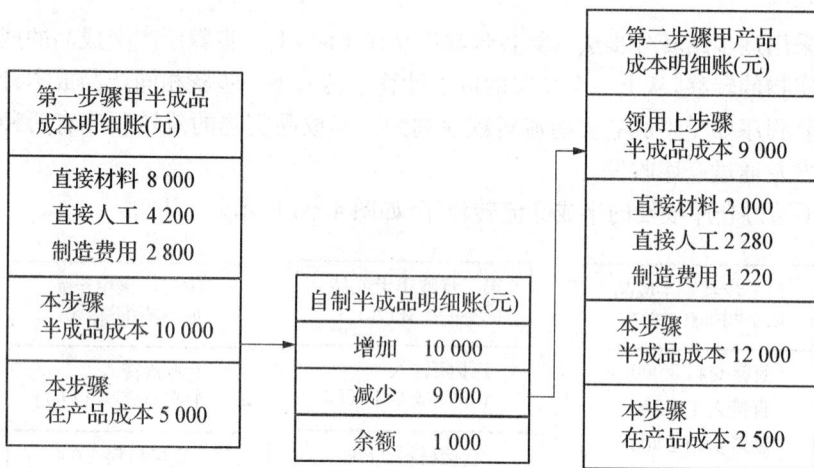

图 4-4 通过仓库收发的半成品流转程序

半成品完工验收入库时,应根据完工转出的半成品成本编制会计分录:借记"自制半成品"账户,贷记"基本生产成本——某半成品"账户;当下一个步骤领用半成品时,再编制相反的会计分录,基本生产成本明细账户不同。

上述计算程序表明,每一步骤的成本计算都是一个品种法的运用,逐步结转分步法实际上是品种法的多次连续应用。

(二)逐步结转分步法的种类

逐步结转分步法,按照半成品成本在下步骤成本明细账中的反映方法不同,又可分为综合结转和分项结转两种方法。

1. 综合结转法

综合结转法是将各生产步骤耗用上一步骤的半成品成本,以一个合计的金额综合记入各该步骤产品成本明细账中的"直接材料"或专设的"半成品"项目。半成品成本的综合结转可以按实际成本综合结转,也可以按照半成品的计划成本(定额成本)结转。

(1)半成品按实际成本综合结转。

采用这种方法结转时,各步骤所耗上一步骤的半成品费用,应根据所耗半成品的实际数量乘以半成品的实际单位成本计算。在通过仓库收发半成品的情况下,发出半成品的单位成本可采用先进先出法、全月一次加权平均法等存货计价方法计算。

【例 4-4】 光明工厂 2023 年 1 月开始生产 A 产品,生产分两个步骤,由第一、第二生产车间连续加工,一车间投入原材料加工成甲半成品,半成品通过半成品库收发;二车间领用甲半成品加工成 A 产成品,半成品从仓库发出时按全月一次加权平均单位成本计算。两个车间的完工产品与月末在产品之间的费用分配采用约当产量比例法,各步骤的在产品在本步骤的完工程度均为 50%,原材料或半成品均在生产开始时一次性投入。该企业要求计算每个车间的半成品成本和产成品成本,各步骤成本结转采用综合逐步结转分步法计算产品成本。

光明工厂 2023 年 2 月产品的有关实物量资料,如表 4 - 34 所示。

表 4 - 34 产量资料

2023 年 2 月 数量单位:件

项 目	一车间	二车间
月初在产品数量	400	300
本月投入产量(或领用产量)	1 800	1 700
本月完工产品数量	2 000	1 800
月末在产品数量	200	200

产品成本计算过程如下:

① 根据上月第一车间产品成本明细账所记录的月末在产品成本和本月的各种生产费用分配表登记第一车间甲半成品明细账中的月初在产品成本和本月生产费用有关数据,并计算完工产品成本,见表 4 - 35。

表 4 - 35 基本生产成本明细账

生产单位:第一车间

产品名称:甲半成品 单位:元

2023 年 月	日	摘 要	直接材料	直接人工	制造费用	合 计
2	1	月初在产品成本	48 000	10 200	15 000	73 200
	28	本月生产费用	227 000	78 000	96 300	401 300
	28	合计	275 000	88 200	111 300	474 500
	28	完工产品产量/件	2 000	2 000	2 000	
	28	在产品约当产量/件	200	100	100	
	28	合计	2 200	2 100	2 100	
	28	单位成本(费用分配率)/(元/件)	125	42	53	220
	28	完工甲半成品成本	−250 000	−84 000	−106 000	−440 000
	28	月末甲半成品在产品成本	25 000	4 200	5 300	34 500

第一车间成本明细账中的有关数据计算如下:

$$直接材料单位成本 = \frac{275\,000}{2\,000 + 200} = 125 \text{ 元/件}$$

$$直接人工单位成本 = \frac{88\,200}{2\,000 + 200 \times 50\%} = 42\,元/件$$

$$制造费用单位成本 = \frac{111\,300}{2\,000 + 200 \times 50\%} = 53\,元/件$$

根据第一车间的半成品交库单所列交库数量和甲半成品成本明细账中完工转出的半成品成本,编制会计分录如下:

借:自制半成品——甲半成品　　　　　　　　　　　　　　　　　　　　440 000
　　贷:基本生产成本——一车间——甲半成品　　　　　　　　　　　　　　440 000

② 根据计价后第一车间的半成品交库单和第二车间的领用单,登记自制半成品明细账,见表4-36。

表 4-36　自制半成品明细账

产品名称:甲半成品　　　　　　　　　　　　　　　　　　　　　　　　　金额单位:元

2023 年		摘　要	数量/件	实际成本	单位成本/(元/件)
月	日				
2	1	月初余额	200	46 200	
	28	本月增加	2 000	440 000	
	28	合计	2 200	486 200	221
	28	本月减少	1 700	375 700	
3	1	月初余额	500	110 500	

$$加权平均单位成本 = \frac{46\,200 + 440\,000}{200 + 2\,000} = 221\,元/件$$

本月减少甲半成品成本 = 1 700 × 221 = 375 700(元)

根据第二车间半成品领用单中所列领用数量和自制半成品明细账中单位成本计价,编制会计分录如下:

借:基本生产成本——二车间——A 产品　　　　　　　　　　　　　　　　375 700
　　贷:自制半成品——甲半成品　　　　　　　　　　　　　　　　　　　　375 700

③ 根据上月第二车间产品成本明细账所记录的月末在产品成本和本月的各种生产费用分配表、半成品领用单登记第二车间 A 产成品明细账中的有关数据,并计算完工产品成本,见表4-37。

表 4 - 37　基本生产成本明细账

生产单位:第二车间

产品名称:A 产成品

单位:元

2023年 月	2023年 日	摘 要	甲半成品	直接人工	制造费用	合 计
2	1	月初在产品成本	70 300	7 940	8 420	86 660
	28	本月生产费用	375 700	64 260	82 780	522 740
	28	合 计	446 000	72 200	91 200	609 400
	28	完工产品产量/件	1 800	1 800	1 800	
	28	在产品约当产量/件	200	100	100	
	28	合 计	2 000	1 900	1 900	
	28	单位成本(费用分配率)	223	38	48	309
	28	完工 A 产成品成本	401 400	68 400	86 400	556 200
	28	月末 A 在产品成本	44 600	3 800	4 800	53 200

第二车间成本明细账中的有关数据计算如下:

$$甲半成品单位成本 = \frac{446\,000}{1\,800 + 200} = 223\,元/件$$

$$直接人工单位成本 = \frac{72\,200}{1\,800 + 200 \times 50\%} = 38\,元/件$$

$$制造费用单位成本 = \frac{91\,200}{1\,800 + 200 \times 50\%} = 48\,元/件$$

根据第二车间的产成品交库单编制会计分录:

借:库存商品——A 产成品　　　　　　　　　　　　　　　　556 200

　贷:基本生产成本——二车间——A 产成品　　　　　　　　　　556 200

(2)半成品按计划成本综合结转。

采用这种方法结转时,半成品日常收发的明细核算均按计划单位成本计算;在半成品的实际成本计算出来以后,再计算出半成品成本差异率和差异额,调整领用半成品的计划成本,半成品收发的总分类核算按实际成本计价。

与按实际成本综合结转半成品成本方法相比较,按计划成本综合结转半成品成本具有以下优点:

第一,可以简化和加速成本计算工作。

由于各步骤耗用的半成品均按事先所确定的计划单位成本结转,各步骤的成本计算工作可同时进行,不必等待前一步骤的成本计算结束后再进行,加快了成本计算的速度。若月初库存半成品结存量超过本月耗用量,本月耗用半成品成本差异可以根据月初库存半成品的成本差异率计算调整。这时,更有利于提高成本计算工作的速度。另外,按计划成本结转半成品时,在半成品种类繁多、半成品成本差异计算及分配按类别进行时,还可省去按品种计算半成品实际成本的计算工作,简化了成本计算的手续。

第二,便于各步骤进行成本的考核和分析。

由于各步骤耗用半成品均按计划单位成本结转,可以避免上一步骤半成品成本的节约或超支的影响,有利于找出各步骤半成品成本及产成品成本升降的原因,也有利于开展企业内部的经济核算。

(3) 综合结转法的成本还原。

成本还原(Cost Recovery),是指从最后一个步骤开始,将产成品成本中所耗上一步骤半成品的综合成本进行分解还原,直到求得按直接材料、直接人工、制造费用等原始成本项目反映的产成品成本资料。

进行成本还原的原因是:在综合结转法下,由于各步骤所耗上一步骤成本以“半成品”或“原材料”项目综合反映,因而最后一个步骤产成品的成本不能反映原始的成本项目构成数额。即在产成品成本中,绝大部分是最后一个生产步骤所耗半成品的费用,而直接人工、制造费用只是产成品消耗最后一个生产步骤的费用。这显然不符合产成品成本项目构成实际,也不便于从整个企业角度分析和考核产品成本的构成及其水平。因此,在管理上要求从整个企业角度分析和考核产品成本的构成及其水平时,还应将综合结转计算出的产成品成本进行成本还原。

成本还原的方法有如下两种:

第一,还原率法。

成本还原可以通过计算还原分配率的方法进行。还原分配率是根据本月所耗上一步骤半成品的综合成本与本月所产该种半成品总成本的比例系数,即指每一元本月上一步骤所产半成品成本相当于产成品所耗上一步骤半成品费用多少元。

计算公式如下:

$$成本还原分配率 = \frac{本月产成品所耗上一步骤半成品费用合计}{本月上一步骤所产的半成品成本合计}$$

$$\begin{matrix} 还原为上一步骤 \\ 某项成本项目金额 \end{matrix} = \begin{matrix} 上一步骤生产的半成品 \\ 某个成本项目的成本 \end{matrix} \times 成本还原分配率$$

【例 4-5】 A 产品生产需要经过三个生产步骤,第一步骤生产出甲半成品,转移到第二个步骤继续加工,生产出乙半成品,第三个步骤对乙半成品继续加工后生产出 A 产成品。半成品结转时使用逐步综合结转法。

要求:根据基本生产明细账有关资料(见表 4-38 至表 4-40)将 A 产成品的成本还原为原始的成本项目。

表 4-38 基本生产成本明细账

产品:甲半成品

单位:元

2023 年		摘 要	成本项目			合 计
月	日		直接材料	直接人工	制造费用	
6	31	甲半成品完工情况	2 400	1 920	1 440	5 760

表 4-39 基本生产成本明细账

产品:乙半成品 单位:元

2023 年		摘 要	成本项目			合 计
月	日		甲半成品	直接人工	制造费用	
6	31	乙半成品完工情况	4 800	1 460.80	1 043.40	7 304.20

表 4-40 基本生产成本明细账

产品:A 产成品 单位:元

2023 年		摘 要	成本项目			合 计
月	日		乙半成品	直接人工	制造费用	
6	31	A 产成品完工情况	6 564.42	1 136.88	757.80	8 459.10

从最后一个步骤起进行还原,方法和步骤如下:

① 第一次还原。

$$还原分配率 = \frac{6\,564.42}{7\,304.20} = 0.898\,72$$

A 产成品所耗乙半成品费用中的甲半成品费用 $= 4\,800 \times 0.898\,72 = 4\,313.86$(元)

A 产成品所耗乙半成品费用中的直接人工费用 $= 1\,460.80 \times 0.898\,72 = 1\,312.85$(元)

A 产成品所耗乙半成品费用中的制造费用 $= 6\,564.42 - 4\,313.86 - 1\,312.85 = 937.71$(元)

② 第二次还原。

$$还原分配率 = \frac{4\,313.86}{5\,760} = 0.748\,934$$

乙半成品所耗甲半成品费用中的直接材料费用 $= 2\,400 \times 0.748\,934 = 1\,797.44$(元)

乙半成品所耗甲半成品费用中的直接人工费用 $= 1\,920 \times 0.748\,934 = 1\,437.95$(元)

乙半成品所耗甲半成品费用中的制造费用 $= 4\,313.86 - 1\,797.44 - 1\,437.95 = 1\,078.47$(元)

成本还原一般是通过成本还原计算表进行的,根据以上计算结果编制 A 产成品的成本还原计算表,见表 4-41。

表 4-41 产成品成本还原计算表

2023 年 6 月 单位:元

行次	项 目	产量	还原分配率	半成品	直接材料	直接人工	制造费用	合 计
1	还原前产成品成本	9		6 564.42		1 136.88	757.80	8 459.10
2	第二步骤半成品成本			4 800		1 460.80	1 043.40	7 304.20
3	第一次成本还原		0.898 72	4 313.86		1 312.85	937.71	6 564.42
4	第一步骤甲半成品成本				2 400	1 920	1 440	5 760
5	第二次成本还原		0.748 934	−4 313.86	1 797.44	1 437.95	1 078.47	4 313.86

行次	项 目	产量	还原分配率	半成品	直接材料	直接人工	制造费用	合 计
6	还原后产成品总成本				1 797.44	3 887.68	2 773.98	8 459.10
7	还原后产成品单位成本	9			199.72	431.96	308.22	939.90

第二,项目比重法。

根据项目比重法进行成本还原,主要依据各产品中的成本项目占总成本比重应保持不变这一原理进行成本还原。

计算公式如下:

$$直接材料项目比重=\frac{上一步骤所产半成品成本中直接材料成本}{上一步骤所产半成品的综合成本}$$

$$直接人工项目比重=\frac{上一步骤所产半成品成本中直接人工成本}{上一步骤所产半成品的综合成本}$$

$$制造费用项目比重=\frac{上一步骤所产半成品成本中制造费用成本}{上一步骤所产半成品的综合成本}$$

还原为上一步骤某项成本项目=产成品成本中所耗半成品综合成本×各项目比重

【例4-6】 以前例数据为依据,采用项目比重法进行成本还原。

第一次还原,计算乙半成品完工产品中各成本项目占总成本的比重。

$$甲半成品项目比重=\frac{4\ 800}{7\ 304.20}=0.657\ 156$$

$$直接人工项目比重=\frac{1\ 460.80}{7\ 304.20}=0.199\ 995$$

$$制造费用项目比重=\frac{1\ 043.40}{7\ 304.20}=0.142\ 85$$

A产成品所耗乙半成品费用中的甲半成品费用=6 564.42×0.657 156=4 313.85(元)
A产成品所耗乙半成品费用中的直接人工费用=6 564.42×0.199 995=1 312.85(元)
A产成品所耗乙半成品费用中的制造费用=6 564.42-4 313.85-1 312.85=937.72(元)

第二次还原,计算甲半成品完工产品中各成本项目占总成本的比重。

$$直接材料项目比重=\frac{2\ 400}{5\ 760}=0.416\ 67$$

$$直接人工项目比重=\frac{1\ 920}{5\ 760}=0.333\ 33$$

$$制造费用项目比重=\frac{1\ 440}{5\ 760}=0.25$$

乙半成品所耗甲半成品费用中直接材料费用=4 313.85×0.416 67=1 797.45(元)
乙半成品所耗甲半成品费用中的直接人工费用=4 313.85×0.333 33=1 437.94(元)
乙半成品所耗甲半成品费用中的制造费用=4 313.85-1 797.45-1 437.94=1 078.46(元)

A产成品的总成本:

直接材料费用＝1 797.45(元)

直接人工费用＝1 437.94＋1 312.85＋1 136.88＝3 887.67(元)

制造费用＝1 078.46＋937.72＋757.8＝2 773.98(元)

合计 8 459.1 元

项目比重法也同样通过成本还原计算表进行成本还原。

按照上述两种方法进行成本还原都没有考虑以前月份所产半成品成本结构的影响。在各月所产半成品的成本结构变化较大的情况下,采用上述方法进行成本还原,还原结果的准确性会有较大的影响。如果企业半成品的定额成本或计划成本准确,为了提高还原结果的准确性,可以按半成品的定额成本或计划成本的成本结构进行成本还原。

2. 分项结转法

分项结转法是将各生产步骤所耗上一步骤半成品费用,按照成本项目分项转入各该步骤产品成本明细账中相应的成本项目中。如果半成品通过仓库收发,在自制半成品明细账中登记半成品成本时,也要按照成本项目分别登记。

分项结转既可以按照半成品实际成本结转,也可以按其计划成本结转。在按计划成本结转时,要分成本项目调整成本差异,因而计算工作量较大。实际工作中,一般按实际成本分项结转。

分项结转法成本结转程序,如图4-5所示。

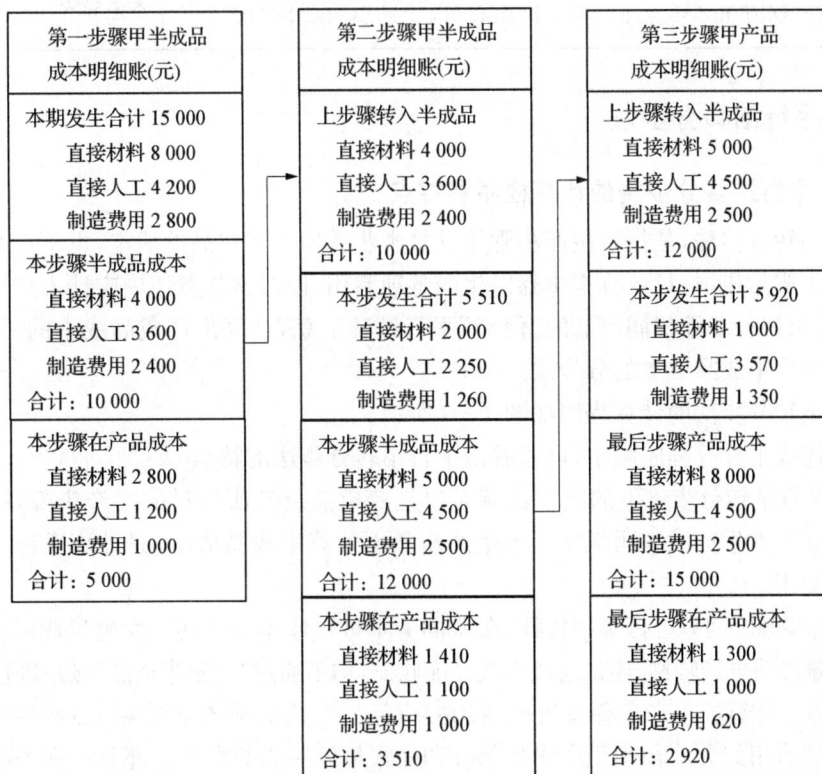

第一步骤甲半成品成本明细账(元)	第二步骤甲半成品成本明细账(元)	第三步骤甲产品成本明细账(元)
本期发生合计 15 000 直接材料 8 000 直接人工 4 200 制造费用 2 800	上步骤转入半成品 直接材料 4 000 直接人工 3 600 制造费用 2 400 合计：10 000	上步骤转入半成品 直接材料 5 000 直接人工 4 500 制造费用 2 500 合计：12 000
本步骤半成品成本 直接材料 4 000 直接人工 3 600 制造费用 2 400 合计：10 000	本步发生合计 5 510 直接材料 2 000 直接人工 2 250 制造费用 1 260	本步发生合计 5 920 直接材料 1 000 直接人工 3 570 制造费用 1 350
本步骤在产品成本 直接材料 2 800 直接人工 1 200 制造费用 1 000 合计：5 000	本步骤半成品成本 直接材料 5 000 直接人工 4 500 制造费用 2 500 合计：12 000	最后步骤产品成本 直接材料 8 000 直接人工 4 500 制造费用 2 500 合计：15 000
	本步骤在产品成本 直接材料 1 410 直接人工 1 100 制造费用 1 000 合计：3 510	最后步骤在产品成本 直接材料 1 300 直接人工 1 000 制造费用 620 合计：2 920

图4-5 分项结转法成本结转程序

从图4-5可以看出,采用分项结转法逐步结转半成品成本,可以直接、准确地提供按原始成本项目反映的产成品资料,便于从整个企业角度考核和分析产品成本计划的执行情况,不需要进行成本还原。但是,这种方法的成本结转工作比较复杂,而且在各步骤完工产品成本中看不出所耗上一步骤半成品的费用和本步骤加工费用的水平,不便于进行完工产品成本分析。因此,这种结转方法一般适用于管理上不要求分别提供各步骤完工产品所耗半成品费用和本步骤加工费用资料,但要求按原始成本项目反映产品成本的企业。

逐步结转分步法的优缺点见表4-42所示。

表4-42 逐步结转分步法的优缺点

优 点	缺 点
① 逐步结转分步法的成本核算对象是企业产成品及其各步骤的半成品,这就为分析和考核企业产品成本计划和各生产步骤半成品成本计划的执行情况,以及正确计算半成品销售成本提供了资料	这一方法的核算工作比较复杂,核算工作的及时性也较差。如果采用综合结转法,需要进行成本还原;如果采用分项结转法,结转的核算工作量大;如果半成品按计划成本结转,还要计算和调整半成品成本差异等
② 不论是综合结转还是分项结转,半成品成本都是随着半成品实物的转移而结转,各生产步骤产品成本明细账中的生产费用余额,反映了留存各个生产步骤的产品成本,因而还能为在产品的实物管理和生产资金管理提供资料	
③ 采用综合结转法结转半成品成本时,由于各生产步骤产品成本中包括所耗上一步骤半成品成本,从而能全面反映各步骤完工产品中所耗上一步骤半成品费用水平和本步骤加工费用水平,有利于各步骤的成本管理	

三、平行结转分步法

(一) 平行结转分步法的计算程序和特点

平行结转分步法,是指各生产步骤不计算本步骤所产半成品的成本,也不计算所耗上一步骤的半成品成本,只计算本步骤发生的各项费用,以及这些费用中应计入产成品成本的份额,然后将各步骤相同产品的"份额"平行结转汇总,计算出产成品成本的一种方法,也称为不计算半成品成本的分步法。

平行结转分步法的计算程序如图4-6所示。

从上述成本计算程序图中,可以看出平行结转分步法的特点。

(1) 平行结转分步法下的成本核算对象是产成品及其所经过的生产步骤,按成本核算对象设立基本生产成本明细账。各生产步骤不计算半成品成本,只计算登记本步骤发生的生产费用。

(2) 各步骤之间只进行实物转移,在账面上不进行成本的结转。无论半成品实物是在各生产步骤之间直接转移,还是通过半成品库收发,均不通过"自制半成品"账户进行核算。

(3) 为了计算各生产步骤发生的费用中应计入产成品成本的份额,必须将每一生产步骤发生的费用划分为耗用于产成品部分和尚未最后制成的在产品部分。在产品是指广义的在产品,包括本步骤正在加工的在产品;本步骤已经加工完成转入半成品库的半成品;已从半成品库转到以后各生产步骤进一步加工,但尚未最终完工的半成品。

(4) 将各步骤费用中应计入产成品的份额,平行结转、汇总计算该种产成品的总成本和单位成本。

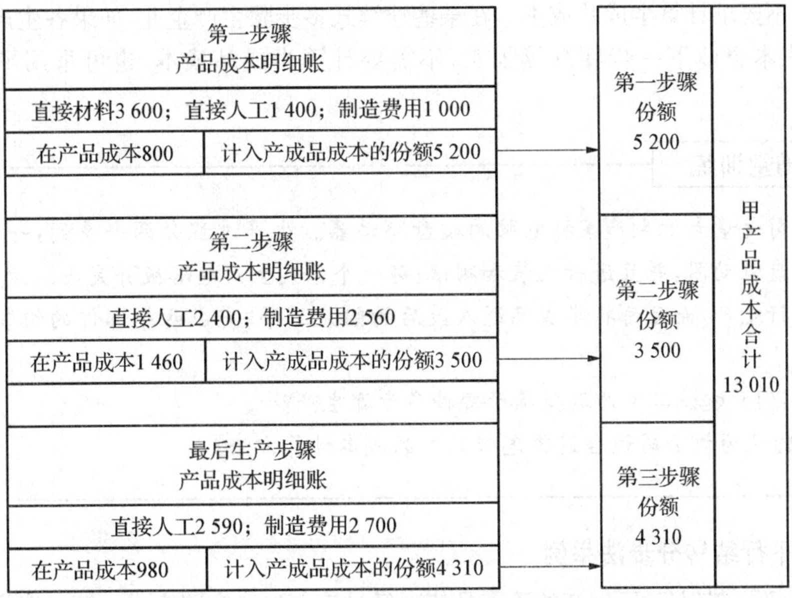

图4-6 平行结转分步法计算程序(单位:元)

平行结转分步法的关键在于合理计算各步骤应计入产成品成本中的费用"份额",即如何正确地将每一步骤的生产费用在完工产品和广义在产品之间进行分配,是正确计算产品成本的首要问题。为此,各企业应根据具体情况,选用在完工产品和在产品之间分配费用的某种方法进行这种费用的分配。在实际工作中,通常采用在产品按定额成本计价法、定额比例法或约当产量法。

约当产量法下的计算公式:

$$\text{某步骤某成本项目费用分配率} = \frac{\text{该成本项目月初结余} + \text{本月发生额}}{\text{产成品数量} + \text{本步骤广义在产品约当量}}$$

本步骤广义在产品约当量=本步骤期末在产品约当量+以后各步骤期末在产品数量

本步骤某成本项目费用应计入产成品的份额=产成品数量×费用分配率

本步骤月末广义在产品某成本项目费用结余=广义在产品约当量×费用分配率

定额比例法下的计算公式:

$$\text{材料费用分配率} = \frac{\text{月初材料费用结余} + \text{本月材料费用发生额}}{\text{产成品定额材料成本} + \text{广义在产品定额材料成本}}$$

材料费用应计入产成品份额=产成品定额材料成本×材料费用分配率

月末广义在产品材料费用结余=广义在产品定额材料成本×材料费用分配率

$$\text{其他费用分配率} = \frac{\text{月初其他费用结余} + \text{本月其他费用发生额}}{\text{产成品定额工时} + \text{广义在产品定额工时}}$$

$$其他费用应计入产成品份额＝产成品定额工时×其他费用分配率$$
$$月末广义在产品其他费用结余＝广义在产品定额工时×其他费用分配率$$

平行结转分步法适用于大量大批装配式多步骤生产企业,在成本管理上要求分步归集费用,但不要求计算半成品成本。在某些连续式多步骤生产企业,如果各生产步骤所产半成品仅供本企业下一步骤继续加工,不需要计算半成品成本,也可采用平行结转分步法。

随堂训练

某公司大量大批生产某种电脑的硬盘驱动器。生产过程分两个系列:一个系列负责生产磁盘驱动器,并且进行组装和测试;另一个系列生产电路板并完成测试。两个系列同时进行生产,而且都将半成品送入最后的组装工序,完成两个部件的组装,形成最终产品。

要求:(1)该公司生产类型属于哪种多步骤生产?

(2)你认为该公司适合选择怎样的产品成本计算方法?

(二)平行结转分步法举例

【例4-7】 南方工厂生产的乙产品依次经过三个生产车间完成。第一车间加工成A半成品,转给第二车间加工成B半成品,再转给第三车间加工成乙产品。原材料于生产开始时一次性投入,各生产车间在产品完工程度均为50％。使用平行结转分步法计算乙产品成本,月末费用分配采用约当产量法。

该企业2023年3月乙产品生产的有关资料见表4-43、表4-44所示。

表4-43 乙产品生产情况表

单位:件

项 目	一车间	二车间	三车间
期初在产品数量	8	14	26
本月投入或上车间转入数量	100	90	80
本月完工或转入下车间数量	90	80	80
期末在产品数量	18	24	26
在产品完工程度	50％	50％	50％

表4-44 各步骤生产费用表

单位:元

车 间	月初在产品				本月生产费用			
	直接材料	直接人工	制造费用	合 计	直接材料	直接人工	制造费用	合 计
第一车间	5 000	1 800	1 000	7 800	30 000	7 000	4 000	41 000

车　间	月初在产品				本月生产费用			
	直接材料	直接人工	制造费用	合　计	直接材料	直接人工	制造费用	合　计
第二车间		1 000	700	1 700		7 000	4 200	11 200
第三车间		500	600	1 100		4 000	2 800	6 800

（1）第一车间成本计算。

① 直接材料费用的计算。

月末广义在产品约当产量＝$18 \times 100\% + 24 + 26 = 68$（件）

约当总产量＝$80 + 68 = 148$（件）

直接材料分配率＝$\dfrac{5\,000 + 30\,000}{148} = 236.49$（元/件）

直接材料费用应计入完工产品成本的份额＝$80 \times 236.49 = 18\,919.20$（元）

期末广义在产品的直接材料费＝$5\,000 + 30\,000 - 18\,919.20 = 16\,080.80$（元）

② 直接人工费用的计算。

月末广义在产品约当产量＝$18 \times 50\% + 24 + 26 = 59$（件）

约当总产量＝$80 + 59 = 139$（件）

直接人工分配率＝$\dfrac{1\,800 + 7\,000}{139} = 63.31$（元/件）

直接人工费用应计入产成品成本的份额＝$80 \times 63.31 = 5\,064.80$（元）

期末广义在产品直接人工费用＝$1\,800 + 7\,000 - 5\,064.80 = 3\,735.20$（元）

③ 制造费用的计算。

制造费用分配率＝$\dfrac{1\,000 + 4\,000}{139} = 35.97$（元/件）

制造费用应计入产成品成本的份额＝$80 \times 35.97 = 2\,877.60$（元）

期末广义在产品成本制造费用＝$1\,000 + 4\,000 - 2\,877.60 = 2\,122.40$（元）

根据上述计算结果、各种生产费用分配表和产成品交库单，登记第一车间的 A 半成品基本生产成本明细账，如表 4-45 所示。

表 4-45　基本生产成本明细账

第一车间：A 半成品　　　　　　　　　　　　　　　　　　　　　　　　　　单位：元

2023 年		摘　要	直接材料	直接人工	制造费用	合　计
月	日					
3	1	期初在产品成本	5 000	1 800	1 000	7 800
	31	本月生产费用	30 000	7 000	4 000	41 000
	31	生产费用合计	35 000	8 800	5 000	48 800
	31	完工产品数量/件	80	80	80	

2023 年		摘　要	直接材料	直接人工	制造费用	合　计
月	日					
	31	广义在产品约当产量/件	68	59	59	
	31	费用分配率/(元/件)	236.49	63.31	35.97	
	31	转出计入产成品的份额	−18 919.2	−5 064.8	−2 877.6	−26 861.6
	31	期末在产品成本	16 080.8	3 735.2	2 122.4	21 938.4

(2) 第二车间成本计算。

月末广义在产品约当产量＝24×50％＋26＝38(件)

约当总产量＝80＋38＝118(件)

① 直接人工费用的计算。

$$直接人工分配率＝\frac{1\,000＋7\,000}{118}＝67.80(元/件)$$

直接人工费用应计入产成品成本的份额＝80×67.80＝5 424(元)

月末广义在产品直接人工费用＝1 000＋7 000−5 424＝2 576(元)

② 制造费用的计算。

$$制造费用分配率＝\frac{700＋4\,200}{118}＝41.53(元/件)$$

制造费用应计入完工产品成本的份额＝80×41.53＝3 322.40(元)

月末广义在产品制造费用＝700＋4 200−3 322.40＝1 577.60(元)

根据上述计算结果、各种生产费用分配表和产成品交库单，登记第二车间的 B 半成品基本生产成本明细账，见表 4-46。

表 4-46　基本生产成本明细账

第二车间:B 半成品

单位:元

2023 年		摘　要	直接材料	直接人工	制造费用	合　计
月	日					
3	1	期初在产品成本		1 000	700	1 700
	31	本月生产费用		7 000	4 200	11 200
	31	生产费用累计		8 000	4 900	12 900
	31	完工产品数量/件		80	80	
	31	广义在产品约当产量/件		38	38	
	31	费用分配率/(元/件)		67.8	41.53	
	31	转出计入产成品的份额		−5 424	−3 322.4	−8 746.4
	31	期末在产品成本		2 576	1 577.6	4 153.6

（3）第三车间成本计算。

月末广义在产品约当产量＝26×50％＝13(件)

约当总产量＝80＋13＝93(件)

① 直接人工费用的计算。

$$直接人工分配率＝\frac{500＋4\ 000}{93}＝48.39(元/件)$$

直接人工费用应计入产成品成本的份额＝80×48.39＝3 871.20(元)

月末广义在产品直接人工费用＝500＋4 000－3 871.20＝628.80(元)

② 制造费用的计算。

$$制造费用分配率＝\frac{600＋2\ 800}{93}＝36.56(元/件)$$

制造费用应计入完工产品成本的份额＝80×36.56＝2 924.80(元)

月末广义在产品制造费用＝600＋2 800－2 924.80＝475.20(元)

根据上述计算结果、各种生产费用分配表和产成品交库单,登记第三车间的产品基本生产成本明细账,见表4－47。

表 4－47　基本生产成本明细账

第三车间:乙产成品　　　　　　　　　　　　　　　　　　　　　　　　　　　　　单位:元

2023年		摘　要	直接材料	直接人工	制造费用	合　计
月	日					
3	1	期初在产品成本		500	600	1 100
	31	本月生产费用		4 000	2 800	6 800
	31	生产费用累计		4 500	3 400	7 900
	31	完工产品数量/件		80	80	
	31	广义在产品约当产量/件		13	13	
	31	费用分配率/(元/件)		48.39	36.56	
	31	转出计入产成品的份额		－3 871.2	－2 924.8	－6 796
	31	期末在产品成本		628.8	475.2	1 104

（4）平行汇总各车间应计入产成品成本的份额,见表4－48。

表 4－48　乙产品成本汇总计算表

2023 年 3 月　　　　　　　　　　　　　　　　　　　　　　　　　　　　　产量:80 件

项　目	直接材料	直接人工	制造费用	合　计
第一车间成本份额	18 919.2	5 064.8	2 877.6	16 861.6
第二车间成本份额		5 424	3 322.4	8 746.4
第三车间成本份额		3 871.2	2 924.8	6 796
总成本	18 919.2	14 360	9 124.8	42 404
单位成本	236.49	179.5	114.06	530.05

结转完工产品入库会计分录：

借：库存商品——乙产品　　　　　　　　　　　　　　　　　42 404

　　贷：基本生产成本——第一车间（A半成品）　　　　　　26 861.60

　　　　　　　　——第二车间（B半成品）　　　　　　　8 746.40

　　　　　　　　——第三车间（乙产品）　　　　　　　　6 796

平行结转分步法的优缺点（和逐步结转分步法比较）见表4-49。

表4-49　平行结转分步法的优缺点

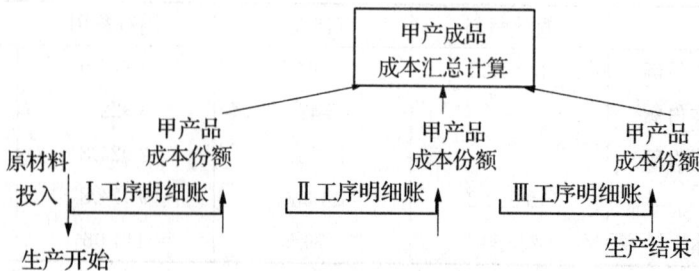

优 点	缺 点
① 各生产步骤可以同时计算应计入产成品成本的份额，简化和加速了成本计算工作	① 不能提供各生产步骤的生产费用水平（第一步骤除外），不利于各步骤的成本管理
② 能够直接提供原始成本项目反映的产品成本资料，不必进行成本还原	② 半成品费用没有随实物转移而结转，不利于各生产步骤加强实物管理和资金管理

小　结

逐步结转分步法与平行结转分步法的区别。

（1）成本管理的要求不同。

逐步结转分步法：半成品可以加工成多种产品，或自制半成品外售，或需要进行半成品控制或同行业进行半成品评比，计算半成品成本；

平行结转分步法：半成品种类较多，且不对外销售，不计算半成品的成本。

（2）产成品成本的计算方式不同。

逐步结转分步法：

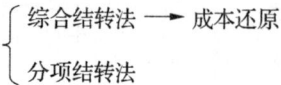

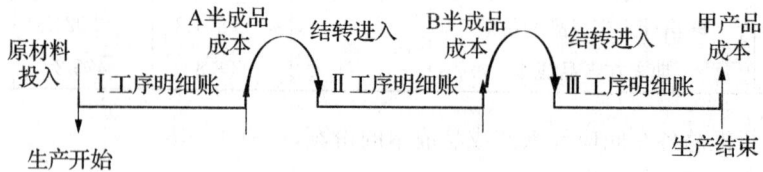

　　　综合结转法 —— 成本还原
　　　
　　　分项结转法

(3) 在产品的含义不同。

逐步结转分步法：只指本步骤正在加工的在产品(即狭义的在产品)。

平行结转分步法：包括本步骤正在加工的在产品、本步骤已完工转入半成品仓库的半成品、从半成品仓库转入以后步骤进一步加工尚未最终完工的半成品。

课程思政

分步法中的各步骤成本计算需要各部门之间紧密合作，强调团队协作的重要性。通过介绍分步法的计算过程，让学生体验到团队协作在成本计算中的关键作用，培养学生的协作意识和团队精神。

第四节 分类法

引导案例

某灯泡厂的产品有 15 W、20 W、30 W、40 W、60 W、100 W 的日光灯，6 W、9 W、15W、20 W、25 W 的节能灯，15 W、25 W、40 W、60 W、100 W、200 W 的白炽灯。会计小王和小李认为，该厂可以采用分类法与品种法相结合的方法进行成本核算。首先，将所有产品看作一类产品——灯泡，设置生产成本明细账，将各项生产费用分别按成本项目记入明细账中；其次，以原材料定额消耗量、工时定额为分配标准计算灯泡的完工成本；最后，按采用一定的分配标准在日光灯、节能灯、白炽灯中不同瓦数产品间进行费用分配，分别计算出各种灯泡的完工成本。

一、分类法的特点及适用范围

(一) 分类法的含义

分类法是以产品类别为成本核算对象，归集生产费用，先计算出各类完工产品总成本，然后按一定分配标准计算类内每一种产品成本的方法。

某些企业生产的产品种类、规格繁多，如果按照产品的品种、规格归集生产成本，计算各种产品的成本，计算工作量十分繁重。为减轻成本核算工作量，简化成本计算工作，对于可按一定标准分类的生产企业，可采用分类法计算产品成本。因此，分类法是一种简化的成本计算方法，主要适用于(如电子元件厂、针织厂、食品厂等)产品品种或规格较多的企业，还可以用于联产品、副产品和等级品的成本计算。

(二) 分类法的特点

1. 以产品的类别为成本核算对象

采用分类法计算产品成本时，首先应将产品划分为不同的类别，按产品类别开设生产成本明细账归集该类产品的生产费用,计算每一类产品的成本,然后再采用合理的分配标准,在每类产品的各种产品之间分配费用,最后计算出类内各种产品的成本。

分类法是一种辅助的成本计算方法,不是一种独立的成本计算方法,必须与成本计算的各种基本方法结合使用,也就是说分类法下某类产品的总成本是采用成本计算的基本方法计算出来的。分类法与品种法关系密切,可以被认为是品种法的扩展。采用分类法计算产品成本,实际上是将各类产品作为不同品种的产品,按品种计算各类产品的总成本。

产品类别的合理划分将直接影响成本计算结果的准确性。因此,要求产品类别的划分要恰当,类距要合理。所谓分类恰当是指分类依据要恰当,通常情况下,应将产品的结构、生产工艺技术和所耗原材料基本相同或相近的产品归为一类。如果不具有分类条件,即使产品品种、规格很多,也不宜分类计算产品成本。而且,类内产品之间的类距也不能相差太大,类距定得过大,分类过粗会导致类内产品过多,影响成本计算的正确性;类距定得过小,分类过细会导致类内产品过少,则加大成本计算工作量,失去分类的意义。

2. 类内产品成本按照一定的分配标准分配确定

采用分类法计算出各类产品成本后,还应选择合理的分配标准在类内各种产品(规格、型号)之间进行分配,从而计算出各(规格、型号)完工产品成本。类内产品费用分配标准有定额消耗量、定额费用、售价,以及产品的重量、体积和长度等。选择分配标准,应尽量选择与产品成本的高低关系较大的分配标准。各成本项目可采用同一分配标准,也可采用不同的分配标准,以使分配结果更合理。例如,直接材料可以按材料消耗量比例分配,直接人工费用和制造费用按工时比例分配。

(三) 分类法的适用范围

分类法与企业的生产类型没有直接联系,不受企业生产类型的制约。分类法适用于企业所生产产品的品种或规格繁多并且可以对企业的产品进行适当分类的企业。具体包括以下类型:

(1) 用同样原材料,经过同样工艺过程生产出来的不同规格的产品,如制鞋厂生产不同尺寸的鞋。

(2) 用同一种原材料进行加工而同时制造出的几种主要产品,即联产品,如石油冶炼行业投入原油,加工出润滑油、机油、汽油、柴油、沥青等。

(3) 生产主要产品的生产过程中,附带生产的非主要产品即副产品,如食用油厂在油脂精炼后的副产品油脚、皂脚等。将主副产品归为一类作为成本核算对象,然后将副产品成本按有关方法确定后从总成本中扣除,余额即为主产品成本。

(4) 生产的一些零星产品,如协作单位生产少量的零部件,或自制少量的材料和工具等。零星产品虽然所用原材料和工艺过程不一定完全相近,但品种规格多,且数量少,费用比重小,可以将其归为一类,采用分类法计算产品成本。

二、分类法的成本计算程序

(1) 根据产品所用原材料和工艺技术过程的不同,将产品划分为若干类,按照产品类别开设成本明细账,按类归集产品的生产费用,计算各类产品的成本。

(2)选择合理的分配标准,将每类产品的成本,在类内的各种产品之间进行分配,计算每类产品类内各种产品的成本。

【例4-8】 企业生产 A1、A2、B1、B2、C1、C2 六种产品,按生产工艺可分为 A、B、C 三类。其中 A 类产品包括 A1、A2;B 类产品包括 B1、B2;C 类产品包括 C1、C2。分类法成本计算的一般程序如图 4-7 所示。

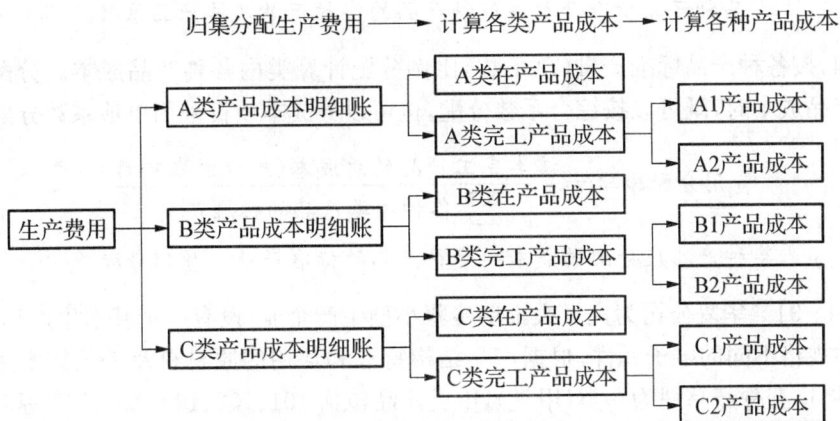

图 4-7 分类法成本计算程序

三、类内产品成本的分配方法

类内产品成本的计算,在一般情况下是采用系数法、按定额成本计价法或按定额比例法计算。下面主要介绍系数分配法和定额比例法。

(一) 系数分配法

采用分类法时,将类内产品的分配标准折合为系数,按系数分配计算类内各种产品成本的方法叫系数分配法。

具体步骤如下:

第一,在同类产品中选择一种产量大、生产稳定或规格折中的产品作为标准产品,把这种产品的分配标准系数确定为 1。

第二,计算其他各种产品的系数。其他各种产品的分配标准与标准产品的分配标准相比,其比率即为其他各种产品的系数。系数有综合系数和单项系数两种。计算公式如下。

综合系数:

$$单位成本系数 = \frac{某种产品的分配标准(定额成本等)}{标准产品的分配标准(定额成本等)}$$

单项系数:

$$直接材料成本系数 = \frac{某种产品直接材料分配标准(定额成本等)}{标准产品直接材料分配标准(定额成本等)}$$

$$直接人工成本系数 = \frac{某种产品直接人工分配标准（定额成本等）}{标准产品直接人工分配标准（定额成本等）}$$

$$制造费用成本系数 = \frac{某种产品制造费用分配标准（定额成本等）}{标准产品制造费用分配标准（定额成本等）}$$

第三，计算各种产品标准产量。把各种产品的实际产量乘以系数，换算成标准产品产量，或称为总系数。

$$某种产品标准产量 = 该种产品的实际产量 \times 该产品系数$$

第四，按各种产品标准产量（总系数）比例分配计算类内各种产品成本。分配计算类内各种产品成本时，既可以按综合系数分配，也可以分成本项目采用单项系数分配。

$$费用分配率率 = \frac{该类完工产品的总成本（或分成本项目）}{\sum 各种该类产品的标准产量}$$

$$某种产品应分配的成本 = 某种产品的标准产量 \times 费用分配率$$

【例4-9】 华夏公司为大量大批单步骤小型生产企业，设有一个基本生产车间，大量生产5种规格不同的电子元件，根据产品结构特点和耗用的原材料及工艺技术过程的不同，可以将这五种产品划为一类（甲类），甲类产品包括101、102、103、104、105等五种不同规格的产品。根据该厂产品生产特点和成本管理要求，可先采用品种法的基本原理计算出甲类产品本月完工产品的实际总成本，然后，采用系数分配法将本类产品的总成本分配于类内各种规格的产品。2023年3月生产的甲类产品的成本已经按照品种法的基本原理进行归集和分配，甲类产品的产品成本明细账见表4-50。甲类产品中各种产品的消耗定额见表4-51。

表4-50 产品成本明细账

产品:甲类　　　　　　　　　　　2023年3月　　　　　　　　　　单位:元

项　目	直接材料	直接人工	制造费用	合　计
月初在产品成本	24 000	4 800	3 600	32 400
本月生产费用	120 000	36 000	26 400	182 400
生产费用合计	144 000	40 800	30 000	214 800
本月完工产品总成本	120 000	38 250	28 050	186 300
月末在产品成本	24 000	2 550	1 950	28 500

表4-51 甲类产品的材料和工时消耗定额

单位:元

产品名称	材料消耗定额	工时消耗定额
101产品	3.60	0.84
102产品	3.30	0.72
103产品	3.00	0.60

产品名称	材料消耗定额	工时消耗定额
104 产品	2.40	0.54
105 产品	2.10	0.48

要求:计算甲类产品中各种产品的成本。

解:(1) 选定标准产品。

甲类产品中,103 号产品生产比较稳定、产量较大、规格比较适中,故选择 103 号产品为标准产品。

(2) 确定各种产品系数。

甲类产品中,直接材料费用按材料消耗定额比例进行分配,直接人工和制造费用按工时消耗定额确定系数,类内产品系数的计算见表 4 - 52。

表 4 - 52　甲类产品系数计算表

产品名称	材料消耗定额	系　数	工时消耗定额	系　数
101 产品	3.60	1.2	0.84	1.4
102 产品	3.30	1.1	0.72	1.2
103 产品	3.00	1.0	0.60	1.0
104 产品	2.40	0.8	0.54	0.9
105 产品	2.10	0.7	0.48	0.8

(3) 计算各种产品本月总系数。

生产成本在类内各种产品之间分配,分配标准是总系数(标准产量),根据表 4 - 52 所列各种产品的系数和本月各种产品产量资料,编制"甲类产品总系数计算表",见表 4 - 53。

表 4 - 53　甲类产品总系数计算表

产品名称	产品产量	材　料		工　时	
		系数	总系数	系数	总系数
101 产品	500	1.2	600	1.4	700
102 产品	400	1.1	440	1.2	480
103 产品	2 140	1.0	2 140	1.0	2 140
104 产品	500	0.8	400	0.9	450
105 产品	600	0.7	420	0.8	480
合　计			4 000		4 250

(4) 计算各种产品的总成本和单位成本。

① 根据表 4 - 50 所列甲类产品本月完工产品总成本,以及表 4 - 53 所列各种产品总系数,计算出各成本项目的费用分配率。

直接材料费用分配率＝120 000÷4 000＝30

直接人工费用分配率＝38 250÷4 250＝9

制造费用分配率＝28 050÷4 250＝6.6

② 根据各种产品的总系数和费用分配率,编制"产品成本计算表"(见表4－54),计算各种产品的总成本和单位成本。

表4－54　产品成本计算表

产品:甲类产品　　　　　　　　　　　　2023年3月　　　　　　　　　　　　金额单位:元

产品名称	产品产量	材料总系数	直接材料分配金额	工时总系数	直接人工分配金额	制造费用分配金额	产品总成本	单位成本
分配率			30		9	6.6		
101产品	500	600	18 000	700	6 300	4 620	28 920	57.84
102产品	400	440	13 200	480	4 320	3 168	20 688	51.72
103产品	2 140	2 140	64 200	2 140	19 260	14 124	97 584	45.60
104产品	500	400	12 000	450	4 050	2 970	19 020	38.04
105产品	600	420	12 600	480	4 320	3 168	20 088	33.48
合　计		4 000	120 000	4 250	38 250	28 050	186 300	

(5) 根据上述产品成本计算资料,编制结转本月完工入库产品成本的会计分录。

借:库存商品——101产品　　　　　　　　　　　　　　　　　28 920

　　　　　——102产品　　　　　　　　　　　　　　　　　20 688

　　　　　——103产品　　　　　　　　　　　　　　　　　97 584

　　　　　——104产品　　　　　　　　　　　　　　　　　19 020

　　　　　——105产品　　　　　　　　　　　　　　　　　20 088

　　贷:基本生产成本——甲类产品　　　　　　　　　　　　　　　186 300

(二) 定额比例法

定额比例法是在计算出类内产品的总成本后,按类内各种产品的定额比例进行分配,从而计算出类内每种产品成本的一种方法。这种方法一般适用于定额比较健全、稳定的企业。具体计算时,材料费用可采用材料的定额耗用量的比例进行分配,加工费用可采用定额工时的比例进行分配。

运用定额比例法划分类内完工产品和在产品成本,以及各种产成品成本的计算程序如下:

(1) 按成本项目计算出各类产品的本月定额成本或定额耗用量总数。

(2) 按成本项目求得各类产品本月实际总成本,并以上述定额成本或定额耗用量为分配标准,计算出各项费用分配率。

(3) 将某类产品中各种产品按成本项目计算的定额成本或定额耗用量乘以相对应的分配率,即可求得各种产品的实际成本。

课程思政

　　通过分类法的学习,学生可以培养分类及管理的科学思维方式。把生活中的支出事项进行分类,分别进行记录,有利于按类别分析支出的合理性,比如分析服装类的支出、食品类的支出的占比,如果占比过高且不合理,可以控制该类支出,从而培养合理的消费习惯。

<h1 style="text-align:center">第五节　定额法</h1>

　　产品成本计算的定额法(也称定额成本法),就是为了及时反映和监督生产费用脱离定额的差异,加强成本控制而采用的一种成本计算方法。

一、定额法的含义

　　产品成本计算的定额法,是以产品定额成本为基础,加减脱离现行定额差异(如脱离定额的差异、材料成本差异)及定额变动差异来计算产品实际生产成本的一种方法。采用定额法计算产品成本,可以及时地反映和监督产品成本脱离定额成本的状况,为加强定额管理提供了相关信息。采用定额法时,产品实际成本与定额成本的关系可用下列公式表示:

　　产品实际成本＝产品定额成本±脱离定额成本差异±材料成本差异±定额变动差异

　　定额成本是根据企业现行材料消耗定额、工时定额、费用定额及其他有关资料计算的一种目标成本。产品定额成本的制定过程也是对产品成本事前控制的过程。定额成本是计算实际产品成本的基础,也是企业对生产费用进行事中和事后分析的依据。

　　脱离定额差异是指产品生产过程中各项实际费用脱离现行定额的差异。脱离定额差异反映了企业各项生产费用支出的合理程度以及现行定额的执行情况。企业应及时地对定额差异进行核算,以便控制生产费用的发生,降低产品成本。

　　材料成本差异也是产品生产费用脱离定额的一部分。采用定额法计算产品成本的企业,原材料日常核算是按计划成本进行的,所以,原材料项目的脱离定额差异,仅指消耗数量的差异(量差),其金额为原材料消耗数量差异与其计划单位成本的乘积,不包括材料成本差异(价差)。因此,企业应当单独计算产品成本应负担的材料成本差异,其金额为按计划单位成本和材料实际消耗量计算的材料总成本与材料成本差异率的乘积。

　　定额变动差异是指由于修订定额而产生的新旧定额之间的差异,反映的是定额自身变动的结果,与生产费用支出的节约与超支无关。新定额的执行一般从月初开始,这样,当月投入的生产费用在计算其脱离定额差异时一般按新标准执行,但月初在产品一般是按旧定额计算的,所以,月初在产品的生产费用和本月发生的生产费用就产生了定额标准不一致的现象,为了调整月初在产品定额成本,必须先计算月初在产品的定额变动差异。定额变动差异主要是指月初在产品账面定额成本与按新定额计算定额成本之间的差异。

二、定额法的特点

（一）事前制定产品的定额成本

定额法与产品成本计算的品种法、分批法、分步法和分类法不同，它是以产品的定额成本为基础来计算产品实际成本的一种方法。采用定额法计算产品成本，企业必须事前制定好产品的各项消耗定额和费用定额，并以此为依据制定产品的定额成本，作为降低成本、节约费用支出的目标。

（二）分别核算符合定额的费用和脱离定额的差异

在生产费用发生当时，将符合定额的费用和发生的差异分别核算，以加强对成本差异的日常核算、分析和控制。

（三）月末以定额成本为基础，加减各种成本差异求得实际成本

在定额成本法下，本月完工产品的实际成本是以本月完工产品的定额成本为基础，加上或减去本月完工产品应负担的脱离定额差异、材料成本差异、定额变动差异等成本差异求得的。

三、定额法的适用范围

定额法不是产品成本计算的基本方法，它是为了加强成本控制与管理而采用的一种成本计算与管理相结合的方法。采用此种方法计算产品成本，能及时揭示差异，有助于促使企业控制和节约费用。该方法主要适用于企业定额管理制度比较健全、定额管理基础工作比较好、产品生产已经定型、各项消耗定额比较准确、稳定的企业，与企业生产类型没有直接联系。

四、定额法的成本计算程序

在定额法下，计算产品实际成本的程序如下。

（一）按成本核算对象设置产品成本明细账

在该成本明细账中，月初在产品成本、本月生产费用、生产费用合计、完工产品成本和在产品成本各栏中，应分别设置"定额成本""定额差异"和"定额变动差异"等栏目，一般样式如表 4 - 55 所示。

（二）计算完工产品和在产品的定额成本

完工产品的定额成本根据完工产品的数量和单位定额成本计算。月末在产品定额成本可以根据各工序各种在产品盘存数量或账面结存数量和费用定额计算，也可以根据定额成本累计数减去完工产品的定额成本，即倒轧的方法计算，两种方法的计算结果相同。

产品的定额成本包括直接材料定额成本、直接人工定额成本、制造费用定额成本，其计算公式分别如下：

$$产品直接材料定额成本＝直接材料定额消耗量×直接材料计划单价$$
$$产品直接人工定额成本＝产品定额工时×计划小时工资率$$

$$产品制造费用定额成本＝产品定额工时×计划小时费用率$$
$$产品的定额成本＝直接材料定额成本＋人工定额成本＋制造费用定额成本$$

(三) 计算本月生产费用中的定额成本和脱离定额差异

在本月发生的费用中,应区别定额成本和定额差异两部分,分别编制定额凭证和差异凭证,在有关费用分配表和和明细账中进行登记。对于定额成本,应列入本月费用的"定额成本"项目下,对于定额差异,应列入"定额差异"项目中。脱离定额差异按照成本项目分别计算,包括直接材料脱离定额差异的计算、直接人工脱离定额差异的计算、制造费用脱离定额差异的计算。由于废品损失一般不列入产品的定额成本中,因而发生的废品损失通常作为脱离定额差异来处理。

直接材料脱离定额差异的核算方法一般有限额领料单法、切割法和盘存法三种。

在计时工资制下,直接人工脱离定额的差异不能在平时分产品(成本明细账)计算,只有在月末确定本月实际直接人工费用总额和产品生产总工时后才能计算。如果直接人工费用是间接计入费用,其定额差异可按下列公式计算:

$$计划小时人工率＝计划产量的定额直接人工费用÷某车间计划产量的定额生产工时总数$$
$$实际小时人工率＝实际直接人工费用总额÷某车间实际生产总工时总数$$
$$某产品定额直接人工费用＝该产品实际完成的定额生产工时×计划小时人工率$$
$$某产品实际直接人工费用＝该产品实际生产工时×实际小时人工率$$
$$某产品直接人工脱离定额的差异＝该产品实际直接人工费用－该产品定额直接人工费用$$

制造费用大多为间接费用,不能在费用发生时直接按产品确定其定额差异。只能在月末实际费用总额计算出来后才能与定额费用对比,确定差异定额。计算公式如下:

$$计划小时制造费用率＝计划制造费用总额÷某车间计划产量的定额生产工时总数$$
$$实际小时制造费用率＝实际制造费用总额÷某车间实际生产工时总数$$
$$某产品定额制造费用＝该产品定额生产工时×计划小时制造费用分配率$$
$$某产品实际制造费用＝该产品实际工时×实际小时制造费用分配率$$
$$某产品制造费用定额差异＝某产品实际制造费用－某产品定额制造费用$$

可见,人工费用定额差异和制造费用定额差异都是由工时差异和小时分配率差异两个因素影响的,因此,要使这两项费用定额的差异不断降低,不仅要控制实际费用总额,还要降低工时的消耗。

(四) 计算材料成本差异

在定额法下,材料一般按计划成本核算,月末应该根据本月材料差异率计算材料成本差异。其计算公式如下:

$$某产品应分配的直接材料成本差异＝\left(\begin{matrix}该产品的直接\\材料定额费用\end{matrix}\pm\begin{matrix}直接材料脱离\\定额差异\end{matrix}\right)×\begin{matrix}材料成本\\差异率\end{matrix}$$

为简化核算,各种产品应分配的材料成本差异,一般由各该产品的完工产品成本负担,月末在产品不负担材料成本差异。在实际工作中,材料成本差异的计算和分配是通过编制"耗用材料汇总表""材料成本差异分配表"进行的。

（五）计算定额变动差异

如果本月定额发生变动，应该计算月初在产品的定额变动差异。月初在产品定额变动差异，可以根据消耗定额发生变动的在产品盘存数量或在产品账面结存数量和修订后的定额消耗量，计算出月初在产品新的定额消耗量和新的定额成本，再与修订前月初在产品定额成本比较计算得出。在构成产品的零部件种类较多的情况下，采用这种方法按照零部件和工序进行计算，工作量就会很大。为简化计算工作，也可以按照单位费用的折现系数进行计算。即将按新旧定额所计算出的单位产品费用进行对比，求出系数，然后根据系数进行计算。计算公式如下：

$$系数＝按新定额计算的单位产品费用÷按旧定额计算的单位产品费用$$
$$月初在产品定额变动差异＝按旧定额计算的月初在产品费用×（1－系数）$$

（六）分配脱离定额差异和定额变动差异

如果脱离定额差异和定额变动差异不大，为了简化成本核算工作，可以将脱离定额差异和定额变动差异全部计入完工产品，由完工产品成本负担。在产品不负担定额差异和定额变动差异。如果定额差异和定额变动差异较大，需要计算脱离定额差异分配率，将脱离定额差异在完工产品和月末在产品之间按照定额成本比例进行分配，计算出完工产品和月末在产品应负担的差异额。

（七）计算完工产品的实际成本

将完工产品的定额成本、材料成本差异、定额差异和定额变动差异相加，就是完工产品的实际成本。

表 4-55　产品成本明细账

产品：甲产品　　产量：　　件　　　　2023 年 4 月　　　　　　　单位：元

项　目	行　次	直接材料	直接人工	制造费用	合　计
一、月初在产品成本					
定额成本	1				
脱离定额差异	2				
二、月初在产品定额调整					
定额成本调整	3				
定额变动差异	4				
三、本月发生生产费用					
定额成本	5				
脱离定额差异	6				
材料成本差异	7				
四、生产费用合计					

续　表

项　目	行　次	直接材料	直接人工	制造费用	合　计
定额成本	8				
脱离定额差异	9				
材料成本差异	10				
定额变动差异	11				
差异分配率	12				
五、完工产品成本					
定额成本	13				
脱离定额差异	14				
材料成本差异	15				
定额变动差异	16				
实际成本总成本	17				
实际单位成本	18				
六、月末在产品					
定额成本	19				
脱离定额差异	20				

五、定额法的优缺点

定额法是将产品成本的计划工作、核算工作和分析工作有机结合起来,将事前、事中、事后反映和监督融为一体的一种产品成本计算的方法和成本管理制度。

定额法的主要优点是:① 通过对生产耗费及其脱离定额差异的日常核算,能够及时反映和监督各项耗费发生脱离定额的差异,从而有利于加强成本控制,及时有效地促进生产耗费的节约,降低产品成本。② 由于产品实际成本是按照定额成本和各种差异分别核算的,因而,便于对各项生产耗费和产品成本进行定期分析,有利于进一步挖掘降低产品成本的潜力。③ 对脱离定额差异和定额变动差异的核算,有利于提高成本的定额管理和计划管理水平。④ 由于存在现成的定额成本资料,因而能够较为合理、简便地解决完工产品和月末在产品之间的分配费用问题。

定额法的主要缺点是:计算产品成本的工作量较大。这是因为采用定额法必须制定定额成本,单独核算脱离定额差异;在定额变动时还必须修订定额成本,计算定额变动差异。

> **课程思政**
>
> 定额管理的核心观点在于节约成本。节约成本即创造价值,但也不能过度节约材料、人工的使用,要在保证产品的质量和功能的前提下节约成本。学生应树立节约成本光荣,浪费资源、偷工减料可耻的思想。

实务训练题

1. 某企业小批生产多种产品,同期投产的产品批数较多,采用简化的分批法计算成本。2023 年 6 月有关资料见下表。

基本生产成本二级账(各批全部产品总成本)

单位:元

摘 要	直接材料	生产工时	直接人工	制造费用	合 计
月初在产品	54 680	13 600	8 960	6 520	70 160
本月发生	456 300	260 000	188 200	94 400	810 700
累计					
全部产品累计间接计入费用 分配率					
本月完工产品转出	550 000				
月末在产品	440 000				

本月有关各批产品中完工产品的工时资料如下:

201 批产品的总工时为 99 000 小时,该批产品全部完工;202 批产品的总工时为 231 000 小时,完工产品的工时为 85 000 小时;203 批产品的总工时为 46 000 小时,完工产品的工时为 26 000 小时;204 批产品的总工时为 20 000 小时,产品均未完工。

要求:根据上述资料,计算全部产品累计间接计入费用分配率,计算完工产品和在产品的总成本。

2. 某企业生产组织属于小批生产,产品批数多,而且月末有许多批号未完工,采用简化分批法计算产品成本,原材料在生产开始时一次性投入,2023 年 9 月份各批产品成本明细账中有关资料如下:

602 批号:8 月份投产 10 件,9 月全部完成,累计直接材料费用 29 080 元,累计耗用工时 1 724 小时;

603 批号:8 月份投产 10 件,9 月全部未完工,累计直接材料费用 24 500 元,累计耗用工时 2 150 小时;

604 批号:9 月份投产 5 件,全部未完成,累计直接材料费用 16 430 元,累计耗用工时 830 小时。

9 月末基本生产成本二级账归集的累计费用为:直接材料费用 68 540 元,工时 4 704 小时,直接人工费用 18 213 元,制造费用 28 683 元。

要求:(1) 计算累计间接计入费用分配率;

(2) 计算 602 批号完工产品的成本;

(3) 编制 602 批号完工产品入库的会计分录。

3. 某厂生产的甲产品顺序经过第一、第二个基本生产车间加工,第一车间完工产品为

A 半成品,完工后全部交第二车间继续加工;第二车间完工产品为甲产成品。甲产品原材料在第一车间生产开始时一次性投入,各车间的工资和费用发生比较均衡,月末在产品完工程度均为 50%。2023 年 6 月有关成本计算资料见下表。

生产数量资料

产品:甲产品　　　　　　　　　　2023 年 6 月　　　　　　　　　　单位:件

项　目	第一车间	第二车间
月初在产品	50	100
本月投入或上一步骤转入	550	500
本月完工转入下一步骤或交库	500	500
月末在产品	100	100

生产费用资料　　　　　　　　　　　　　　　　　　　　　单位:元

项　目	第一车间	第二车间
月初在产品成本	36 250	130 000
其中:直接材料	25 000	95 000
直接人工	6 250	20 000
制造费用	5 000	15 000
本月本步骤发生生产费用	511 250	350 000
其中:直接材料	275 000	
直接人工	131 250	200 000
制造费用	105 000	150 000

要求:根据资料采用逐步结转分步法(综合结转方式)计算甲产品成本(月末在产品成本按约当产量法计算)。

4. 某企业采用简化的分批法计算甲产品各批产品成本。2023 年 3 月份各批产品成本明细账中有关资料如下:

1023 批号:1 月份投产 22 件,本月全部完工,累计原材料费用 73 250 元,累计耗用工时 8 750 小时。

2001 批号:2 月份投产 30 件,本月完工 20 件,累计原材料费用 134 890 元,累计耗用工时 12 152 小时。原材料在生产开始时一次性投入,月末在产品完工程度为 80%,采用约当产量比例法分配所耗工时。

3015 批号:本月投产 5 件,全部完工,累计原材料费用 19 442 元,累计耗用工时 2 028 小时。基本生产成本二级账归集的累计间接计入费用为:直接人工 3 684 元,制造费用 52 678元。

要求:(1) 根据以上资料,计算累计间接计入费用分配率;

(2) 计算 2 011 批号完工产品成本。

5. 乙产品生产分为两个步骤,分别由两个车间进行,2023 年 6 月生产的有关资料见下表。

产品成本明细账

第一车间　　　　　　　　　　　　2023 年 6 月　　　　　　　　　　　　单位:元
乙半成品

项　目	直接材料	直接人工	制造费用	合　计
月初在产品成本	4 000	1 200	2 800	8 000
本月生产费用	10 000	1 800	6 200	18 000
生产费用合计	14 000	3 000	9 000	26 000
完工产品成本	8 000	2 000	5 000	15 000
月末在产品成本	6 000	1 000	4 000	11 000

产品成本明细账

第二车间　　　　　　　　　　　　2023 年 6 月　　　　　　　　　　　　单位:元
乙产成品

项　目	直接材料	直接人工	制造费用	合　计
月初在产品成本	3 000	1 500	500	5 000
本月生产费用	15 000	8 000	3 000	26 000
生产费用合计	18 000	9 500	3 500	31 000
完工产品成本	13 500	7 900	2 900	24 300
月末在产品成本	4 500	1 600	600	6 700

要求:根据以上资料进行成本还原。

6. 某企业甲产品生产分为两个步骤,分别由两个车间进行,第一车间生产半成品,交半成品库验收;第二车间按所需数量从半成品库领用。假定第一、第二车间产品 2023 年 6 月成本明细账有关资料如下。

产品成本明细账

第一车间　　　　　　　　　　　　2023 年 6 月　　　　　　　　　　　　单位:元
甲半成品

项　目	直接材料	直接人工	制造费用	合　计
月初在产品成本	3 500	700	800	5 000
本月生产费用	5 900	1 700	1 400	9 000
完工产品成本	6 300	1 900	1 500	9 700
月末在产品成本	3 100	500	700	4 300

产品成本明细账

第二车间　　　　　　　　　　　　2023 年 6 月　　　　　　　　　　　　单位:元

甲产成品

项　目	直接材料	直接人工	制造费用	合　计
月初在产品成本	3 150	900	1 200	5 250
本月生产费用	7 275	2 100	2 200	11 575
完工产品成本	8 730	2 600	2 800	14 130
月末在产品成本	1 695	400	600	2 695

要求:根据以上资料,进行成本还原。

7. 某企业生产的甲产品顺序经过第一个、第二个基本生产车间加工,原材料在第一车间生产开始时一次性投入,各车间工资和费用发生比较均衡,月末本车间在产品完工程度均为 50%,2023 年 6 月有关成本计算资料见下表。

甲产品生产数量资料

产品:甲产品　　　　　　　　　　　2023 年 6 月　　　　　　　　　　　　单位:件

项　目	第一车间	第二车间
月初在产品	50	100
月末投入或上一步骤转入	550	500
本月完工转入下一步骤或交库	500	500
月末在产品	100	100

甲产品生产费用资料

产品:甲产品　　　　　　　　　　　2023 年 6 月　　　　　　　　　　　　单位:元

项　目	第一车间	第二车间
月初在产品成本	32 125	17 500
其中:直接材料	17 500	
直接人工	8 125	10 000
制造费用	6 500	7 500
本月本步骤发生生产费用	51 125	35 000
其中:直接材料	27 500	
直接人工	13 125	20 000
制造费用	10 500	15 000

要求:根据资料采用平行结转分步法计算甲产品总成本。

8. 某企业生产的甲产品的生产顺序经过第一个、第二个、第三个生产车间加工,原材料在第一车间生产开始时一次性投入,各车间费用发生比较均衡,月末本车间在产品完工程度均为 50%,2023 年 6 月产品生产有关资料见下表。

产量资料

单位:件

车　间	月初在产品	本月投产量	本月完工量	月末在产品
第一车间	5	55	50	10
第二车间	10	50	50	10
第三车间	20	50	55	15

费用资料

单位:元

项　目	直接材料	直接人工	制造费用	合　计
第一车间				
月初在产品成本	17 500	8 125	6 500	32 125
本月发生费用	27 500	13 125	10 500	51 125

要求:采用平行结转分步法计算第一车间计入产成品的份额,并进行相应的会计处理。

9. 某企业大量生产甲、乙、丙三种产品。这三种产品的结构、所用原材料和工艺过程相近,因而归为一类(A 类),采用分类法计算成本。类内各种产品之间分配费用的标准为:直接材料费用按各种产品的直接材料费用系数分配,直接材料费用系数按直接材料费用定额确定(以乙产品为标准产品);其他费用按定额工时比例分配。

甲、乙、丙三种产品的直接材料费用定额和工时消耗定额如下:

直接材料费用定额:甲产品 270 元;乙产品 300 元;丙产品 450 元。

工时消耗定额:甲产品 10 小时;乙产品 12 小时;丙产品 15 小时。

本月各种产品的产量:甲产品 1 000 件;乙产品 1 200 件;丙产品 500 件。

本月 A 类产品成本明细账见下表(其中的月初、月末在产品成本按年初固定数计算)。

基本生产成本明细账

产品名称:A 类　　　　　　　　2023 年 2 月　　　　　　　　单位:元

项　目	直接材料	直接人工	制造费用	成本合计
月初在产品成本	40 000	3 000	5 000	48 000
本月费用	900 600	111 650	175 450	1 187 700
生产费用合计	940 600	114 650	180 450	1 235 700
产品成本	900 600	111 650	175 450	1 187 700
月末在产品成本	40 000	3 000	5 000	48 000

要求:(1) 编制直接材料费用系数计算表。

(2) 采用分类法分配计算甲、乙、丙三种产品的成本,编制产品成本计算表。

第五章 作业成本法

学习目标 >>>>>

- 理解作业成本核算的相关概念。
- 掌握作业成本计算制度的基本原理。
- 掌握作业成本核算的程序。
- 熟悉作业成本核算制度下如何正确计算产品成本。
- 熟悉作业成本计算制度的优缺点和适用范围。
- 熟悉作业成本流程价值分析。

引导案例

山西焦煤集团公司为"打造具有全球竞争力的世界一流炼焦煤和焦化企业",进一步强化成本管控,增强核心竞争力,制定了《山西焦煤原煤成本管控专项工作方案》,提出以精益化管理为抓手,通过全面预算管理和成本管控模型构建,加强生产过程管控,消除无效管理环节,实现资源优化配置。汾西矿业作为山西焦煤集团公司开展精益化管理的试点单位之一,按照新焦煤"三个三年三步走"的发展战略规划,以作业成本法为手段,全面梳理、细化原煤生产各环节作业流程和内容,划分作业中心—梳理作业内容—追溯历史成本—成本定额编制,科学制定了作业成本动因定额体系,建立了完善的成本管控模型,有效降低了生产成本。请问:作业成本法与采用传统的成本核算方法相比有什么不同?

第一节 作业成本法概述

知识结构图

```
                            ┌──作业成本法含义──── 作业消耗资源、产出消耗作业
                            │
作业成本法概述 ──────────────┤                        ┌── 资源
                            │                        │
                            │                        ├── 作业
                            └──作业成本法相关概念 ────┤
                                                     ├── 成本动因
                                                     │
                                                     └── 作业中心和成本库
```

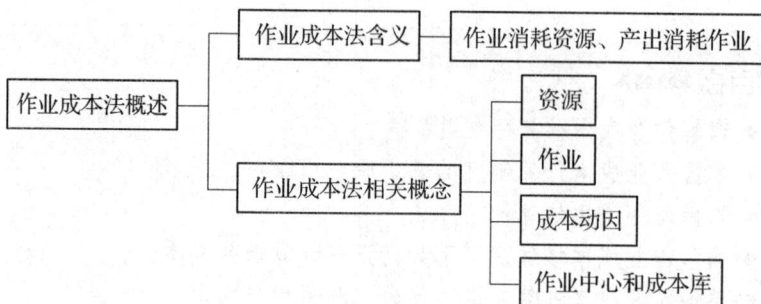

一、作业成本法含义

作业成本法以"作业消耗资源、产出消耗作业"为原则,按照资源动因将资源费用追溯或分配至各项作业,计算出作业成本;然后再根据作业动因,将作业成本追溯或分配至各成本核算对象,最终完成成本计算的过程,见图 5-1。

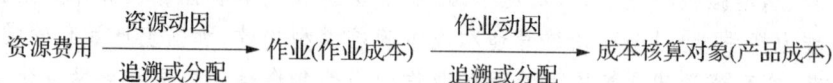

$$资源费用 \xrightarrow[追溯或分配]{资源动因} 作业(作业成本) \xrightarrow[追溯或分配]{作业动因} 成本核算对象(产品成本)$$

图 5-1 作业成本简易程序

作业成本法不仅提高了成本计算结果的精确性,还引导经营者高度关注成本动因。同时克服了传统成本法中间接费用责任不清的问题,使原来更多不可控的间接费用,都能找到相关责任人,并施加必要的成本控制。

例如,"产品质量检验作业"需要消耗电力资源,可以选择"消耗的电力度数"作为资源动因,将电力成本(资源库价值)分配给产品质量检验作业(作业中心)。假设"产品质量检验作业"消耗 800 度电(资源动因数量),每度电的成本是 0.6 元(资源动因分配率),则可以确定"产品质量检验作业"中所含的"电力成本"为 480 元,见图 5-2。

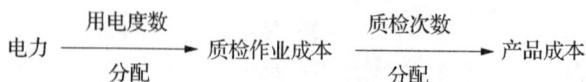

$$电力 \xrightarrow[分配]{用电度数} 质检作业成本 \xrightarrow[分配]{质检次数} 产品成本$$

图 5-2 产品质检作业核算简易程序

二、作业成本法的相关概念

与作业成本法相关的概念包括资源，作业，成本动因，作业中心、成本库及制造中心。

(一) 资源

资源是指在作业进行中被运用或使用的经济要素。所有进入企业作业系统的人力、财力、物力等都属于资源范畴，它是企业生产耗费的最原始形态。制造业的典型资源包括材料费、动力费、职工薪酬、折旧费、办公费、修理费、运输费等。

按照资源与不同层次作业的关系，可以分为五类，见表 5 - 1。

表 5 - 1　资源的分类(按与不同层次作业关系)

类　型	相关说明
产量级资源	包括为单个产品(或服务)所取得的原材料、零部件、人工、能源等
批别级资源	包括用于生产准备、机器调试的人工等
品种级资源	包括为生产某一种产品(或服务)所需要的专用化设备、软件或人力等
顾客级资源	包括为服务特定客户所需要的专门化设备、软件和人力等
设施级资源	包括土地使用权、房屋及建筑物，以及所保持的不受产量、批别、产品、服务和客户变化影响的人力资源等

(二) 作业

作业是成本分配的第一对象。资源耗费是成本被汇集到各作业的原因，而作业是汇集资源耗费、分配计算成本的对象。因此，作业是指企业基于特定目的重复执行的任务或活动，是连接资源和成本核算对象的桥梁。一项作业既可以是一项非常具体的任务或活动，也可以泛指一类任务或活动。

1. 作业的特征

作业是投入产出因果联动的实体；作业贯穿于企业经营的整个过程，包括企业内部和连接企业外部的各种作业；作业可量化。

2. 作业的分类

第一，按消耗对象不同，作业可分为主要作业和次要作业。主要作业是被产品、服务或客户等最终成本对象消耗的作业；次要作业是被原材料、主要作业等介于中间地位的成本核算对象消耗的作业。

第二，按照作业对企业价值创造的作用不同，作业可分为增值作业和非增值作业两大类，后者因与价值增值无关而应尽力避免或消除。增值作业是指能给顾客带来附加价值而给企业带来利润的作业，如服装企业衣服制作过程中，经过的裁剪、缝纫、熨烫等作业。非增值作业是不能给顾客带来增加价值的作业，如等待作业，在产品的堆积和运作作业，次品处理作业等。

第三,按受益对象、层次和重要性不同,可以分为以下五类:

(1)产量级作业。产量级作业指明确地为个别产品(或服务)实施的、使单个产品(或服务)受益的作业。该类作业的数量与产品(或服务)的数量呈正比例变动,包括产品加工、检验等。

(2)批别级作业。批别级作业指为一组(或一批)产品(或服务)实施的、使该组(或批)产品(或服务)受益的作业。该类作业的发生是由生产的批量数而不是单个产品(或服务)引起的,其数量与产品(或服务)的批量数成正比例变动,包括每批产品的检查、机器准备、原材料处置、批量采购、设备调试等。这种作业的成本与产品的批别数成比例变动。

(3)品种级作业。品种级作业指为生产和销售某种产品(或服务)实施的、使该种产品(或服务)的每个单位都受益的作业。该类作业用于产品(或服务)的生产或销售,但独立于实际产量或批量,其数量与品种的多少呈正比例变动,包括新产品设计、现有产品质量与功能改进、生产流程监控、工艺变换需要的流程设计、产品广告等。这种作业的成本与产品产量及批数无关,但与产品品种数成比例变动。

(4)客户级作业。客户级作业指为服务特定客户所实施的作业。该类作业保证企业将产品(或服务)销售给个别客户,但作业本身与产品(或服务)数量独立,包括向个别客户提供的技术支持活动、咨询活动、独特包装等。

(5)设施级作业。设施级作业指为提供生产产品(或服务)的基本能力而实施的作业。该类作业是开展业务的基本条件,使其所有产品(或服务)都受益,但与产量或销量无关,包括管理作业、针对企业整体的广告活动等。

(三)成本动因

成本动因(Cost Driver)是成本变化的原因(或称成本驱动因素)。成本动因通常选择作业活动耗用资源的计量标准来计量,如质量检查次数、占用面积、用电度数等。

成本动因分为资源动因和作业动因两类。

1. 资源动因

它是对一项作业所消耗资源数量的计量。它是将各项资源费用归集到不同作业的依据,最终汇总为特定成本库的成本。资源动因反映了作业与资源耗费之间的关系。(如检验作业的检验设备额定功率和设备开工小时、公用事业的仪表数;薪酬相关作业的员工人数;机器调整作业的调整次数;材料整理作业的材料移动次数;机器运转作业的机器小时等)

2. 作业动因

它是计量某一成本核算对象(产品、服务或顾客)耗用了多少作业量,并将不同作业中归集的成本分配到成本核算对象的依据。作业动因选择得是否合理直接关系到资源费用能否准确地分配到最终的成本核算对象。典型的作业动因有采购订单份数、验收单份数、检验报告数或小时数、直接人工小时、机器小时等。例如,每批产品完工后都要进行质量检验,如果对任何产品的每一批次进行质量检验所发生的成本相同,则检验"次数"就是检验作业的成本动因,它是引起产品检验作业成本增加的驱动因素。某一会计期间所发生的检验作业总成本(包含检验人工成本、设备折旧、能源成本等)除以检验的次数,即为每次检验所发生的成本。某种产品应承担的检验作业成本等于该产品的批次乘以每次检验所发生的成本。产品完成的批次越多,则需要检验的次数越多,应承担的检验作业成本越多;反之,则应承担的检验作业成本越少。

作业动因主要包括交易动因、持续时间动因以及强度动因。

(1)交易动因。交易动因是用执行频率或次数计量的成本动因。比如接受或发出订单数、处理收据数等。适用于每次执行所需要的资源数量相同或接近情况。

(2)持续时间动因。持续时间动因是用执行时间计量的成本动因。比如产品安装时间、检查小时等。适用于每次执行所需要的时间存在显著的不同的情况。

(3)强度动因。强度动因是不易按照频率、次数或执行时间进行分配而需要直接衡量每次执行所需资源的成本动因。比如,特别复杂产品的安装、质量检验等。适用于作业的执行比较特殊或复杂的情况。

课程思政

采用追本溯源的方法,可以让我们准确找到成本动因,分配到具体的成本核算对象。对大学生而言,追本溯源有助于深化理解、培养批判性思维和创新能力,提高解决问题的能力,塑造积极的学习态度以及增强职业适应性。这种学习方式不仅有助于学生在学业上取得成功,还将在其职业生涯中发挥重要作用。

(四) 作业中心、成本库及制造中心

作业中心是指具有同质作业动因的作业集合。划分作业中心的目的,一方面是出于重要性和成本效益原则以控制成本核算的力度;另一方面是为了整合相似职能以实现资源共享、形成专业能力。例如,材料采购、检验、入库和仓储都可以归于材料处理作业中心。传统制造企业的采购、生产和销售三大环节,从作业成本角度都可以称为作业中心。一级作业中心可以细分若干个二级作业中心,甚至可以再细分若干个三级作业中心。比如,生产自行车企业,可以将生产作业中心划分毛坯车间、烤漆车间、装配车间,而装配车间又可以细分结构安装、包装等。成本库则归集了一个作业中心所耗用的全部资源,它是由若干个同质作业动因组成一个特定的集合体。成本库所汇集的成本按其具有代表性的作业动因分配到各有关产品成本核算对象之中。

制造中心是指能够独立完成一种产品或一个系族多种产品生产的中心,由一系列作业中心集合而成。一般一个大型制造企业可以划分为若干个制造中心,划分制造中心的依据是各制造中心只生产一种产品或一个系族的多种产品。例如,自行车厂可以按照产品类别,划分为普通自行车、电动自行车两个制造中心;制笔厂按照产品类别,划分为铅笔、钢笔、圆珠笔等制造中心。

在作业成本法下,资源耗费的价值通过作业、作业中心、制造中心归集到产品上,最终形成产品成本。

【例5-1】 大鹏公司是一家电器制造企业,生产甲、乙两种产品。B部门是大鹏公司

的一个生产车间,主要从事原材料接收、成型加工、质量检验三项工作。经分析,分别选择人工小时、机器小时和检验次数作为三项作业的成本动因,如表5-2所示。

表5-2　作业动因的选择

作业项目	作业动因
材料接收	人工小时
成型加工	机器小时
质量检验	检验次数

知识拓展

关于作业成本法的早期研究与实践

作业成本法的研究可追溯到20世纪40年代初,当时提出的概念是"作业会计"(Activity Accounting)。而最早从理论和实践上探讨作业会计的是美国会计学家埃里克·科勒(EricKohler)教授。1941年,时任田纳西河谷管理局主计长的科勒教授在《会计评论》杂志发表论文,首次对作业、作业账户设置等问题进行了讨论,并提出"每项作业都设置一个账户",并指出"作业就是一个组织单位对一项工程、一个大型建设项目、一项规划以及一项重要经营的各个具体活动所做出的贡献"。第二位研究作业会计的是乔治·斯托布斯(George. J. Staubus)教授。他坚持认为研究作业会计首先应明确"作业""成本"和"会计目标——决策有用性"三个概念。1971年,乔治·斯托布斯教授在具有重大影响的《作业成本计算和投入产出会计》一书中,对"作业""成本""作业成本计算"等概念做了全面阐述。20世纪60年代初期,美国通用电气公司(GE)为寻求更好的成本信息,以便更有效地管理间接成本,开始将公司营运的过程进行考察,划分为作业,并对作业成本进行分析,这是作业基础成本制度实践的最早起源。

第二节　作业成本法计算的一般程序

一、两步制的分配程序

作业成本法的基础是"成本驱动因素"理论:生产导致作业的发生,作业消耗资源并导致成本的发生,产品则消耗作业。因此,作业成本的实质是资源耗费和产品耗费都是借助作业来实现,最终形成各种产品成本的计算对象。

因此,作业成本法计算的基本程序分为两大阶段(见图5-3):一是根据资源动因把资源分配给作业形成作业成本;二是根据作业动因把作业成本分配给最终成本核算对象。

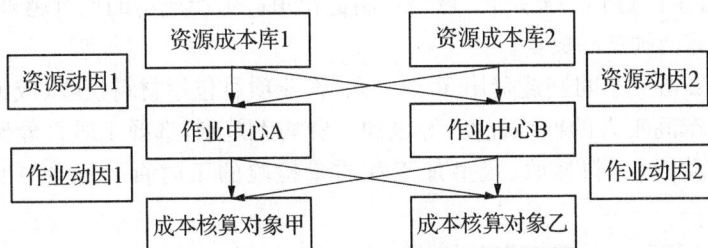

图 5-3 两步制的分配程序

二、作业成本法的核算

作业成本法核算的具体步骤如下:

(1) 按工作内容区分不同类型的作业。如材料整理准备、机器设备调整准备、机器设备维修保养、产品质量检验等。

(2) 分析成本与作业间的关系以确定各项作业的作业动因。作业动因是引起某类作业成本发生的活动或因素。例如,材料整理数量是材料整理准备作业的作业动因、机器调整工时就是机器调整准备作业的作业动因、产品检验次数(时间)就是产品质量检验作业的作业动因。

(3) 设置成本库并归集资源耗费到作业中心。由于作业划分可粗可细,因此,应选出相对独立的、对产品形成影响较大的主要作业,并确定与作业主要成本消耗较大的成本动因。作业确认后,一般不轻易变动。在对资源库的资源耗费分配的具体做法:① 按照资源动因把资源的消耗一项一项地分配到作业;② 把具有相同作业动因的作业合并形成作业中心,再将作业中心中各项作业的资源耗费合并加总在一起。

(4) 基于作业成本动因确定各作业成本库的成本分配率并分配成本。具体做法:① 把各作业成本库中的作业成本除以作业动因的单位数,计算出以作业动因为单位的成本分配率,即作业率;如"订单处理"这项作业库的成本为 20 000 元,作为成本动因的订单处理份数"为 200 份,则"订单处理"作业的成本动因分配率为 100 元/份=(20 000÷200)。② 根据成本核算对象耗用的作业量和作业成本分配率,将作业成本分配到产品或服务。例如,企业 A 产品本月所进行的订单处理份数为 30 份,"订单处理"的作业动因分配率为 100 元/份,则 A 产品本月应负担的"订单处理"成本为 3 000 元=(30×100)。

课程思政

　　每一个作业环节都是企业运营的重要组成部分,需要跨部门的协作和沟通,关系到企业经营的最终成果。每个学生作为未来的职场人,都应当具备高度的责任感和使命感;培养集体主义精神;从新的角度思考作业动因,提出创新性的解决方案;为企业的发展贡献自己的力量。

【例 5-2】 隆旭公司为一家制造企业,主要生产 A、B 两种产品,产量分别为 100 件

和 50 件。随着生产过程的复杂化,该公司制造费用占生产成本的比重越来越大,拟采用作业成本法计算两种产品成本。

（1）隆旭公司一车间制造费用 50 000 元,作业项目包括材料接收、成型加工和质量检验。假设一车间工人的熟练程度、等级和工资均无差别,选择工时百分比作为分配资源耗费的资源动因,材料接收、成型加工和质量检验的工时百分比分别为 30%、50% 和 20%。

（2）A 产品和 B 产品的作业成本资料见表 5-3。

表 5-3　A 产品和 B 产品的作业成本资料

作业项目	作业动因	作业量		
		A 产品	B 产品	合计
材料接收	人工小时	400	200	600
成型加工	机器小时	600	400	1 000
质量检验	检验次数	200	300	500
合　计	—	—	—	—

要求:使用作业成本法计算 A、B 两种产品成本。

解:（1）根据资料（1）,按照资源动因分配,计算三个作业项目的作业成本。

材料接收的作业成本＝50 000×30%＝15 000（元）

成型加工的作业成本＝50 000×50%＝25 000（元）

质量检验的作业成本＝50 000×20%＝10 000（元）

（2）根据资料（2）,说明划分作业中心的目的以及成本动因的选择应该考虑的因素。

作业中心划分目的:一是出于重要性和成本效益原则以控制成本核算力度;二是整合相似职能以实现资源共享、形成专业能力。

成本动因选择应该考虑的因素:多样化、相关性、计量成本。

（3）根据资料（1）和（2）,分别计算 A、B 两种产品应该分摊的单位作业成本。

A 产品的作业成本

＝400×（15 000/600）＋600×（25 000/1 000）＋200×（10 000/500）＝29 000（元）

A 产品单位作业成本＝29 000/100＝290（元）

B 产品的作业成本

＝200×（15 000/600）＋400×（25 000/1 000）＋300×（10 000/500）＝21 000（元）

B 产品单位作业成本＝21 000/50＝420（元）

【例 5-3】　大华企业生产甲、乙两种产品,企业过去以直接人工工时作为制造费用分配标准,现拟采用作业成本法进行成本核算,已知当月成本资料和作业情况如表 5-4 和 5-5 所示。

表 5-4 产品成本资料

项 目	甲产品	乙产品
产量/件	500	400
直接材料/元	18 000	14 000
直接人工/元	11 000	8 000
直接人工工时/(小时/件)	4.6	2.5
制造费用/元	66 000	

表 5-5 作业中心及成本动因情况表

作业中心	成本动因	消耗动因量		制造费用/元
		甲产品	乙产品	
材料整理	材料处理批数	10	30	24 000
质量检验	检验次数	10	15	10 000
机器调试	调试次数	80	120	20 000
使用机械	机器小时数	20	80	12 000
合 计				66 000

要求:分别用传统成本核算方法和作业成本法计算两种产品的成本。

1. 采用传统成本计算方法

(1) 传统成本计算方法下,大华企业以人工工时作为制造费用分配依据。制造费用分配结果如表 5-6 所示。

表 5-6 制造费用分配表

项 目	甲产品	乙产品
产量/件	500	400
直接人工工时/(小时/件)	4.6	2.5
机器工时/小时	2 300	1 000
分配率/(元/小时)	66 000/3 300=20	
制造费用/元	46 000	20 000

(2) 采用传成本计算方法计算的产品成本资料如表 5-7 所示。

表 5-7 产品成本计算表

项 目	甲产品	乙产品	合 计
直接材料/元	18 000	14 000	32 000
直接人工/元	11 000	8 000	19 000

项　目	甲产品	乙产品	合　计
制造费用/元	46 000	20 000	66 000
合计	75 000	42 000	117 000
产量/件	500	400	900
单位产品成本/(元/件)	150	105	130

2. 公司定价策略及销售困境

公司采取成本加成的方式作为定价策略,按照产品成本的130%设定目标售价,如表5-8所示。

表5-8　成本加成定价法

单位:元

项　目	甲产品	乙产品
产品成本	150	105
目标售价(产品成本×130%)	195	136.5
实际售价	120	180

近年来,公司产品销售方面出现了问题。甲产品的目标售价是195元,市场竞争环境越来越激烈,越来越低的销售价格不断压缩公司的利润空间,产品售价不断降价,直至降到120元,远低于目标售价和产品成本,造成了当月产品严重亏损;乙产品目标售价为136.5元,因收到的订单数量非常多,超过了生产能力,因此,公司将乙产品售价提高至180元,但收到的订单依然很多。为了改变当前困境,公司管理人员将甲产品作为关注重点,并对传统成本法提供的资料产生了怀疑,他们决定采用作业成本法重新计算产品成本。

3. 作业成本法计算

(1) 计算成本动因率,如表5-9所示。

表5-9　成本动因率计算表

作业中心	成本动因	消耗动因量			制造费用/元	成本动因率
		甲产品	乙产品	合　计		
材料整理	材料处理批数	10	30	40	24 000	600
质量检验	检验次数	10	15	25	10 000	400
机器调试	调试次数	80	120	200	20 000	100
使用机械	机器小时数	20	80	100	12 000	120
合　计					66 000	

（2）将各作业中心资源成本分配给各产品，如表 5 - 10 所示。

表 5 - 10　制造费用分配表

成本库	制造费用/元	成本动因率	甲产品		乙产品	
			消耗动因	分配成本/元	消耗动因	分配成本/元
材料整理	24 000	600	10	6 000	30	18 000
质量检验	10 000	400	10	4 000	15	6 000
机器调试	20 000	100	80	8 000	120	12 000
使用机械	12 000	120	20	2 400	80	9 600
合　计	66 000	—	—	20 400		45 600

（3）计算产品总成本和单位成本，如表 5 - 11 所示。

表 5 - 11　作业成本法法成本计算表　　　　　　　　金额单位:元

成本项目	甲产品	乙产品	合计
直接材料总成本	18 000	14 000	32 000
直接人工总成本	11 000	8 000	19 000
制造费用	20 400	45 600	66 000
产品总成本合计	49 400	67 600	117 000
产量/件	500	400	900
单位成本/(元/件)	98.8	169	130

4. 问题的解决

采用作业成本法计算的结果与传统成本法计算的结果恰恰相反,甲产品的成本低于传统成本法计算结果,乙产品的成本高于传统成本法计算结果。采用这两种成本计算方法计算的产品成本结果如表 5 - 12 所示。因为乙产品的材料整理、质量检验、机器调试、使用机械作业中耗费了大量的制造费用,因此,乙产品分配大量制造费用,按照动因分配的结果更加准确。此外,按照作业成本法计算结果来看,甲产品的目标售价 128.44 元基本与实际售价一致,避免了传统成本法计算生产出来的产品亏损的结果。对乙产品而言,目标售价 219.7 元高于实际售价,可以在订单大增情况下,提升产能,获取更多利润。

表 5 - 12　两种成本计算方法的比较　　　　　　　　单位:元

项　　目	甲产品	乙产品
产品成本(传统成本法)	150	105
产品成本(作业成本法)	98.8	169
目标售价(传统成本法产品成本×130%)	195	136.5

项　目	甲产品	乙产品
目标售价（作业成本法产品成本×130％）	128.44	219.7
实际售价	120	180

知识拓展

传统变动成本法与作业成本法盈利差异

　　传统变动成本法往往只注重产品生产的结果，忽视了产品的实际生产过程，从而将与该产品生产过程相关的直接成本割裂开，有可能误导企业经营决策。

　　作业成本法不仅考虑产品，而且考虑产品在生产经营过程中消耗的作业量，使得决策更具相关性和科学性。

第三节　作业成本管理

一、作业成本法的优缺点

（一）作业成本法优点

　　（1）以制造费用发生的成本动因分别设立作业中心。通过设置多样化的成本库并按多样化的成本动因来分配制造费用，使间接成本分配建立在投入与产出的因果关系上，计算结果更加准确，计算归属性更高。按作业中心建立制造费用成本库正确地反映了制造费用与半成品或产成品的关系，有利于提高成本信息质量，克服传统成本分配的人为主观因素的影响，有利于现代生产系统的作业管理，为作业管理提供必需的成本信息。

　　（2）制造费用分配标准由单一标准改为多重标准，提高了产品成本中制造费用项目的准确性。有利于分析成本升降的原因，采取相应措施，扩大增值作业，消除或减少不增值作业，改进预算控制，从而完善成本责任管理，建立一套新的责任会计体系，以作业中心取代成本中心。

　　在作业成本计算制度下，一个车间发生的制造费用细分为各个成本动因的费用，各个成本动因就按各自的标准进行分配。例如，质量检验费以送检数量和次数为标准分配；设备调整、维修费用按调整、维修的工时，设备耗用电费、机油等则按机器工时为标准分配。

　　（3）作业成本计算是更广泛的完全成本计算，并且在这种方法下，所有的成本均是变动的。在作业成本计算下，对于营销、产品设计等领域发生的成本，只要与特定产品相关就可通过作业分配至有关产品（或其他成本核算对象）中，而不同于传统的完全成本计算将其列为期间费用，一次性扣除。同时，某些原先被视为变动成本的成本在作业成本计算的观点下，它们虽然不随产量增加而增加，却会随其他因素的变化而改变，因此均被视为变动成本。

（4）作业成本法实现了成本计算与成本管理的结合。在现代竞争经营环境下,企业经营管理模式已经突破了部门与部门之间的界限,由不同部门的员工共同协作来完成项目工作。作业成本法以作业为中心,突破了制造部门的限制,按照同质作业建立作业库,按照成本动因归集成本与价值链管理的思想不谋而合。作业成本法重点是放在成本发生的前因和后果上,以作业为核心,以资源流动为线索,以成本动因为媒介,通过对成本形成过程进行动态的追踪反映,实现对作业成本的有效控制。作业成本法通过对企业经营数据、产品形成过程进行分析,有助于对作业链上所有作业进行修正,消除不增值作业,提升增值作业效益,进而提升企业效益。因此,作业成本法是一种成本计算方法,也是一种有效的管理手段。

（二）作业成本法缺点

（1）作业成本法确定成本动因困难。成本动因的选择以及成本动因计量方法的选择等均存在较大的主观性;有些作业成本的成本动因往往很难按产品来划分,找不到与成本相关的驱动因素,这必将会影响到这部分成本的分配,如广告费、外部审计费、商誉摊销等。

（2）作业成本计算的应用范围受到较大限制,有相当的限制条件,要求严格的适时生产系统和高素质的人员,尚不具备条件的企业难于实施。作业成本法的动因较多、开发维护费用大,即使有计算机和数据库技术,仍然需要付出大量的成本。

（3）作业成本法不符合对外财务报告的需要。作业成本法的产品成本概念与对外财务报告存在一定差异,可能造成对外报告数据和管理报告数据不一致,从而产生一定的误解。为了使对外披露符合会计准则要求,采用作业成本法的企业需要重新调整成本数据。

（4）不利于管理控制。完全成本法按照部门建立成本中心,为实施责任会计和业绩评价提供方便,而作业成本法建立的成本库与企业组织结构不一致,不利于管理控制。因此,作业成本法以牺牲管理控制信息为代价,换取经营决策信息改善,不利于会计信息对部门业绩评价。

二、作业成本法适用范围

表 5－13　作业成本法的适用范围

项　目	具体内容
外部环境	（1）客户个性化需求较高,市场竞争激烈; （2）产品的需求弹性较大,价格敏感度高
内部环境	（1）企业应用作业成本法应基于作业观,即企业作为一个为最终满足客户需要而设计的一系列作业的集合体,进行业务组织和管理; （2）企业应成立由生产、技术、销售、财务、信息等部门的相关人员构成的设计和实施小组,负责作业成本系统的开发设计与组织实施工作; （3）企业应能够清晰地识别作业、作业链、资源动因和成本动因,为资源费用以及作业成本的追溯或分配提供合理的依据; （4）企业应拥有先进的计算机及网络技术,配备完善的信息系统,能够及时、准确提供各项资源、作业、成本动因等方面的信息

三、流程价值分析

基于作业成本法的新型集中化管理方法,以提高客户价值、增加企业利润为目的,包括成本分配观和流程观两个维度。

成本分配观说明成本核算对象引起作业需求,而作业需求又引起资源的需求;成本分配是从资源到作业,再从作业到成本核算对象——作业成本计算的核心。

流程观提供引起作业的原因(成本动因)以及作业完成情况(业绩计量)的信息;关注的是确认作业成本的根源,评价已经完成的工作和已实现的结果,企业利用这些信息,可以改进作业链,提高从外部顾客获得的价值。

流程价值分析关心的是作业的责任,包括成本动因分析、作业分析和业绩考核三个部分。其基本思想是:以作业来识别资源,将作业分为增值作业和非增值作业,并把作业和流程联系起来,确认流程的成本动因,计量流程的业绩,从而促进流程的持续改进。

(一)成本动因分析

要进行作业成本管理,必须找出导致作业成本的原因。每项作业都有投入和产出。作业投入是为取得产出而由作业消耗的资源,而作业产出是一项作业的结果或产品。比如说,原料搬运,搬运到指定地点的材料数量,则是该"搬运"作业的产出量,也可以称为作业动因。然而,产出量指标不一定是作业发生的根本原因,必须进一步进行动因分析,找出形成作业成本的根本原因。例如,搬运材料的根本原因,可能是车间布局不合理造成的。得知了根本原因,就可以采取相应的措施改善作业,如改善车间布局,减少搬运成本。

(二)作业分析

作业分析的思路:将每一项作业分为增值作业或非增值作业;明确增值成本和非增值成本,进一步确定如何将非增值成本减至最小。

增值作业指那些顾客认为可以增加其购买的产品或服务的有用性,有必要保留在企业中的作业。它必须同时满足三个条件:① 该作业导致了状态的改变;② 该状态的变化不能由其他作业来完成;③ 该作业使其他作业得以进行。

非增值作业指即便消除也不会影响产品对顾客服务的潜能,不必要的或可消除的作业。一项作业不能同时满足增值作业的三个条件,可断定其为非增值作业。在一个制造业企业中,一般以下类型作业都是非增值作业:等待加工的作业、材料或在产品堆积作业、产品废品清理作业、次品处理作业、返工作业、无效率重复某工序作业等。

(三)作业成本管理中进行成本节约的途径

(1)作业消除。作业消除即消除非增值作业,降低非增值成本。例如,将原材料从集中保管的仓库搬运到生产部门,将某部门生产的零部件搬运到下一个生产部门都是非增值作业。如果将原材料供应商的交货方式改变为直接送达生产部门,将功能性的工厂布局转变为单元制造式布局,就可以缩短运输距离。

(2)作业选择。作业选择即对所有能够达到同样目的的不同作业,选取其中最佳的方案。例如,不同的销售策略会产生不同的销售作业,对企业而言,在其他条件不变的前提下,选择作业成本最低的策略,降低企业成本。

（3）作业减少。作业减少以不断改进的方式降低作业消耗的资源或时间,如减少装备次数改善整备作业及其成本。

（4）作业共享。作业共享是利用规模经济来提高增值作业的效率。例如,新产品在设计时如果考虑到充分利用现有其他产品使用的零件,就可以免除新产品的设计作业,从而降低新产品的生产成本。

拓展案例

大数据背景下作业成本法在公立医院的应用研究

作业成本法（Activities-based Costing,ABC）是公立医院成本管控采用的主要方法,但在应用中存在一些困难。比如同一种医疗服务在同一家医院的不同院区测算的成本不同的现象;公立医院成本核算一般较多考虑人力成本、项目收入等直接费用,水电费等医院整体消耗品则缺乏明确的分配依据,导致医疗服务项目消耗的实际成本无法得到全面真实的反映。

互联网大数据能够对大量的信息进行存储与分析,云计算能够对数据信息进行客观理性的挖掘与分析,使数据信息的处理与应用更加易于操作,为公立医院深入推进ABC法提供了新思路。

公立医院应用ABC法时,首先要对作业进行分类,明确主要作业和次要作业,建立作业中心。然后,以大数据技术收集的内外关联数据为基础,对科室资源进行归集,并确定资源动因。最后,根据不同的作业动因,将作业成本分配给对应的医疗服务项目。在作业中心选择成本动因时,应以成本关联度和资源消耗关联度作为参考。同时还应深入科室,倾听一线医务人员的建议,保证成本动因选取的合理性和实用性。根据成本发生和变化的原因,对间接费用进行合理分配,得到精确的成本分配结果。运用大数据技术实现ABC法,要求综合考虑医院自身的优势与劣势,密切关注医院内外相关数据的变化,及时对各项指标进行相应的调整。计算公式如下:

作业中心成本动因率＝成本库费用/成本库作业动因总量

医疗服务项目作业成本＝作业动因率×医疗服务项目作业动因量

每月月末,公立医院会对各作业中心的工作效率进行统计,以此核定各科室的绩效,管理者可以借助数据进行决策。例如,对效率低下的医疗科室,及时发现问题,纠正错误。对效率较高的科室,可以在对未来市场需求进行合理预测的基础上,适当加大投入,从而实现医院效益的最大化。

大数据背景下ABC法在公立医院的应用达到了以下效果:在核算方面,ABC法的成本信息更为准确,对增值作业和非增值作业进行判断,并采取有效措施减少甚至消除非增值作业;成本核算信息相关性提高,大数据管理平台的搭建使利益相关者都能参与进来,每个人既是系统的监测对象,也是系统的"主人",可以根据自身需求对各项数据进行会计分析,从而更加了解医院财务信息。在成本管控方面,随着ABC法的普及,全面成本管控的理念逐步深入医疗服务流程,帮助医院实现管控水平的提升;公立医院以大数据为支撑,构建成本管理大屏幕,动态指挥中心,通过清晰、易于理解的全周期运营管理图表,显示研发、采购、服务、存储、销售各环节的数据,为管理层决策提供便捷直观的技术支持。

资料来源：崔慕华，海日尔.大数据背景下作业成本法在公立医院的应用研究，https://cnki.net(2024年6月28日下载)

实务训练题

1. 某企业生产甲、乙两种产品，有关资料如下：

产量及直接成本等资料表

项　目	甲产品	乙产品
产量/件	20 000	50 000
定购次数/次	4	8
机器制造工时/小时	40 000	150 000
直接材料成本/元	2 200 000	2 500 000
直接人工成本/元	300 000	750 000

制造费用明细及成本动因表

项　目	制造费用金额/元	成本动因
材料验收成本	36 000	定购次数
产品验收成本	42 000	定购次数
燃料与水电成本	43 700	机器制造工时
开工成本	21 000	定购次数
职工福利成本	25 200	直接人工成本
设备折旧	32 300	机器制造工时
厂房折旧	20 300	产量
材料储存成本	14 100	直接材料成本
车间管理人员工资	9 800	产量
合　计	245 200	

要求：

(1) 分别按传统成本计算法与作业成本法求出甲、乙两种产品所应负担的制造费用；

(2) 分别按传统成本计算法与作业成本法计算甲、乙两种产品的总成本和单位成本；

(3) 比较两种方法计算结果的差异，并说明其原因。

2. 某企业生产甲、乙两种产品，其中甲产品900件，乙产品300件，其作业情况数据如下表所示。

甲、乙产品作业情况表

作业中心	资源耗用	动因	动因量（甲产品）	动因量（乙产品）	合计
材料处理	18 000 元	移动次数	400 次	200 次	600 次
材料采购	25 000 元	订单件数	350 件	150 件	500 件
使用机器	35 000 元	机器小时	1 200 小时	800 小时	2 000 小时
设备维修	22 000 元	维修小时	700 小时	400 小时	1 100 小时
质量控制	20 000 元	质检次数	250 次	150 次	400 次
产品运输	16 000 元	运输次数	50 次	30 次	80 次
合计	136 000 元				

要求：按作业成本法计算甲、乙两种产品的成本，并填制下表。

作业中心	成本库	动因量	动因率	甲产品	乙产品
材料处理	18 000 元	600 次			
材料采购	25 000 元	500 件			
使用机器	35 000 元	2 000 小时			
设备维修	22 000 元	1 100 小时			
质量控制	20 000 元	400 次			
产品运输	16 000 元	80 次			
合计总成本	136 000 元				
单位成本					

3. 某钟表制造公司采用作业成本法计算分配间接费用，2023 年 5 月该企业有关资料如下。

作业成本法有关资料

作业	成本动因	成本/元	作业水平	
			时钟	手表
生产准备	准备次数	70 000	30	20
材料管理	零件数	20 000	15	25
包装与运输	运输数量	45 000	5 000	7 000
间接费用合计		135 000		

要求：(1) 用作业基础成本法计算分配每种产品的间接费用总额。

(2) 以人工工时作为分配基础计算分配各产品的间接费用总额。假定装配每只时钟的小时数是 0.5 小时,装配每只手表的小时数是 1 小时。时钟的生产量为 5 000 只,手表为 7 000 只。

4. 北方高科技有限公司生产和销售两种打印机,分别是豪华型打印机和普通型打印机,该公司两种产品的财务和成本数据如下。

两种打印机的财务和成本数据

品 种	豪华型	普通型
产量/台	5 000	15 000
售价/元	4 000	2 000
单位直接材料和人工成本/元	2 000	800
直接人工/小时	25 000	75 000

作业、间接成本集合及成本动因

作 业	间接成本集合	作业动因
调整	300 万元	调整次数
机器运行	1 625 万元	机器小时
包装	75 万元	包装单数量
合 计	2 000 万元	

两种产品的实际作业量

作业动因	豪华型作业消耗	普通型作业消耗	合 计
调整次数/次	200	100	300
机器小时/小时	55 000	107 500	162 500
包装单数量/个	5 000	10 000	15 000

要求:

(1) 采用传统(产量基础)成本计算制度,以直接人工工时为分配标准,确定两种产品的单位盈利能力。

(2) 采用作业基础成本计算制度,确定两种产品的单位盈利能力。

5. DBX 公司的主要业务是生产服装服饰。该公司的服装生产车间生产 3 种款式的夹克衫和 2 种款式的休闲西服。夹克衫和西服分别由两个独立的生产线进行加工,每个生产线有自己的技术部门。5 款服装均按批组织生产,每批 100 件。

该公司本月每种款式的产量和直接成本见下表。

每种款式的产量和直接成本

产品品种	夹克			西服		合 计
型号	夹克1	夹克2	夹克3	西服1	西服2	
本月批次	8	10	6	4	2	30

产品品种	夹 克			西 服		合 计
每批产量/件	100	100	100	100	100	
产量/件	800	1 000	600	400	200	3 000
每批直接人工成本/元	3 300	3 400	3 500	4 400	4 200	
直接人工总成本/元	26 400	34 000	21 000	17 600	8 400	107 400
每批直接材料成本/元	6 200	6 300	6 400	7 000	8 000	
直接材料总成本/元	49 600	63 000	38 400	28 000	16 000	195 000

本月制造费用发生额如下表所示。

制造费用发生额　　　　　　　　　　　　　　　　　金额单位:元

项 目	金 额
生产设备、检验和供应成本(批次级成本)	84 000
夹克产品线成本(产品级作业成本)	54 000
西服产品线成本(产品级作业成本)	66 000
其他成本(生产维持级成本)	10 800
制造费用合计	214 800
制造费用分配率(直接人工)	200%

要求:按作业成本法计算,批次级作业成本库按生产批次比例分配、夹克产品线作业成本库按夹克线的生产批次分配、西服产品线作业成本按西服生产批次进行分配、生产维持成本库分配基础选择直接人工成本,据此分配给每批产品。

第六章　变动成本法

学习目标 »»»»

- 了解变动成本法与完全成本法的含义、区别及联系。
- 掌握固定制造费用在两种方法中的理论基础与处理差异。
- 熟悉变动成本法优缺点及适用范围。
- 掌握是否接受追加订单的决策。
- 掌握是否继续生产亏损产品的决策。
- 掌握零部件自制或外购的决策应用。

引导案例

甲公司成本的核算

甲股份有限公司上年度计划产销 A 产品 10 万件,计划利润 10 万元。实际执行结果是,产销该产品 12 万件,实现利润 12 万元。固定成本总额为 30 万元,固定成本、单位变动成本与售价均无变动。对甲公司上年度的利润计划完成情况做出分析如下:

设单价为 P,单位变动成本为 VC。

$10P - 10VC - 30 = 10$　　即 $(P - VC) = 4$

$$12P - 12VC - 30 = 12(P - VC) - 30$$
$$= 12 \times 4 - 30$$
$$= 18$$

$18 - 10 = 8$,即利润应增加 8 万元,实际只增加了 2 万元,计划完成得很不理想,需要进一步调查是什么原因造成利润的差异。

第一节 变动成本法与完全成本法

知识结构图

```
                                          ┌─────────────────┬─── 产品成本差异
                                          │   成本构成差异   │
                                          │                 └─── 期间成本差异
                                          │
                                          │                 ┌─── 期末存货成本差异
                                          │   成本结转差异   │
变动成本法与完全成本法 ────────────────────┤                 └─── 期末销货成本差异
                                          │
                                          │                 ┌─── 变动成本法损益
                                          │   损益确定       │
                                          │                 └─── 完全成本法损益
                                          │
                                          │                 ┌─── 变动成本法优缺点
                                          └─  各自优缺点     │
                                                            └─── 完全成本法优缺点
```

一、变动成本法与完全成本法概述

(一) 变动成本法概念

变动成本法也称直接成本法,是企业在组织产品成本计算过程中,以成本性态分析为前提条件,将成本分为变动成本和固定成本两大类,其中变动成本又分为变动生产成本和变动非生产成本。因此,在计算产品成本时,产品成本仅包括直接材料、直接人工和变动制造费用,不包括固定性制造费用;其理由是固定性制造费用是一种生产能力成本,或是存在于经营中的成本,一旦期间结束,由该生产能力提供的利益也就结束,因此,它不能计入存货成本。

变动成本法下,生产成本分为变动成本和固定成本,变动成本包括变动性生产成本和变动性非生产成本。变动性生产成本主要包括直接材料、直接人工和变动性制造费用;变动性非生产成本主要包括变动性销售费用、变动性管理费用和变动性财务费用构成。固定成本主要包括固定性制造费用、固定性管理费用、固定性销售费用和固定性财务费用。

> **知识链接**
>
> 成本按成本性态可以分成变动成本和固定成本,具体知识点见第一章总论中的第二节成本的分类。

（二）完全成本法概念

完全成本法,指在计算产品成本和存货成本时,将产品生产过程中所消耗的直接材料、直接人工、变动制造费用、固定制造费用的全部成本经过归集和分配进入产品成本和存货中去。因此,在完全成本法下,全部的制造费用,不论是固定制造费用还是变动制造费用都归入产品成本中去。

完全成本法下,产品成本包括全部生产成本(直接材料、直接人工和制造费用),期间费用仅包括全部非生产成本。

表 6-1 总结了变动成本法与完全成本法的主要区别。

表 6-1 变动成本法与完全成本法的区别

标　志		变动成本法	完全成本法
应用的前提条件不同		以成本形态分析为前提	以成本按经济用途分类为前提
产品成本的构成内容不同（详见第一章成本性态分类的内容）	产品成本	变动生产成本(直接材料、直接人工、变动制造费用)	全部生产成本(直接材料、直接人工、制造费用)
	期间成本	(1) 变动非生产成本(变动销售费用、变动管理费用、变动财务费用) (2) 固定成本:固定制造费用、固定销售费用、固定管理费用、固定财务费用	全部非生产成本(销售费用、管理费用、财务费用)
常用的销货成本计算公式不同		销货成本＝单位变动生产成本×本期销售量	销货成本＝期初存货成本＋本期生产成本－期末存货成本
损益计算程序不同	主要公式	(1) 营业收入 (2) 减:变动成本(变动生产成本及变动非生产成本) (3) 边际贡献 (4) 减:固定成本(固定制造费用及固定非生产成本) (5) 税前利润	(1) 营业收入 (2) 减:营业成本(全部生产成本) (3) 营业毛利 (4) 减:期间费用(全部非生产成本) (5) 税前利润
	损益表格式	贡献式利润表	职能式利润表
所提供信息的用途不同		满足内部管理的需要,利润与销售量之间的联系有一定规律性	满足对外提供报表的需要,利润与销售量之间的联系缺乏规律性

课题思政

归纳总结的方法可以帮助我们理解和掌握知识,认识事物的本质。无论在学习、工作还是生活中,掌握这些归纳的方法可以提高我们的思维能力和信息处理能力。大学生需要善于利用归纳总结的方法,对过去进行"复盘",在反思总结中不断实现自我的提升。

【例6-1】　隆旭公司生产一种产品,2023年开始投产,当年产量为2 000件,销量为1 200件,期末存量为800件,销售单价为50元。当年有关产品成本资料如表6-2所示。

表6-2　当期发生的有关成本资料　　　　　　　　单位:元

成本项目	直接材料	直接人工	制造费用	销售费用	管理费用	财务费用
变动性	15 000	10 000	3 000	3 000	1 000	
固定性			10 000	2 000	5 000	1 000
总额	15 000	10 000	13 000	5 000	6 000	1 000

分别按照变动成本法与完全成本法计算当期发生的产品成本和期间成本。

解:

(1)变动成本法下:

产品成本＝直接材料＋直接人工＋变动性制造费用

　　　　＝15 000＋10 000＋3 000＝28 000(元)

单位产品成本＝28 000÷2 000＝14(元/件)

期间成本＝固定性制造费用＋销售费用＋管理费用＋财务费用

　　　　＝10 000＋5 000＋6 000＋1 000＝22 000(元)

(2)完全成本法下:

产品成本＝直接材料＋直接人工＋制造费用＝15 000＋10 000＋13 000＝38 000(元)

产品成本＝38 000÷2 000＝19(元/件)

期间成本＝销售费用＋管理费用＋财务费用

　　　　＝5 000＋6 000＋1 000＝12 000(元)

二、两种方法下已售与未售成本差异

完全成本法下,产品成本包括直接材料、直接人工和全部制造费用,成本随着产品的流转而结转。对于固定制造费用计入产品成本,在已售与未售产品之间进行分配,已售产品的固定性制造费用进入利润表,未售产品的固定性制造费用则随期末存货进入资产负债表。

变动成本法下,产品成本包括直接材料、直接人工和变动制造费用。固定制造费用按照产品习性,不管是产品已售还是未售,直接作为期间费用,计入当期利润,因而固定性制造费用与期末是否结余存货无关。

【例6-2】　沿用【例6-1】资料,分别按照变动成本法和完全成本法,计算甲公司已售产品成本和未售产品成本。

解:

(1)变动成本法下:

期末存货成本＝单位期末存货成本×期末存货量＝14×800＝11 200(元)

本期销货成本＝单位销货成本×销货量＝14×1 200＝16 800(元)

(2)完全成本法下:

期末存货成本＝单位期末存货成本×期末存货量＝19×800＝15 200(元)

本期销货成本＝单位销货成本×销货量＝19×1 200＝22 800(元)

三、两种成本法下损益确定

变动成本法下只能按照贡献式损益方程计算营业利润,完全成本法模式则按照传统式损益方程计算营业利润。

变动成本法下,按照贡献式损益方程,首先用营业收入补偿本期销售产品的变动成本,从而确定边际贡献,然后用边际贡献补偿固定成本确定当期营业利润的过程。

完全成本法下,按照传统式损益方程,首先用营业收入补偿本期销售产品的营业成本,从而确定营业毛利,然后用营业毛利补偿营业费用确定当期营业利润的过程。

计算过程:

(1) 变动成本法贡献式损益方程:

销售收入－变动成本＝边际贡献　　边际贡献－固定成本＝营业利润

(2) 完全成本法传统式损益方程:

销售收入－营业成本＝营业毛利　　营业毛利－期间费用＝营业利润

【例6-3】 沿用【例6-1】资料,分别按照贡献式损益方程和传统式损益方程,计算当期营业利润,并编制2023年财务报表。

解:

(1) 变动成本法下:

营业收入＝50×1 200＝60 000(元)

销货中变动成本＝14×1 200＝16 800(元)

变动成本＝16 800＋3 000＋1 000＝20 800(元)

边际贡献＝60 000－20 800＝39 200(元)

固定成本＝10 000＋2 000＋5 000＋1 000＝18 000(元)

营业利润＝39 200－18 000＝21 200(元)

（2）完全成本法下：

营业收入＝50×1 200＝60 000（元）

营业成本＝19×1 200＝22 800（元）

或营业成本＝（15 000＋10 000＋13 000）÷2 000×1 200＝22 800（元）

营业毛利＝60 000－22 800＝37 200（元）

营业费用＝5 000＋6 000＋1 000＝12 000（元）

营业利润＝37 200－12 000＝25 200（元）

隆旭公司公司2023年度利润表如表6－3所示。

表6－3 隆旭公司公司2023年度利润表 单位:元

贡献式		传统式	
项目	金额	项目	金额
营业收入	60 000	营业收入	60 000
销货中变动生产成本	16 800		
变动销售费用	3 000		
变动管理费用	1 000	营业成本	22 800
变动财务费用	0		
变动成本合计	20 800		
边际贡献	39 200	营业毛利	37 200
固定制造费用	10 000		
固定销售费用	2 000	销售费用	5 000
固定管理费用	5 000	管理费用	6 000
固定财务费用	1 000	财务费用	1 000
固定成本合计	18 000	营业费用合计	12 000
营业利润	21 200	营业利润	25 200

知识卡片

通过计算发现，隆旭公司采用完全成本法计算的营业利润比采用变动成本法计算的营业利润多4 000元。在变动成本法下，当年全部固定制造费用10 000元全部计入当年损益；在完全成本法下，只将已售产品所吸收的固定制造费用6 000元（＝10 000÷2 000×1 200）计入当年损益，剩下的4 000元固定制造费用则进入当期存货成本，递延至下期。因此，两种成本法下计算的税前利润相差4 000元，相差的金额是当期生产但未销售出去的存货吸收的固定制造费用金额。

【例6-4】 假设来联公司从事单一产品生产,每期产量为700件,假定当期销售量存在700件、600件和800件三种可能,单位产品售价180元,管理费用与销售费用总额为25 000元,单位产品人工和变动制造费用为90元;固定制造费用为14 000元。

根据上述资料,当分别采用变动成本法和完全成本法时,计算的税前利润如表6-4所示。

表6-4 来联公司变动成本法和完全成本法税前利润比较　　　　金额单位:元

项　目	情形一:产销平衡	情形二:当期产量大于销量	情形三:当期产量小于销量
生产量/件	700	700	700
销售量/件	700	600	800
变动成本法			
1. 营业收入	126 000	108 000	144 000
2. 减:变动生产成本	63 000	54 000	72 000
变动非生产成本	5 000	5 000	5 000
3. 边际贡献	58 000	49 000	67 000
4. 减:固定制造费用	14 000	14 000	14 000
固定非生产成本	20 000	20 000	20 000
5. 税前利润	24 000	15 000	33 000
完全成本法			
1. 营业收入	126 000	108 000	144 000
2. 减:营业成本	77 000	66 000	88 000
3. 营业毛利	49 000	42 000	56 000
4. 减:期间费用	25 000	25 000	25 000
5. 营业利润	24 000	17 000	31 000

情形一:产销平衡,产量等于销售量(均为700件)。固定制造费用(14 000元)无论是作为期间费用(变动成本法下),还是作为产品成本(完全成本法下),都计入了当年损益,计入的金额相同。因此,在两种成本法下计算的税前利润相等,均为24 000元。

情形二:当期产量大于销量,产量(700件)大于销售量(600件)。在变动成本法下,当年的全部固定制造费用14 000元全部计入当年损益;在完全成本法下,只将已销售的产品所吸收的固定制造费用12 000元($=14\ 000 \div 700 \times 600$)计入当年损益,而剩下的2 000元($=14\ 000-14\ 000 \div 700 \times 600$)固定制造费用则进入当期存货成本,递延至下期。因此,两种成本法下计算的税前利润相差2 000元,是当期生产但未销售出去的固定制造费用吸收的金额。

情形三:当期产量小于销量,产量(700件)小于销售量(800件)。在变动成本法下,进入当年损益的固定制造费用仍然是当年产生的 14 000 元。但是,在完全成本法下进入当年损益的固定制造费用是 16 000 元,其中包括当年产生的 14 000 元和前期未销售出去的存货吸收的固定制造费用 2 000 元。由此可得出,两种成本法下计算的税前利润相差 2 000 元,相差的金额就是本期销售中含前期存货吸收的固定制造费用。

根据【例 6-4】变动成本法将固定性制造费用计入期间费用,抵减当期损益;完全成本法将固定性制造费用计入产品成本,随着产品销售,这部分对应的成本计入当期损益。因此,固定性制造费用对变动成本法与完全成本法的影响,取决于产销是否平衡。

(1) 产销平衡时,即当期生产的产品全部销售时,变动成本法下固定性制造费用全部计入当期期间费用,与完全成本法一致。因此,计算的当期营业利润相同。

(2) 当期产量大于销量,变动成本法下固定性制造费用一次性全部计入期间费用,抵当期损益;而完全成本法下固定制造费随着产品销售进度,计入当期损益。因此,变动成本法下的营业利润小于完全成本法下的营业利润。

(3) 当期产量小于销量,在完全成本法下销售成本不仅包括当期产品所负担的固定制造费用,还包括期初存货中包含的固定制造费用,而变动成本法下销售成本仅涉及当期产品所负担的固定制造费用。因此,变动成本法下营业利润大于完全成本法下营业利润。

四、变动成本法的优缺点和适用范围

(一) 变动成本法的优点

1. 揭示利润和业务量之间的正常关系,有利于促使企业重视销售工作

营业利润随销售量的增加或减少而升降,有利于调动销售部门的积极性,促进企业积极实施"以销定产"的思路,这正是企业经理人员所想要的会计信息。从利润上讲,在产品售价、成本不变的情况下,利润的多少应当与销售量的增减相一致。在变动成本法下,如实地反映了利润和销量之间的关系,使利润真正成为反映企业经营状况的"晴雨表",有助于促使企业管理重视市场销售,实现以销定产,防止因盲目生产而带来的产品大量积压。

2. 提供有用的成本信息,便于科学地进行成本分析控制

首先,按成本变动法计算的单位产品成本,不包括固定生产成本,使产品成本不受成本和产量的影响,这就便于成本预测和成本控制时采用更为科学的方法。

其次,在变动成本法下,通过成本性态分析,将全部成本划分为固定成本和变动成本,揭示了成本总额和业务量之间的依存关系,为分清成本升降的原因提供了条件。在变动成本法下,产品的单位成本只包括变动生产成本,单位变动成本和固定成本总额一般不受产销量变动的影响,其数额的变动往往是成本控制工作引起的,这样就把产销量变动引起的成本升降同成本控制工作的好坏导致的成本升降清晰地区分开来。

最后,在变动成本法下分别提供了变动生产成本、固定生产成本、变动销售与管理成本和固定销售与管理成本的资料,便于确定成本责任的归属。变动生产成本发生在生产

过程中,其成本责任应归属于生产部门;固定生产成本的发生和生产过程没有直接的联系,其数额的高低也不应由生产部门负责,而应由管理部门负责;变动非生产成本通常应由负责销售工作的部门负责;固定非生产成本则应由管理部门负责。

3. 提供的成本收益资料便于企业进行销售预测

变动成本法下,所提供的变动成本、固定成本和边际贡献等资料,有助于揭示成本与业务量间的依存关系,能反映出生产、销售和利润之间的内在关系,从而可以为正确地进行经济预测和经营决策提供科学依据。

变动成本法下,能提供每种产品盈利能力的资料,有利于管理人员做出决策分析。便于揭示决策时考虑哪些是与决策有关联的成本,哪些属于决策时的无关成本。某些固定成本,如机器设备的折旧,一般情况下,已是事先存在,属于沉没成本,是非相关成本,在决策时可以不予考虑。变动成本法就可以更好地预测。

4. 简化成本核算工作

变动成本法下,将固定性制造费用直接列入期间成本,大大简化了成本分配工作,从而减少了由于分配标准的多样性而带来的主观随意性,增强了会计信息的客观性和准确性,也使会计人员从繁重的成本核算工作中解脱出来。

5. 有利于短期经营决策

变动成本法主要是着眼于未来,更好地满足企业未来的决策,强化企业内部管理的要求而产生的。变动成本法提供的信息能够科学地反映产品成本与业务量以及企业利润与销售量之间内在变化规律的信息,因而能有效地加强成本管理,强化企业的预测、决策、计划、控制和业绩考核等职能,重视销售环节,确定以销定产的新理念,规避因盲目生产导致存货大量积压带来的巨大损失。

(二) 变动成本法的缺点

1. 计算出来的单位产品成本不符合成本补偿的要求

生产成本是产品在生产过程中发生的全部耗费,理应包括变动生产成本与固定生产成本。很显然,采用变动成本法计算的耗费是不完整的,采用变动成本法计算的利润和确认的资产,会导致成本补偿不足。

2. 不能适应长期决策的需要

变动成本法对短期经营决策有明显的作用,但成本性态受许多因素影响,以相关范围内固定成本和单位变动成本不变为前提条件,这在短期内是成立的,不可能长期不变,不适应长期决策的需要。而长期决策要解决的是生产能力的增减和经营规模的扩大或缩小问题,涉及的时间长,必须要突破相关范围的限制。因此,变动成本法不能适应长期决策的需要。

3. 会影响所得税征缴

由于目前国内外的财务会计都采用完全成本法,因此,产品存货的计价都包括变动生产成本和固定生产成本。如果从某一年开始改用变动成本法,势必要在年初存货成本计价不变的情况下,降低年末存货成本的计价,使该年计入利润表的销售成本增加,从而降低该年的营业利润,影响到国家的税收及投资者及时获得收益。从另一个角度说,如果期末期初存货成本水平不等,也会造成其营业利润不同于采用完全成本法计算的结果,进而导致所得税上的时间性差异,这是妨碍变动成本法应用的很现实的原因。企业采用变动成本法会影响征税部门的收益和投资者及时取得的收益,一般会降低期末存货估价,降低营业利润额,在某种程度上会暂时降低所得税和股利。

拓展案例

餐饮企业变动成本法的应用——以西贝餐饮集团为例

2020 年年初暴发的新型冠状病毒感染疫情,犹如一颗重磅炸弹,在我国消费市场掀起了轩然大波。2020 年 1 月 31 日,西贝餐饮董事长贾国龙在接受采访中表示:"疫情导致 2 万多名员工待业,贷款发工资也只能撑 3 个月"。

面对这样的困难,西贝立刻采取了必要的措施。2 月 3 日,西贝接到了浦发银行的支持意愿,解决了员工工资问题。在获得银行金融支持的同时,西贝也开始积极自救。西贝宣布积极开展外卖业务,目的在于将原本为春节期间营业而准备的存货进一步消化。按照贾国龙的推测,西贝在春节期间的营收目标为月营业额 7 亿元,春节期间 1 个月的总成本大约为 5.2 亿元。

西贝餐饮利用变动成本法对其成本性态进行分析。在西贝的成本结构中,人工综合成本和原本为春节营业而采购的大量原材料属于固定成本,在疫情期间的房租、税收成本和其他成本属于变动成本。固定成本占西贝总成本的 60%,而变动成本占总成本的 40%。根据变动成本法公式"边际贡献总额=营业收入总额-变动成本总额",可以进一步计算西贝原本预估春节期间 1 个月的边际贡献总额为 4.92 亿元(=7-5.2×40%)。由此可以发现,受疫情影响暂停营业导致西贝的边际贡献总额几乎为 0,而员工和原材料的固定成本已经发生,对西贝的打击重大。

基于这一原因,西贝积极开展外卖业务,目的在于消化原材料,在降低一部分固定成本的同时提高边际贡献总额。同时,与盒马鲜生开展共享员工业务,将人工综合成本这一巨大支出转移出去,大幅降低了企业的固定成本。在降低固定成本的同时提升边际贡献,直接扭转了形式,再通过银行的金融支持,西贝成功地渡过了难关,也缓解了盒马鲜生的"用工荒"。

通过使用变动成本法,能够有效地识别企业的盈利点。在疫情下,餐饮行业普遍存在固定成本比重较高、企业持有现金较少等问题。受疫情管控影响,多地餐厅和堂食暂时关闭,这也在很大程度上限制了企业边际贡献的增加。西贝餐饮能够在困境中积极求变,通过增加外卖业务打通新的销路,与盒马鲜生异业合作各取所需,这样的成功尝试为餐饮行业应对危机提供了经验。

(三) 变动成本法的适用范围

变动成本法有助于分析企业各种产品的盈利能力,有助于企业制定正确的经营决策、科学合理地安排生产计划、进行成本管控以及评价和考核等,为企业提供有价值的财务信息。变动成本法通常适用具备以下特征的企业:

(1) 企业固定成本比重较大,当产品更新换代速度较快时,分摊计入产品成本中的固定成本比重大,采用变动成本法可以正确反映企业产品盈利情况;

(2) 企业规模大,产品或服务的种类多,固定成本分摊存在较大的困难;

(3) 企业作业保持相对稳定。

知识结构图

```
                          ┌─ 固定成本比重大,产品更新速度快
变动成本法的适用范围 ──────┼─ 规模大,产品或服务的种类多
                          └─ 作业保持相对稳定
```

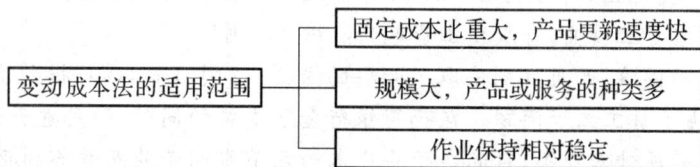

第二节　变动成本法的应用

知识结构图

```
                    ┌─ 是否接受追加订单的决策
变动成本法的应用 ───┼─ 是否继续生产亏损产品的决策
                    └─ 零部件自制或外购的决策
```

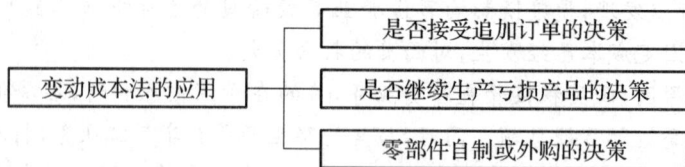

在变动成本法下,为加强短期经营决策,按照成本性态,企业的生产成本分为变动生产成本和固定生产成本,非生产成本分为变动非生产成本和固定非生产成本。其中,只有变动生产成本(直接材料成本、直接人工成本、变动制造费用)才构成产品成本。在变动成本法下,把固定制造费用视同期间成本全额计入当期损益,理由是在现有生产条件下,固定制造费用是按期发生的,并不因产量的变化而变化,其效益会随时间的推移而消逝,不可能递延至下一个会计期间。变动成本法在短期经营决策中的应用,主要包括:是否接受追加订单的决策;是否继续生产亏损产品的决策;零部件自制或外购的决策。

大学生在职业生涯规划中应学会经济决策,每一次的决策都是对投入与产出的权衡。通过做出合理的财务决策,大学生可以培养起理财的意识和能力,加强个人的自我管理和约束,更好地规划自己的未来。因此,大学生应该重视财务决策的重要性,积极学习和实践相关的知识和技能,为自己未来的生活和职业发展打下坚实的基础。

一、是否接受追加订单的决策

在企业接收订单的过程中,通常会遇到一些特殊订单,如特殊订单的价格低于正常订单的价格。是否接受追加订单的决策,是指企业在正常经营过程中对低于正常订单价格的追加订单是否接受所做出的决策。在完全成本法下,如果特殊订单的单价低于单位生产成本,企业往往会放弃该订单。但是,从成本性态角度来看,单位变动成本是固定的,单位固定成本是变动的。也就是说,在决策是否接受追加订单时,我们可以不考虑固定成本因素,因为在"相关范围"内固定成本不会因追加订单而增加。在变动成本法下,是否接受追加订单的决策,要看接受追加订单所带来的边际贡献是否大于该追加订单所引起的相关成本。

(1) 如果追加订单不会影响正常订单的实现,追加订单量在企业剩余生产能力范围内,且剩余生产能力无法转移,同时不需追加投入专属成本,那么追加订单能够产生正的边际贡献,即只要追加订单的单价大于该产品的单位变动成本就应当接受该追加订单。

(2) 如果追加订单需追加投入专属成本,则接受追加订单的条件应该满足:追加订单带来的边际贡献大于追加投入的专属成本。

(3) 如果剩余生产能力可以转移,则需把剩余生产能力转移所带来的可能收益作为追加订单的机会成本,当追加订单带来的边际贡献大于该机会成本时,追加订单方案可以接受。

【例6-5】 品韵公司是一家电子产品制造类企业,主要生产A、B、C三种产品。其中A产品每月最大的生产能力为10万件,2023年11月已签订9万件的订单,订单价格为3 000元/件。现有肃品公司要求追加1万件订单,价格为2 850元/件。假定品韵公司A产品的剩余生产能力无法转移,且肃品公司追加订单没有任何特殊要求,不会增加品韵公司的专属成本。A产品2023年11月成本数据如表6-5所示。

表6-5 A产品成本数据

直接材料	900 元/件
直接人工	650 元/件
变动制造费用	750 元/件
固定制造费用	6 000 万元

解：

在完全成本法下：

A 产品的单位生产成本＝900＋650＋750＋6 000/10＝2 900(元/件)

2 900 元/件高于肃品公司追加订单的价格 2 850 元/件。订单价格无法弥补生产成本，因此甲公司应做出拒绝追加订单的决策。

知识卡片

在变动成本法下，肃品公司追加的订单在品韵公司当月最大生产能力范围内，且品韵公司剩余生产能力无法转移，同时肃品公司追加订单不会增加品韵公司的专属成本。因此，此时的决策只需考虑接受订单的价格能不能产生边际贡献即可。

在变动成本法下：

A 产品的变动成本＝900＋650＋750＝2 300(元/件)

肃品公司追加订单的价格为 2 850 元/件，大于 2 300 元/件。

这样，每件产品可以给品韵公司提供 550 元(＝2 850－2 300)的边际贡献，合计增加 550 万元(＝550×1)的边际贡献，所以，接受追加订单！

可见，只要在生产能力范围内，且剩余生产能力无法转移，同时追加订单不会增加专属成本，追加的订单越多，固定成本弥补的就越多，企业获得的营业利润也就越多。

所以，对于生产能力尚有剩余的企业来说，采用变动成本法进行追加订单决策，具有重要意义。

补充：

(1) 若接受订货，需要追加专属成本 400 万元(或 600 万元)，按变动成本法是否接受订货？

增加的边际贡献＝(2 850－2 300)×1＝550＞追加的专属成本 400，接受。

增加的边际贡献＝(2 850－2 300)×1＝550＜追加的专属成本 600，不接受。

(2) 若剩余生产能力可以出租，月租金收入 450 万元(或 580 万元)，按变动成本法是否接受订货？

增加的边际贡献＝(2 850－2 300)×1＝550＞租金收入 450，接受。

增加的边际贡献＝(2 850－2 300)×1＝550＜租金收入 580，不接受。

二、是否继续生产亏损产品的决策

在企业生产的产品当中，有些产品可能是亏损的。对于这些亏损产品，企业是继续生产还是停止生产，在完全成本法和变动成本法下可能会得出不同的结论。

在完全成本法下，对于亏损产品往往会得出停止生产的决策。但是，在变动成本法下：

(1) 如果剩余生产能力无法转移，只要亏损产品的边际贡献大于零，就应当继续生产；

(2) 如果剩余生产能力可以转移，只要亏损产品的边际贡献大于剩余生产能力转移有关的机会成本,也应当继续生产。

因为:继续生产能够带来正向边际贡献的亏损产品至少可以补偿一部分固定成本。

【例6-6】 某企业生产甲、乙产品,甲产品销量为1 000件,单位售价为50元,单位变动成本40元,固定成本12 000元。

乙产品销量为100件,单位售价为40元,单位变动成本50元,固定成本1 000元。

甲产品利润=1 000×(50-40)-12 000=-2 000(元),是否停产? 不停,继续生产。

乙产品利润=100×(40-50)-1 000=-2 000(元),是否停产? 停产。因为边际贡献为负值,生产越多,亏损就会越多。

【例6-7】 品韵公司主要生产A、B、C三种产品,其中B产品2023年11月的产销量为6万件,销售价格为2 000元/件,假定B产品停产后其剩余生产能力无法转移。B产品2023年11月成本数据如表6-6所示。

表6-6 B产品成本数据

直接材料	600元/件
直接人工	400元/件
变动制造费用	500元/件
固定制造费用	3 600万元

解:

在完全成本法下:B产品2023年11月的营业收入=2 000×6=12 000(万元),成本总额=[(600+400+500)×6+3 600]=12 600(万元),营业利润=12 000-12 600=-600(万元),该产品亏损,应当做出停产的决策。

在变动成本法下:B产品2023年11月的营业收入=2 000×6=12 000(万元)

变动成本=(600+400+500)×6=9 000(万元),边际贡献=12 000-9 000=3 000(万元),B产品边际贡献大于0,且停产后其剩余生产能力无法转移,因此应继续生产。如果品韵公司决定停产B产品,那么将导致公司在2023年11月多损失3 000万元的利润。

假如B产品停产后,其生产设备可以对外出租,也就是说剩余生产能力可以转移。

(1)如果月租金刚好为3 000万元,则继续生产和停产后出租均可;

(2)如果月租金大于3 000万元,则应停产并将生产设备进行出租;

(3)如果月租金小于3 000万元,则应继续生产。

三、零部件自制或外购的决策

企业生产过程中所需要的某些零部件,有的既可自行生产,也可从市场上直接购买。零部件自制或外购的决策,属于互斥方案的决策,方案通常不涉及相关收入,只需考虑相关成本因素。

(1)在企业自制能力无法转移的情况下,自制方案的相关成本只包括按零部件全年需用量计算的变动成本。因此,在选择零部件自制或外购时,只需比较自制零部件单位变动成本和外购单价的大小,选择成本较低的方案。

（2）如果自制能力可以转移，则还需考虑自制能力转移有关的机会成本。

【例 6-8】 2023 年 11 月，品韵公司公司生产 C 产品需要某零部件 8 万件。该零部件既可外购，也可自制。如果外购，零部件的外购价格为 200 元/件。假定甲公司生产 C 产品所需某零部件的自制生产能力无法转移。2023 年 11 月，C 产品所需某零部件的成本数据如表 6-7 所示。

表 6-7　C 产品所需零部件成本数据

单位：元

直接材料	80	640
直接人工	60	480
变动制造费用	30	240
固定制造费用		300
总成本		1 660

解：

在完全成本法下：

C 产品所需某零部件的自制成本为 1 660 万元，而外购的总成本＝200×8＝1 600 万元。

如果仅以此判断，甲公司对于 C 产品所需某零部件应该进行外购。

在变动成本法下：

C 产品所需某零部件的自制生产能力无法转移。也就是说，不论甲公司是自制还是外购 C 产品所需某零部件，300 万元的固定制造费用都会发生，属于沉没成本，在决策中不应予以考虑。

C 产品所需某零部件的变动成本总额＝640＋480＋240＝1 360（万元）

比外购总成本 1 600 万元少 240 万元，因此应当选择自制。

假如 C 产品所需某零部件的自制生产能力可以用于承揽零星加工业务。如果当月因自制生产能力转移所带来的边际贡献（租金）刚好等于 240 万元，则自制和外购零部件均可；

如果当月因自制生产能力转移所带来的边际贡献大于 240 万元，则应选择外购零部件；

如果当月因自制生产能力转移所带来的边际贡献小于 240 万元，则应选择自制零部件。

思考题

1. 某企业 A 产品的月生产能力 10 000 件，目前正常订货量 8 000 件，销售单价 10 元，其成本构成如表。

直接材料	3 元/件
直接人工	2 元/件
变动制造费用	1 元/件
固定制造费用	20 000 元

现有一客户向企业追加订单 2 000 件,客户出价为每件 7 元。要求:

(1) 如果剩余生产能力无法转移,无须追加专用设备,在完全成本法和变动成本法下,对 A 产品是否接受追加订单进行决策。

(2) 如果剩余生产能力出租可以有租金收入 1 000 元,接受订单时需要追加专用设备和人员 2 000 元,在变动成本法下,对 A 产品是否接受追加订单进行决策。

2. 某企业 B 产品月产销量为 20 000 件,销售价格为 200 元/件。其成本构成见下表。

直接材料	60 元/件
直接人工	40 元/件
变动制造费用	50 元/件
固定制造费用	360 万元

要求:

(1) 如果 B 产品停产后其剩余生产能力无法转移,在完全成本法和变动成本法下,对 B 产品是否停产进行决策。

(2) 如果 B 产品停产后其剩余生产能力可以直接用于生产 B1 产品,可以形成边际贡献总额 165 万元,在变动成本法下,对 B 产品是否停产进行决策。

3. 企业生产 C 产品需要某零部件 30 000 件。该零部件可外购,也可自制。如果外购,零部件的外购价格为 220 元/件。零部件生产的成本数据如下:

直接材料	60 元/件
直接人工	50 元/件
变动制造费用	30 元/件
固定制造费用	400 万元

要求:

(1) 如果生产该零部件的自制生产能力无法转移,在完全成本法和变动成本法下,对 C 产品所需零部件是自制还是外购进行决策。

(2) 如果生产该零部件的自制生产能力出租的收入是 150 万元,在变动成本法下,对 C 产品所需零部件是自制还是外购进行决策。

4. 某公司本年度只生产销售一种产品,其产量、售价以及成本的有关资料如下:生产量为 4 000 件,销售量为 3 500 件,期初存货量为零,单位产品售价为 46 元,直接材料成本为 20 000 元,直接人工成本为 32 000 元,单位变动制造费用为 6 元,固定制造费用为

28 000元,单位变动销售及管理费用为 4 元,固定销售管理费用为 21 000 元。

要求:

(1) 分别采用变动成本法和完全成本法计算本年度期末存货成本。

(2) 分别采用变动成本法和全部成本法来编制损益表。

5. 假设某公司只产销一种产品,2023 年度共生产 10 000 件,销售 8 000 件,该产品的售价为 10 元。期初无存货,本年共发生的成本总额为:直接材料 20 000 元,直接人工 15 000 元,变动性制造费用 20 000 元,固定性制造费用 20 000 元,销售及管理费用 10 000 元(假定全部为固定成本)。

要求:

(1) 分别计算变动成本法和完全成本法下的产品单位成本;

(2) 分别计算两种成本法下的税前利润;

(3) 针对两个不同的税前利润,分析产生差异的原因。

6. 设某企业只生产一种产品,第一年、第二年、第三年各年的生产量(基于其正常生产能力)都是 8 000 件,销售量则分别为 8 000 件、7 000 件和 9 000 件。单位产品的售价为 12 元。生产成本:单位变动成本(包括直接材料、直接人工和变动制造费用)5 元。固定制造费用基于正常生产能力 8 000 件,共计 24 000 元,每件产品应分摊 3 元($=24\,000/8\,000$)。销售与行政管理费用假定全部都是固定成本,每年发生额均为 25 000 元。

项　　目	第一年	第二年	第三年
变动成本下			
销售收入			
销售成本			
贡献毛益			
固定成本			
固定制造费用			
管理费用和销售费用			
小计			
税前利润			
完全成本法下			
销售收入			
销售成本			
期初存货成本			
当期产品成本			
可供销售产品成本			
期末存货成本			

续　表

项　目	第一年	第二年	第三年
销售成本			
毛利			
管理费用和销售费用			
税前利润			

要求：根据上述资料，不考虑销售税金，分别采用变动成本法和完全成本法计算各年税前利润。

7. E公司只生产一种产品，采用变动成本法计算产品成本，5月份有关资料如下：

(1) 月初在产品数量20万件，成本700万元；本月投产200万件，月末完工180万件。

(2) 月初产成品40万件，成本2 800万元，本期销售140万件，单价92元。产成品发出时按先进先出法计价。

(3) 本月实际发生费用：直接材料7 600万元，直接人工4 750万元，变动制造费用950万元，固定制造费用2 000万元，变动销售费用和管理费用570万元，固定销售费用和管理费用300万元。

(4) 原材料在生产过程中陆续投入，采用约当产量法在完工产品和在产品之间分配生产费用，月末在产品平均完工程度为50%。

(5) 为满足对外财务报告的要求，设置"固定制造费用"科目，其中"固定制造费用——在产品"月初余额140万元，"固定制造费用——产成品"月初余额560万元。每月按照完全成本法对外报送财务报表。

要求：

(1) 计算E公司在变动成本法下5月份的产品销售成本、产品边际贡献和税前利润。

(2) 计算E公司在完全成本法下5月份的产品销售成本和税前利润。

第七章　本量利分析

引导案例

刘梅自制的一款奶油蛋糕很受朋友和家人的喜欢,有人建议她可以拿这些东西出去卖,刘梅决定试一试。首先,她去了解有关食物销售的法律法规,请专家对蛋糕的成分进行鉴定。接下来,她对当地一些蛋糕店和超市进行调研,发现有些蛋糕店同意售卖,但要支付一些费用,并要确保每天的蛋糕质量、送货时间等。刘梅发现成本远比她想的要多很多。

为此,刘梅向会计师进行咨询。咨询师告诉她,生产前要有一个预算,即预测一下产品的成本和售价。刘梅说因为目前是刚开始,所以定价不能太高,又由于厨房小批量生产少,暂时成本不高。咨询师给刘梅说:如果价格便宜,而且变动成本像你列的那样,则你将亏本,无法继续下去。刘梅反问:如果卖得更多会不会更好?咨询师则说:这样,只会使事情更糟。关键在于,能否有效降低你的成本或提高销售价格,否则不做更好。

讨论与分析:分析刘梅花费的变动成本及固定成本的构成。如何利用本量利分析方法做好盈亏平衡管理?

知识结构图

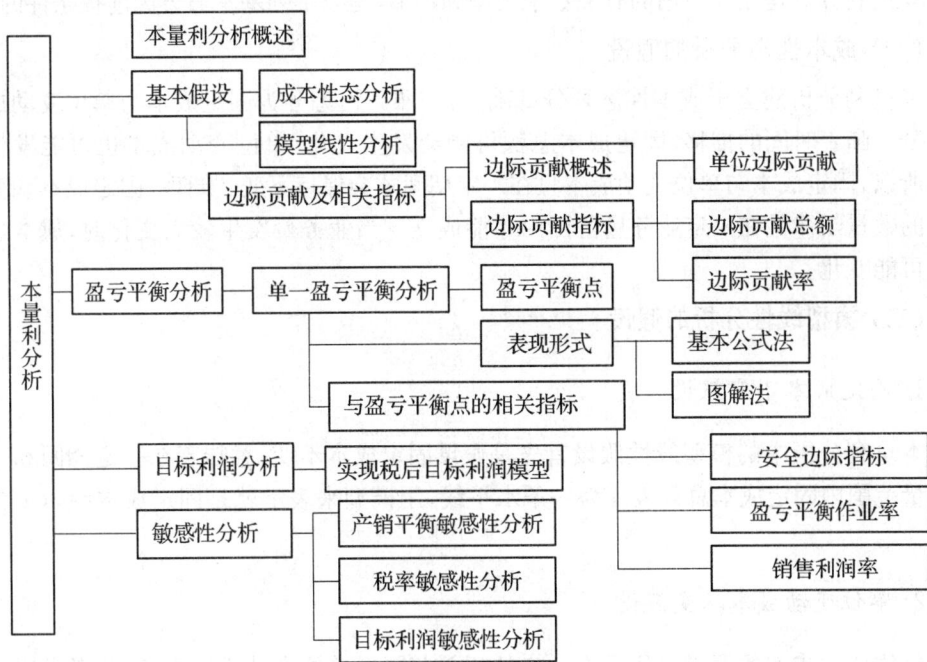

第一节　本量利分析概述

一、本量利分析的基本含义

本量利分析起源于 20 世纪 20 年代,是西方国家的企业为加强内部管理和控制,提高自身市场竞争能力和抵御风险能力,以实现企业经营战略目标而建立起来的一种管理系统。本量利分析(Cost-Volume-Profit Analysis,CVP 分析)是"成本—业务量—利润分析"的简称,是指在变动成本计算模式的基础上,以数学化的会计模型与图文对业务量(销售量)、单价、固定成本、变动成本和利润之间的依存关系进行分析,揭示其内在规律性的联系,为会计预测决策和规划提供必要的财务信息的一种定量分析方法。它着重研究销售数量、价格、成本和利润之间的数量关系,所提供的原理、方法在管理会计中有着广泛的用途,同时它又是企业进行决策、计划和控制的重要工具。

无论在西方还是在我国,本量利分析作为管理会计的基本方法之一,既可以帮助企业在保本、保利条件下实现销售量和销售额的预测;也可以为企业规划、决策、控制、评价等活动提供相关、可靠、及时、可理解的有用信息。

二、本量利分析的基本假设

本量利分析建立和使用的有关数字模型和图形,是以下列基本假设为前提条件的。

(一)成本性态分析的假设

本量利分析建立于成本性态划分基础上,按照其性态分为固定成本与单位变动成本两部分。随着时间的推移,固定成本总额可能会发生变化,单位变动成本也可能发生变化。所以,固定成本与单位变动成本只在一定期间才会保持不变。同理,固定成本和变动成本的数量规律是在一定业务量范围内才能成立。当业务量发生较大变化时,成本性态也有可能变化。

(二)模型线性分析的假设

1. 固定成本不变假设

本量利分析中的模型线性假设首先是假设固定成本不变,意味着在一定期间和一定业务量范围内固定成本总额表现为一条水平线,用模型来表示就是固定成本 $=a$(a 为常数)。

2. 单位变动成本不变假设

单位变动成本的假设是假设在一定的相关范围内单位变动成本不变,或者说假设变动成本总额的曲线是一条从原点出发的直线,该直线的斜率就是单位变动成本。用模型来表示就是变动成本 $=bx$(b 为单位变动成本、常数,x 为业务量)。

3. 销售价格不变假设

这一假设等价于假设销售价格不变。在本量利分析中,通常假设销售价格为一个常数,销售收入与销售数量之间就呈现一种完全线性的关系,销售收入曲线也表现为一条过原点的直线,其斜率就是销售价格。用数学模型来表示就是销售收入 $=px$(p 为销售价格、常数,x 为销售量)。

4. 产销平衡假设

本量利分析关注的重点是分析业务量作为驱动因素如何引起成本和利润的变化。而在分析业务量的变化时,对应着产量和销售量两种指标,而且产销不平衡以及由此出现的存货问题会将分析引向一系列复杂的情形。为简化问题,基本的本量利分析假定产销平衡,即产量与销售量相等。可见,本量利分析中的"量"一般指销售量,而非生产量。

5. 品种结构不变假设

企业运用本量利分析,需要假定企业只生产和销售单一产品或者产销的产品品种结构不变的多产品组合(本章除非特别指出多产品组合,否则都以单一产品进行本量利的理论分析)。如果企业产销的品种结构发生较大变动,会导致预计利润与实际利润之间出现较大的差异。所以在进行本量利分析时,应假定各种产品的销售收入在总收入中所占的比重不变。

概念辨析

销售结构,简称产销结构,一般指销售额的比重,是个别产品销售额占全部产品销售额的比重。

产销平衡,是当期生产多少就销售多少,即当期销售量正好等于当期生产量,不考虑存货。

(三) 本量利分析的基本原理

本量利分析研究的是销售数量、价格、成本和利润之间的数量关系,根据前面的假定,本量利分析基本公式可以清楚反映出本量利三者的依存关系。本量利分析的基本计算模型可表示为:

$$\begin{aligned}
营业利润 &= 销售收入 - 总成本(变动成本 + 固定成本) \\
&= 单价 \times 销量 - (固定成本 + 变动成本) \\
&= 单价 \times 销量 - (固定成本 + 单位变动成本 \times 销量) \\
&= 单价 \times 销量 - 单位变动成本 \times 销量 - 固定成本 \\
&= (单价 - 单位变动成本) \times 销量 - 固定成本
\end{aligned}$$

这个等式是本量利分析的基础,公式中共有五个变量,已知其中任何四个变量的值,就可以求出剩余一个变量的值。

知识拓展

本量利起源于20世纪20年代,是发达西方国家的企业为加强内部管理和控制,提高自身市场竞争能力和抵御风险能力,以实现企业经营战略目标而建立起来的一种管理系统。

本——成本,量——业务量,利——利润,三者之间的关系就是本量利分析。利用三者之间的规律为企业预测、决策、规划提供财务信息,以满足经营管理的需要。本量利分析法是根据有关产品的产销数量、销售价格、变动成本和固定成本等因素同利润之间的相互关系,通过分析计量而确定企业目标利润的一种方法。在进行成本决策时,应特别注意成本、产量、利润三者之间的依存关系,即应进行本量利(CVP)分析。

三、边际贡献及相关指标

(一) 边际贡献分析概述

在本量利分析中,边际贡献是衡量经营效益的重要指标之一,企业在运营计划的制定、调整以及监控分析等过程中通常会应用到边际贡献。所谓边际贡献,是指产品的销售收入与相应变动成本之间的差额,又称贡献边际、贡献毛益、边际利润。边际贡献可有效地分析业务量、变动成本和利润之间的关系,通过定量分析,直观地反映企业运营风险,促进提高企业营运效益。

企业各种产品所提供的边际贡献总额并不是企业的利润。因为边际贡献总额首先用来补偿固定成本总额(税前利润=边际贡献总额-固定成本总额),有余额才能为企业提供利润;如不够补偿固定成本总额,则会出现亏损。所以,边际贡献的实质就是各种产品为企业提供盈利的能力,它是一项衡量每种产品的盈利水平的重要指标。因此,对于企业的经营决策来说,边际贡献是导向性的指标,有举足轻重的影响。

(二) 边际贡献分析指标

边际贡献分析指标主要包括边际贡献和边际贡献率两个指标,通常与变动成本率结合使用。

1. 单位边际贡献

单位边际贡献是指单价减去单位变动成本以后的差额,反映单位产品的盈利能力,即每增加一个单位产品的销售能给企业提供的贡献。其计算公式如下:

$$单位边际贡献=销售单价-单位变动成本=边际贡献总额÷销售量$$

2. 边际贡献总额

边际贡献总额是指产品的销售收入扣除变动成本后给企业带来的贡献,进一步扣除固定成本后,剩余部分就是企业的利润,计算公式如下:

$$边际贡献总额=销售收入总额-变动成本总额$$
$$=销售量×单价-销售量×变动成本$$
$$=销售量×(单价-单位变动成本)$$
$$=销售量×单位边际贡献$$

即 $$边际贡献总额=销售收入-变动成本=销售量×单位边际贡献$$

本量利分析的基本公式中引入边际贡献后,可得:

$$利润=销售收入-变动成本-固定成本$$
$$=边际贡献总额-固定成本$$
$$=销售量×(单价-单位变动成本)-固定成本$$
$$=销售量×单位边际贡献-固定成本$$

即

$$利润=边际贡献总额-固定成本=销售量×单位边际贡献-固定成本$$

【例 7-1】 洁美公司只生产和销售一种产品,单价为 20 元/件,单位变动成本为 16 元/件,固定成本为 2 500 万元,2023 年销售量为 2 000 万件。

要求:(1) 计算产品的边际贡献;

（2）计算营业利润。

解：（1）单位边际贡献＝20－16＝4（元/件）

边际贡献总额＝2 000×20－2 000×16＝2 000×4＝8 000（万元）

（2）营业利润＝8 000－2 500＝5 500（万元）

案例结果表明，2023 年度每 1 件甲产品给洁美公司带来 4 元贡献，2 000 万件产品的 8 000 万元边际贡献总额进一步扣除 2 500 万元固定成本之后的剩余部分 5 500 万元就是本年度洁美公司的利润。

3. 边际贡献率

边际贡献率又称贡献边际率或者贡献毛益率，是指边际贡献在销售收入中所占的百分比，表示每 1 元销售收入中边际贡献所占的比重。通常以相对数表示产品给企业带来的贡献，是边际贡献总额和销售收入或者单位边际贡献和单价的比值，计算公式如下：

$$边际贡献率＝边际贡献总额÷销售收入×100\%＝单位边际贡献÷单价×100\%$$

【例 7-2】 相关资料如【例 7-1】，要求计算洁美公司产品的边际贡献率。

边际贡献率＝（8 000÷40 000）×100%＝（4÷20）×100%＝20%

案例结果表明，2023 年度每 1 件产品销售收入中边际贡献所占比重为 20%，即每 1 元销售收入中边际贡献为 0.2（＝1×20%）。

与边际贡献率密切相关的指标是变动成本率，它是指变动成本占销售收入的百分比或指单位变动成本占单价的百分比。计算公式如下：

$$变动成本率＝单位变动成本÷单价×100\%＝变动成本总额÷销售收入×100\%$$

【例 7-3】 相关资料如【例 7-1】，要求计算产品的变动成本率。

变动成本率＝（16÷20）×100%＝（2 000×16）÷（2 000×20）×100%＝80%

将边际贡献率与变动成本率两个指标联系起来考虑，可以得到以下公式：

$$边际贡献率＋变动成本率＝1$$

即

$$单位边际贡献＝销售单价－单位变动成本$$

移项，得

$$单位边际贡献＋单位变动成本＝销售单价$$

等式两边除以销售单价，即可得到"边际贡献率＋变动成本率＝1"。

【例 7-4】 相关资料如【例 7-1】，要求验证边际贡献率与变动成本率的关系。

验证：边际贡献率＋变动成本率＝20%＋80%＝1。

所以，边际贡献率与变动成本率属于互补性质，变动成本率高的企业，边界贡献率低，创利能力小；反之，变动成本率低的企业，边际贡献率高，创利能力大。

因此，企业应尽可能地增加边际贡献率高的产品的生产量和销售量，以此获得更多的利润。

以上指标的计算公式及其变形公式在管理会计中十分重要，必须在理解的基础上熟练掌握，以便灵活运用。

课程思政

　　安岳的数十万亩柠檬种植基地对整个蜜雪冰城供应链的支持不仅保证了蜜雪冰城全国门店全年柠檬的供给量和产品质量,降低了原材料的成本,还在推动水果产业高质量发展过程中,通过龙头企业带动农民在水果产业中增收致富,有力推动了乡村振兴战略的实施。

第二节　盈亏平衡分析

一、盈亏平衡分析的概念

　　盈亏平衡分析是本量利分析的核心内容,旨在分析确定产品的盈亏平衡点,从而确定企业的安全程度,以及有关因素对它们的影响,可以帮助企业实现盈亏平衡或保本。所以,盈亏平衡分析,也叫保本分析、损益平衡分析、两平分析、够本分析等。通过研究分析这些内容,为企业提供在何种业务量下会出现亏损、在何种业务量下能够盈利等信息。盈亏平衡分析的关键是盈亏平衡点的确定。

二、单一产品的盈亏平衡分析

(一) 盈亏平衡点

　　盈亏平衡,又称保本,就是指企业在一定时期内收支相等、损益平衡、不盈不亏、利润为零。

　　盈亏平衡点是指企业总收入与总成本达到盈亏平衡的销售量或者销售额。在坐标途中,这个点正好是总收入线与总成本线的交点。在盈亏平衡点,总收入与总成本相等,企业处于既无盈也无亏的状态。当销售量或者销售额课高于盈亏平衡点的销售量或者销售额时,企业处于盈利状态;当销售量或者销售额低于盈亏平衡点的销售量或者销售额时,企业处于亏损状态。所以,盈亏平衡点也称为盈亏临界点、保本点、营业平衡点、损益两平点、损益平衡点等。

(二) 盈亏平衡点的表现形式

　　单一品种的盈亏平衡点有两种表现形式:一是盈亏平衡点的销售量,即销售多少数量的产品才能保本;二是盈亏平衡点的销售额,即销售多少金额的产品才能保本。它们都是企业达到收支平衡实现保本的销售业务量指标。单一品种的盈亏平衡点可以通过基本公式法、图解法等进行确认。

1. 基本公式法

　　基本公式法是指根据盈亏平衡点的概念与本量利分析的基本公式确定盈亏平衡点的一种方法。在本量利分析基本法上,利润计算公式为:

营业利润＝销售收入－变动成本－固定成本

盈亏平衡点就是利润为0的销售量或销售额。根据本量利分析的基本公式,可以得出盈亏平衡点。计算公式如下:

$$销售收入＝变动成本＋固定成本$$
$$单价×销售量＝单位变动成本×销售量＋固定成本$$
$$（单价－单位变动成本）×销售量＝固定成本$$

这就是盈亏平衡点的基本计算模型:

$$盈亏平衡点的销售量＝\frac{固定成本}{单价－单位变动成本}＝\frac{固定成本}{单位边际贡献}$$

即　　　　　　$$盈亏平衡点的销售额＝盈亏平衡点的销售量×单价$$

$$盈亏平衡点的销售额＝\frac{固定成本}{1－变动成本率}＝\frac{固定成本}{边际贡献率}$$

【例7-5】 相关资料如例【7-1】,要求计算洁美公司产品的盈亏平衡点。

$$盈亏平衡点的销售量＝\frac{固定成本}{单价－单位变动成本}＝\frac{2\,500}{20－16}＝625（万件）$$

$$盈亏平衡点的销售额＝单价×盈亏平衡点的销售量＝20×625＝12\,500（万元）$$

课程思政

成本控制计算能让学生意识到各种费用和成本的合理支出是企业和个人生存和发展的必要条件,即不能只考虑眼前利益,而应该根据自身情况和市场情况做出明智的经济决策。

---

2. 图解法

盈亏平衡分析图是将由销售收入线和总成本线确定的盈亏平衡点反映在直角坐标系中,对成本、利润、业务量与单价等因素之间的依存关系进行盈亏平衡分析的图形。与公式法相比,图解法形象直观、简明易懂。

绘制方法如下:

(1) 确定直角坐标系,纵轴表示销售收入和成本,横轴表示销售量,然后绘出三条线。

(2) 绘制固定成本线,在纵轴上确定固定成本数值,并以此为起点,绘制一条平行于横轴的直线,即为固定成本线。

(3) 绘制销售收入线,以单价为斜率,过原点及任意销售下的销售额,确定销售收入线。

(4) 绘制总成本线,以单位变动成本为斜率,从纵轴向上绘制总成本线,如图7-1所示。

三、多品种条件下的盈亏平衡分析

单一品种的盈亏平衡分析都是以企业生产并销售单一品种产品为基础的,但在实际

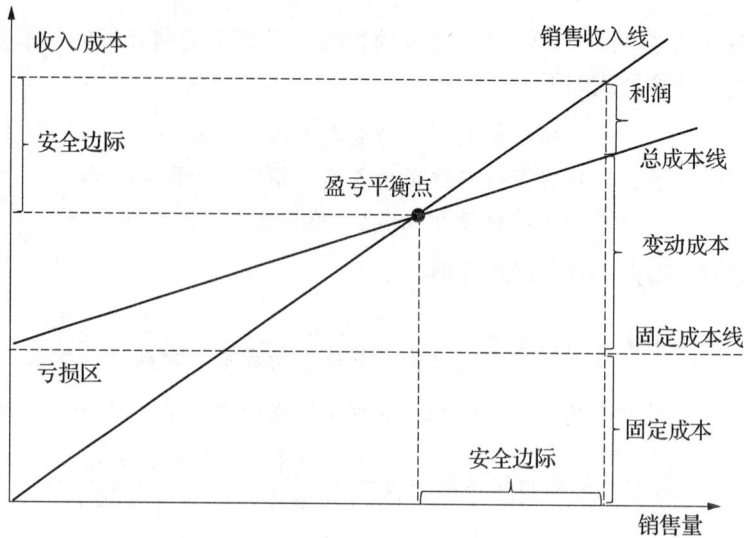

图 7-1　本量利分析图

工作中,绝大多数企业不可能只生产一种产品,更多的是两种及以上的多品种产品的产销活动。多品种条件下的盈亏平衡分析是在掌握每一种产品的边际贡献率的基础上,按各种产品销售额的比重进行加权平均,以此计算综合边际贡献率,从而确定多产品的盈亏平衡点。企业同时产销多种产品,盈亏平衡点的销售量或销售额就不能用实物量表示,因为不同质的各种产品在数量上是不能相加的。因此,这就需要进一步研究适用于多品种条件下的盈亏平衡分析方法和模型。

多产品的盈亏平衡分析通常采用综合边际贡献率确定盈亏平衡点的销售额进行分析,其计算公式:

$$各产品的盈亏平衡点的销售额量 = \frac{综合边际贡献率}{固定成本} = \frac{固定成本}{1-综合边际贡献率}$$

四、与盈亏平衡点相关的指标

企业在计算是盈利还是亏损时,除了要计算盈亏平衡点外,还要考虑企业在保本的前提下,能够承受因销售额下降带来的不利影响的程度和企业抵御营运风险的能力。从企业经营的角度来看,企业的销售量大于盈亏平衡点销售量的数量越大,经营就越安全;反之亦然。衡量企业经营安全性的指标有两种:安全边际指标和盈亏平衡点作业率指标。

(一) 安全边际指标

安全边际,是指企业产品实际销售量或预期销售量超过盈亏平衡点销售量的差额。这一差额表明企业产品的销售量在超越了盈亏平衡点的销售量之后,到底有多大的盈利空间。只有当产品的销售量大于盈亏平衡点销售量时,企业才处于盈利状态,而且,产品的销售量大于盈亏平衡点销售量的数量越大,获得的利润就越大;反之,获得的利润就越小,甚至亏损。因此,安全边际通常以绝对数体现企业营运的安全程度。主要包括安全边际量和安全边际额两个指标,通常与销售利润率和盈亏平衡作业率结合使用。

(1) 安全边际量是实际销售量或预期销售量超过盈亏平衡点的销售量的差额,表示盈亏平衡点的销售量以上的销售量。计算公式如下:

$$安全边际量=实际销售量或预期销售量-盈亏平衡点的销售量$$
$$实际销售量或预期销售量=盈亏平衡点的销售量+安全边际量$$

(2) 安全边际额是实际销售额或预期销售额超过盈亏平衡点的销售额的差额,表示盈亏平衡点的销售额以上的销售额。计算公式如下:

$$安全边际额=实际销售额或预期销售额-盈亏平衡点的销售额$$
$$=安全边际量×单价$$

(3) 安全边际率是指安全边际与实际销售量或预期销售量的比值。通常以相对数体现企业经营的安全程度,表示每 1 元销售收入中安全边际所占的比重。计算公式如下:

$$安全边际率=\frac{安全边际量}{实际销售量或预期销售量}×100\%=\frac{安全边际额}{实际销售量或预期销售量}$$

安全边际反映企业当前销售量是否可以让企业保本以及企业整体盈利能力如何。所以,只有安全边际才能为企业提供利润,盈亏平衡点销售量只能让企业收回成本,因此,利用安全边际和安全边际率的概念,本量利分析的基本等式可以转化为:

$$利润=安全边际量×单位边际贡献$$
$$=安全边际额×边际贡献率$$

将等式的左右两边都除以产品销售额,即

$$销售利润率=利润/销售额=安全边际率×边际贡献率$$

所以企业利润的计算可以借助安全边际这一概念,上述计算公式在企业的预测和决策分析中有着广泛的应用。安全边际和安全边际率都是正指标,越大表明企业经营的安全程度越高,可以实现的利润就越多,反之亦然。西方一般用安全边际率预测企业经营的安全程度,其检验数据如表 7-1 所示。

表 7-1　企业经营安全性的检验标准

安全边际率	40%以上	30%~40%	20%~30%	10%~20%	10%以下
安全程度	很安全	安全	比较安全	需要注意	危险

(二) 盈亏平衡点作业率

盈亏平衡点作业率又称为危险率,是安全边际的反指标,是指盈亏平衡点销售量(额)占实际(预计)的销售量(额)的百分比。盈亏平衡点作业率指标越小越安全,数值越小,说明企业经营安全度越高。计算公式如下:

$$盈亏平衡点作业率=\frac{盈亏平衡点销售量}{实际销售量或预期销售量}\times100\%=\frac{盈亏平衡点销售额}{实际销售额或预期销售额}\times100\%$$

由于盈亏平衡点作业率和安全边际率表明了盈亏平衡点销售额和安全边际额分别在实际销售额或预期销售额中所占的百分比,所以可以得出以下关系:

$$安全边际率+盈亏平衡率=1$$

【例7-6】 A公司某一产品盈亏平衡点的销售量是5 000件,预计正常销售量是8 000件,销售单价是60元,则

安全边际量=8 000-5 000=3 000(件)

安全边际额=8 000×60-5 000×60

$$=3 000\times60=180 000(元)$$

$$安全边际率=\frac{3 000}{8 000}\times100\%=37.5\%$$

$$=\frac{180 000}{8 000\times60}\times100\%=37.5\%$$

A公司安全边际量和安全边际额分别为3 000件和180 000元,安全边际率为37.5%,盈亏平衡作业率则为

$$盈亏平衡点作业率=\frac{5 000}{8 000}\times100\%=62.5\%$$

或　　　　　　　　$=1-安全边际率=1-37.5\%=62.5\%$

计算结果表明,A公司正常销售量是8 000件,盈亏平衡点作业率为62.5%,则产品的作业率只有达到62.5%以上才能获利,否则就会亏损。盈亏平衡点作业率与安全边际率具有互补关系。盈亏平衡点作业率越小,安全边际率就越大,不仅企业营运安全程度越高,而且企业盈利能力越强;反之,相反。因此,盈亏平衡点作业率和安全边际率负相关。

课程思政

无规矩不成方圆,无论是做人还是做事,都要有一定的规矩和原则。安全边际通常体现企业营运的安全程度,企业利润的计算可以借助安全边际。只有坚守原则和底线,才能保证事情的正确性和合法性。

---

3. 销售利润率

只有盈亏平衡点以上的销售额(即安全边际部分)才能为企业提供利润,安全边际与企业利润完全正相关取决于边际贡献的存在。也就是说,只有存在有效的边际贡献,安全边际才会与利润保持完全正相关。所以,利润与安全边际的正相关性需要通过与边际贡献指标的结合进行表达,即:

$$销售利润率=\frac{利润}{销售收入}\times100\%=\frac{安全边际量\times单位边际贡献}{实际销售量或预期销售量\times单价}\times100\%$$

$$=\frac{安全边际量}{实际销售量或预期销售量}\times\frac{单位边际贡献}{单价}\times100\%$$

或者

$$=\frac{安全边际额}{实际销售额或预期销售额}\times边际贡献率$$

$$=\frac{安全边际额\times边际贡献率}{实际销售额或预期销售额}$$

即

$$销售利润率=安全边际率\times边际贡献率$$

这表明,企业销售利润率的水平受到边际贡献率和安全边际率两个因素的共同影响。企业要提高销售利润率,就必须提高安全边际率,即降低保本作业率;或者提高边际贡献率,即降低变动成本率。

第三节　目标利润分析

一、单一产品的目标利润分析

在市场经济条件下,企业绝不可能仅仅满足于不亏本或维持简单再生产,而是要根据市场供需情况和企业本身的条件不断寻求发展,因此企业追求盈利是生存和发展的前提。只有在考虑盈利存在的条件下,才能充分揭示成本、业务量和利润之间的正常关系。所以,在确定了盈亏平衡点,就需要进行目标利润分析。

目标利润分析也称保利分析,是企业对一定时期内目标利润已知条件下本量利的分析。通过目标利润分析,在单价和成本水平确定的情况下,可以首先确定为实现目标利润而应达到的目标销售量和销售额。目标利润分析分析内容主要包括实现目标利润的销售量和实现目标利润的销售额两个指标。

(1) 实现目标利润的销售量又称保利量,是指利润为目标利润时的单一产品的销售量。销售量等于实现目标利润的销售量时,企业的利润达到目标利润,所以将"利润＝目标利润"代入本量利分析的基本公式,可得:

$$目标利润=实现目标利润的销售量\times(单价-单位变动成本)-固定成本$$

即

$$实际目标利润的销售量=\frac{固定成本+目标利润}{单价-单位变动成本}=\frac{固定成本+目标利润}{单位边际贡献}$$

(2) 实现目标利润的销售额。

实现目标利润的销售额又称保利额,是指利润为目标利润时的单一产品的销售额。销售额等于实现目标利润的销售额时,企业的利润达到目标利润,所以可得公式:

$$实现目标利润的销售额 = \frac{固定成本+目标利润}{边际贡献率} = \frac{固定成本+目标利润}{1-变动成本率}$$

即

$$实现目标利润的销售额 = 实现目标利润的销售量 \times 单价$$

【例 7-7】 2023 年某公司产销产品单价为 500 元,单位变动成本 250 元,固定成本总额为 450 000 元,计划年度目标利润为 150 000 元,求本年的实现目标利润的销售量与销售额。

$$实现目标利润的销售量 = \frac{固定成本+目标利润}{单价-单位变动成本} = \frac{450\,000+150\,000}{500-250} = 2\,400(件)$$

$$\begin{aligned}实现目标利润的销售额 &= 实现目标利润的销售量 \times 单价 \\ &= 2\,400 \times 500 = 1\,200\,000(元)\end{aligned}$$

计算结果表明,2023 年度产品的销售量等于 2 400 件或者销售额等于 1 200 000 元时,公司的利润达到 150 000 元。

"目标利润=实现目标利润的销售量×(单价-单位变动成本)-固定成本"。可见,企业要实现目标利润,在假定其他因素不变时,通常应提高销售数量或销售价格,降低固定成本或单位变动成本。企业在应用该方法进行提高销售量的策略分析时,可以根据市场情况的变化对销售价格进行调整,通常降价可能促进销售量的增加,提价可能使销售量下降;在市场需求极为旺盛的情况下,可以通过增加固定成本支出(如广告费、租赁设备等)、扩大生产能力来扩大销售量。因此,单一产品目标利润分析重在分析每个要素的重要性。

二、实现税后目标利润模型

税后目标利润(记作 TTP)也称目标净利润,是企业在一定时期缴纳所得税后实现的利润目标。它是利润规划中的一个重要指标,对于实现了利润的企业来说是一项必然的支出,前面所讲的目标利润均为支付所得税的利润,只有税后利润才是企业能支配的利润。从税后利润的角度进行目标利润的分析与预测,对企业管理更为适用。税后利润与税前利润的关系可以用下列公式表示:

$$税后利润 = 税前利润 \times (1-所得税税率)$$

$$税前利润 = \frac{税后利润}{1-所得税税率}$$

则

$$实现税后目标利润的销售量 = \frac{\dfrac{税后目标利润}{1-所得税税率}+固定成本}{单位边际贡献}$$

$$实现税后目标利润的销售额 = \frac{\dfrac{税后目标利润}{1-所得税税率}+固定成本}{边际贡献率}$$

或　　　　　　实现税后目标利润额＝实现税后目标利润的销售量×单价

【例 7 - 8】　相关资料如【例 7 - 7】，其他条件不变，所得税税率为 25％，则

$$实现税后目标利润的销售量 = \frac{\dfrac{150\,000}{1-25\%}+450\,000}{500-250} = 2\,600(件)$$

实现税后目标利润的销售额＝2 600×500＝1 300 000(元)

在生产单一品种的条件下，影响盈亏平衡分析计算的因素包括单价、固定成本和单位变动成本三项；影响目标利润分析的因素，则包括单价、固定成本、单位变动成本和目标利润四项；影响实现税后目标利润的因素，则包括单价、固定成本、单位变动成本、目标净利润和所得税税率五项。

第四节　敏感性分析

知识结构图

```
                    ┌──────────────────────────────┐
                ┌───┤        敏感性分析的应用范围        │
      ┌─────────┤   └──────────────────────────────┘
      │ 敏感性分析概述 ├   ┌──────────────────────────────┐
      └─────────┤   │     相关因素变动对盈亏平衡点的影响      │
                    └──────────────┬───────────────┘
      ┌─────────┐          ┌───────┴───────┐
      │ 产销平衡敏感性 │      ┌─────────┐  ┌──────────────┐
      │   分析    │      │ 固定成本变动 │  │  单位变动成本变动  │
敏     └─────────┘      └─────────┘  └──────────────┘
感
性     ┌─────────┐      ┌─────────┐  ┌──────────────┐
分     │ 税率敏感性分析 ├──    │  单位变动  │  │   临界值的确定   │
析     └─────────┘      └─────────┘  └──────────────┘
                        ┌──────────────────────┐
                        │     流转税税率敏感性分析      │
      ┌─────────┐      └──────────────────────┘
      │ 目标利润敏感性 │      ┌──────────────────────┐
      │   分析    │      │    所得税税率敏感性分析       │
      └─────────┘      └──────────────────────┘
```

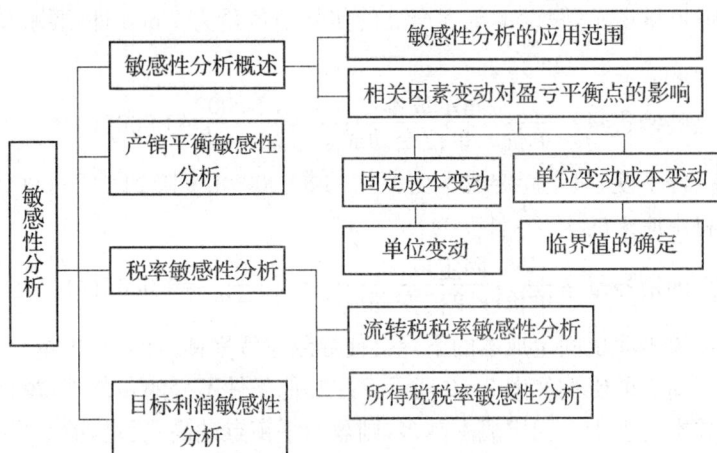

一、敏感性分析概述

敏感性分析是本量利分析中的重要组成部分，指对影响目标实现的因素变化进行量化分析，以确定各因素变化对实现目标的影响及其敏感程度。在企业经营过程中，管理会计进行预测分析和决策分析时，必须依据一系列关键的定量指标，这些指标计算精度的高低直接关系到预测和决策结论的可信度和有用性。由于影响实现目标的各因素不同，而且它们各自变动的幅度也不一样，对实现目标的影响程度也不同，鉴于在一定条件下关键目标受不同因素影响的敏感性程度不同，企业对不同因素采取了不同的态度。

本量利分析前提条件下的盈亏平衡分析和目标利润分析，企业通常需要对盈亏平衡和目标利润进行敏感性分析，有关因素主要包括销售量、单价、单位变动成本、固定成本、

产销平衡、税率和目标利润以及产销结构等单、多因素。可见,敏感性分析实质就是研究应用单、多敏感性因素解释敏感性因素变动对利润的影响程度的内在规律。

二、相关因素变动对盈亏平衡点的影响

盈亏平衡点的确定是建立在固定成本、单位变动成本、销售价格以及产品品种构成等因素不变的基础上的。但上述因素在实践过程中是经常变动的,所以也会引起盈亏平衡点的升降变动。如前所述,在单一产品情况下,盈亏平衡点的计算公式为:

$$盈亏平衡点的销售量 = \frac{固定成本}{单价-单位变动成本} = \frac{固定成本}{单位边际贡献}$$

(一)固定成本变动对盈亏平衡点的影响

$$固定成本变动后的盈亏平衡点的销售量 = \frac{原固定成本 \pm 固定成本变动额}{单位边际贡献}$$

$$固定成本变动后的盈亏平衡点的销售额 = \frac{原固定成本 \pm 固定成本变动额}{边际贡献率}$$

【例7-9】 某公司生产和销售一种产品,产品的单价为40元,单位变动成本为20元,固定成本为30 000元,假设本年度产品的实际销售量为7 500件,要求盈亏平衡点的销售量。

$$盈亏平衡点的销售量 = \frac{固定成本}{单价-单位变动成本} = \frac{30\,000}{40-20} = 1\,500(件)$$

如果其他条件不变,只是固定成本由原来的30 000元下降到了20 000元,则盈亏平衡点的销售量将由原来的1 500件变为:

$$盈亏平衡点的销售量 = \frac{固定成本}{单价-单位变动成本} = \frac{20\,000}{40-20} = 1\,000(件)$$

案例分析结果表明出固定成本的下降会使导致盈亏平衡点的(销售量)降低。固定成本变动对盈亏平衡点的影响如图7-2所示。在其他条件不变的条件下,盈亏平衡点的高低取决于固定成本的多少。固定成本越多,则盈亏平衡点越高;反之,盈亏平衡点越低。

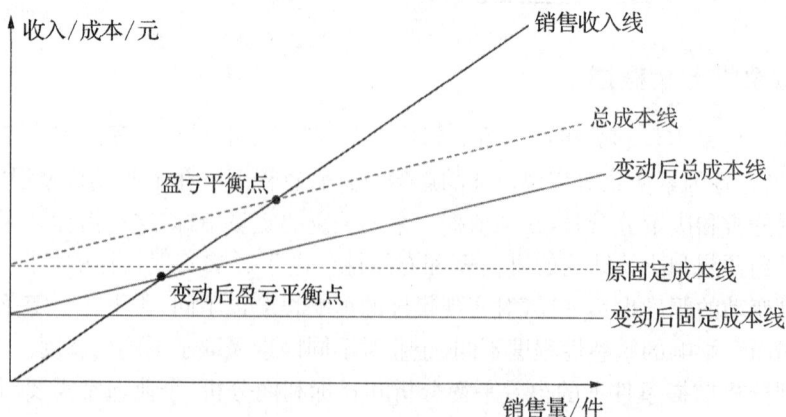

图7-2 固定成本变动的盈亏平衡点图

（二）单位变动成本变动对盈亏平衡点的影响

$$单位变动成本变动后的盈亏平衡点的销售量 = \frac{原固定成本}{单价-(原单位变动成本+单位变动成本额)}$$

$$单位变动成本变动后的盈亏平衡点的销售额 = \frac{原固定成本}{1-\dfrac{原单位变动成本\pm单位变动成本额}{单价}}$$

【例7-10】 相关资料如【例7-9】，其他条件不变，单位变动成本由原来的20元下调到15元，则盈亏平衡点的销售量由原来的1 500件变为：

$$盈亏平衡点的销售量 = \frac{固定成本}{单价-单位变动成本} = \frac{30\,000}{40-15} = 1\,200（件）$$

案例分析结果表明单位变动成本变动对盈亏平衡点的影响如图7-3所示。在其他条件不变的条件下，盈亏平衡点的变动方向正好与单位变动成本方向一致。单位变动成本下降，导致变动后总成本线的斜率减小，盈亏平衡点左移，单位边际贡献按其减少额相应地提高，盈亏平衡点下降，亏损区减小而盈利区扩大。

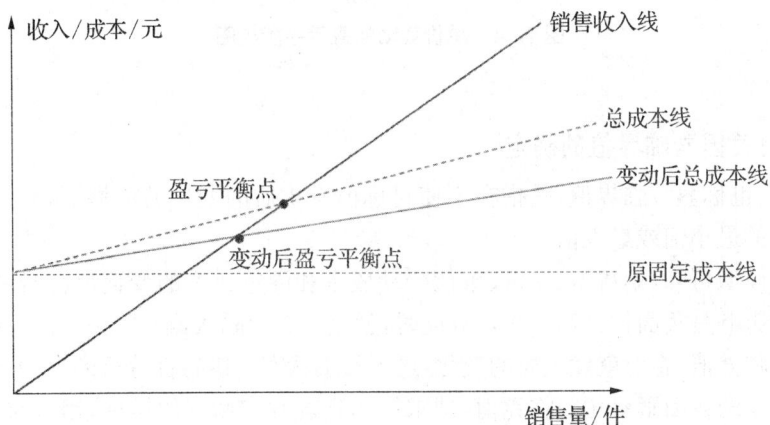

图7-3 单位变动成本变动的盈亏平衡点图

（三）单价变动对盈亏平衡点的影响

$$单价变动后的盈亏平衡点的销售量 = \frac{固定成本}{原单价\pm单价变动额-单位变动成本}$$

$$单价变动后的盈亏平衡点的销售额 = \frac{固定成本}{1-\dfrac{单位变动成本}{原单价\pm单价变动额}}$$

【例7-11】 相关资料如【例7-9】，其他条件不变，产品单价由原来的40元上调到55元，则盈亏平衡点的销售量由原来的1 500件变为：

$$盈亏平衡点的销售量 = \frac{固定成本}{单价-单位变动成本} = \frac{30\,000}{55-15} = 750（件）$$

案例分析结果表明产品单价的变动对盈亏平衡点的影响如图7-4所示。在销售总成本不变的条件下,盈亏平衡点受单价变动的影响而变动,单价越高,产品的边际贡献增加,盈亏平衡点就越低,同样的销售量实现的利润就越多。并且由于销售收入线的斜率变大,盈亏平衡点向左移动,A1 至 A2 这一段由原来的亏损区变成了盈利区。

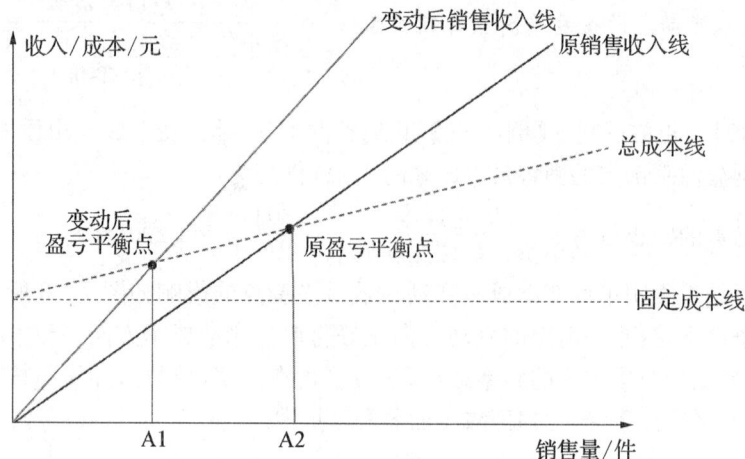

图 7-4　单价变动的盈亏平衡点图

(四) 有关因素临界值的确定

临界值,也称盈亏临界值,是指在不使目标值发生质的变化的前提下,允许有关参数值变动达到的最小值或最大值。

由盈利模型可知,销售量、单价、单位变动成本和固定成本的变化都会对利润产生影响。当这种影响是负面的且达到一定程度时,就会使企业陷入盈亏平衡状态;如果变化超出盈亏平衡临界值,企业就发生质的变化,进入亏损状态。敏感性分析的目的之一是确定引起这种质变的各因素变化的临界值,即求取达到盈亏平衡点的销售量和价格的最小允许值以及单位变动成本和固定成本的最大允许值。

> **课程思政**
>
> 时间是我们人生最根本资源,是我们与世界交流唯一拥有的资源,时间对每个人来说都是公平的,上天给每个人每天都是 24 小时,1 440 分钟,但是利用时间的效率是不一样的,原因在于每个人对时间成本的重视程度不一样。如何进行时间成本管理,其实也就是如何管理我们的人生。

三、产销平衡敏感性分析

在企业营运管理中,销售量和生产量经常既不同步也不相等,产销不平衡才是企业生产经营过程中产品生产和销售环节的常态。可见,产销平衡敏感性分析的实质是产销不平衡敏感性分析。

在变动成本法下,当期固定性制造费用和非生产成本与产品生产没有直接关系,不构成产品成本,无论销售与否,都要作为期间成本,直接抵减当期收益,在贡献式损益表中的"固定成本"项目列示。可见,产销不平衡不会引起盈亏平衡和利润变动。因此,在变动成本法下,产销不平衡属于非敏感性因素,不存在敏感性分析。

在完全成本法下,当期变动生产成本和固定性制造费用作为产品成本的构成内容,随产品实体流动而流动,随生产量变动而变动,产品销售之前,在资产负债表中的"存货"项目列示,而在产品销售的同时,结转成本进行损益计算,在利润表中的"营业成本"项目列示。可见,当期固定成本中只有固定性制造费用计入了产品生产成本,表现为固定成本中减少了固定性制造费用部分,变动成本中增加了固定性制造费用部分,即产销不平衡转化为固定成本和变动成本两个因素同时变动。因此,在完全成本法下,产销不平衡属于敏感性因素,可以将产销不平衡敏感性分析视为固定成本和变动成本同时变动的多因素敏感性分析(后述)。

四、税率敏感性分析

税率敏感性分析主要表现为流转税税率和所得税税率敏感性分析。

(一)流转税税率敏感性分析

在现行税制中,增值税属于价外税。可见,增值税税率变动不会引起盈亏平衡和利润变动。因此,增值税税率属于非敏感性因素,不存在敏感性分析。

包括消费税、关税等的非增值税的流转税属于价内税,税率变动直接影响单价,增加或者减少销售收入。可见,非增值税的流转税税率变动会导致单价变动,从而引起盈亏平衡和利润变动。因此,非增值税的流转税税率属于敏感性因素,可以将非增值税的流转税税率敏感性分析视为单价敏感性分析。

(二)所得税税率敏感性分析

所得税税率提高,当期税后利润减少;反之,相反。可见,所得税税率影响税后利润,而非利润,即所得税税率变动不会引起盈亏平衡和利润变动。因此,所得税税率属于非敏感性因素,不存在敏感性分析。

综上所述,下一年度增值税税率和所得税税率变动不会引起盈亏平衡和利润变动,不存在敏感性分析,而非增值税的流转税税率敏感性分析可以视为单价敏感性分析。

五、目标利润敏感性分析

目标利润敏感性分析是在本量利分析的前提下,假定其他因素不变时,只存在目标利润变动对实现目标利润的销售量或者销售额的影响程度的一种敏感性分析,表现为量化分析目标利润上升或者下降对盈亏平衡和实现目标利润的销售量或者销售额的影响程度。目标利润敏感性分析与固定成本敏感性分析的唯一区别是"目标利润",如果将目标利润敏感性分析中的"目标利润"理解为一种特殊固定成本或者固定成本的一个附加值(相当于固定成本的增加),就是固定成本敏感性分析。

【例7-12】　相关资料如【例7-9】,要求计算实现目标利润的销售量基准值(简称

"实现目标利润基准量",下同)和实现目标利润的销售额基准值(简称"实现目标利润基准额",下同)。

$$实现目标利润基准量=\frac{30\ 000+7\ 500}{40-20}=1\ 875(件)$$

$$实现目标利润基准额=\frac{30\ 000+7\ 500}{\frac{40-20}{40}}=75\ 000(元)$$

【例 7 - 13】 相关资料如【例 7 - 9】,其他条件不变,假如本年度实际销售量提高为 9 500 件,则

$$实现目标利润的销售量=\frac{30\ 000+9\ 500}{40-20}=1\ 975(件)$$

$$实现目标利润的销售额=\frac{30\ 000+9\ 500}{\frac{40-20}{40}}=79\ 000(元)$$

实现目标利润的销售量变动量(简称"实现目标利润变动量",下同)=实现目标利润的销售量-实现目标利润基准量=1 975-1 875=100(件)。实现目标利润的销售额变动额(简称"实现目标利润变动额",下同)=实现目标利润的销售额-实现目标利润基准额=79 000-75 000=4 000(元)。

计算结果表明,当因营运管理需要将下一年度原计划利润 7 500 元调增到 9 500 元时,引起下一年度公司的实现目标利润的销售量和销售额分别增加 100 件和 4 000 元。

同理,也可对计划利润调减应用差量分析法进行目标利润敏感性分析。

因此,在假定其他因素不变时,目标利润属于敏感性因素,与实现目标利润的销售量或者销售额正相关。

思考题

1. 简述本量利分析的定义。

2. 简述边际贡献分析和安全边际分析的定义及主要指标。

3. 简述盈亏平衡和盈亏平衡点的销售量和销售额的定义。

4. 简述目标分析的定义和内容。

5. 简述敏感性分析的定义和优缺点。

实务训练题

1. 2024 年度 A 公司生产甲产品 7 000 万件,单价 10 元/件,单位产品的变动成本 6 元/件,固定成本 1 980 万元。要求:

计算 2024 年度 A 公司甲产品盈亏平衡点的销售量;

2. 甲企业只生产 A 产品,单价 100 元/台,单位变动成本 60 元/台,本期实现销售 500 台,发生固定成本 10 000 元。

要求：

(1) 计算本期 A 产品的单位边际贡献、边际贡献总额和边际贡献率；

(2) 利用边际贡献指标计算企业的本期实现利润；

(3) 计算本期 A 产品的变动成本率；

(4) 验证变动成本率与边际贡献率关系。

3. 某企业生产 A、B、C 三种产品，年固定成本为 91 800 元，有关资料如下：

品种	销售量/件	销售单价/元	单位变动成/元
A	1 200	200	160
B	1 000	240	180
C	1 000	320	220

要求：采用加权平均法计算该公司产品的综合盈亏平衡销售额及各产品的盈亏平衡点。

4. 某企业生产和销售甲产品，每件售价 80 元，2024 年的收益如下：

销售收入	112 000
变动成本	7 000
边际贡献	42 000
固定成本	54 000
税前利润	(12 000)

要求：

(1) 计算 2024 年扭转亏损必须增加的销售量。

(2) 若 2024 年期望在固定成本增加 1 0000 元的情况下，实现目标利润 50 000 元，计算 2024 年甲产品最少应销售多少件。

5. 某公司生产甲产品，销售单价 200 元，销售量 10 000 件，单位变动成本为 120 元，固定成本 560 000 元。

要求：

(1) 计算安全边际率和盈亏平衡点作业率。

(2) 预计下年度目标利润要比本年度增加 10%，可采取哪些措施来实现？

(3) 对提出的各项措施运用敏感性分析原理，测算其对利润的敏感程度。

6. 某企业生产经营一种产品，单价 500 元，单位变动成本 300 元，全年固定成本总额 100 万元，预计销售量 1 万件。

要求：

(1) 计算该企业税前利润。

(2) 如果要使企业全年不亏损，单价、单位变动成本、销售量和固定成本应在什么范围变化？

第八章　成本控制

学习目标 >>>>>

- 了解成本控制概念、对象以及成本控制的分类。
- 掌握标准成本控制的定义与分类。
- 掌握直接材料标准成本、直接人工标准成本的制定。
- 掌握变动制造费用标准成本、固定制造费用标准成本的制定。
- 掌握标准成本差异的计算与分析。
- 理解单位产品标准成本卡的编制以及应用。

引导案例

皮革厂的成本控制与管理

小王创办了一家皮革厂,生产产品主要用于各种家具。产品成本构成主要是原材料成本和人工成本。原材料的质量对产品品质有较大影响,人工成本主要取决于该厂的效益,同时也与当地的物价水平、员工的技能水平有关。由于小王经验不足,该厂成本控制意识较弱,未采取有效措施控制成本,产品成本非常高,生存和发展都受到了严峻挑战。小王意识到,该厂的当务之急是控制成本。为此,小王咨询了专业人员,专家提出应适时采用标准成本制度对成本进行控制与管理。小王在制定了标准成本之后,该厂定期将实际结果与标准成本进行对比,发现问题,明确责任归属,并积极采取相应措施,从而取得了显著成效。产品成本降低了,利润增加了,标准成本控制制度的成功实施使该厂找到了生存和发展的转机。

知识结构图

第一节　成本控制概述

一、成本控制的概念

成本控制有广义和狭义之分。狭义的成本控制是指对产品生产过程的成本控制,即运用一定的方法或采用一定的手段对产品生产过程中构成产品成本的一切耗费,进行科学严格的计算、限制和监督,将各项实际耗费限制在预先确定的预算或标准的范围内,并分析实际成本脱离预算或标准的原因,积极采取对策,以实现全面降低产品成本目标的相关会计管理活动或行为的总称。一直以来,传统成本控制将精力集中于生产过程,关注生产阶段的直接材料、直接人工以及制造费用的控制。这种控制理念根深蒂固,由此形成狭义的成本控制概念。

广义的成本控制是指对企业生产经营全过程的控制,即运用一切可能采用的方法或手段,对产品投产前、生产过程中以及生产结束后实施全面成本控制的相关管理活动或行为的总称。广义的成本控制概念是当今所推崇的成本控制概念,强调拓展传统成本控制的观念、范围、方法,对企业生产经营的各个方面、各个环节以及各个阶段实施全面成本控制,要求企业不仅要控制产品生产阶段的成本,更要控制产品投产前的成本以及售后服务阶段的成本;不仅要进行成本差异分析,还要分析成本动因、质量成本等;不仅要控制成本发生的绝对额,还要从相对数额角度分析投入与产出的比率,主张较高支出下的高回报。显然,广义的成本控制在空间上渗透到了企业的方方面面,在时间上贯穿了企业生产经营的全过程,在人员上涉及企业的各类人员,实际上是一个能够使企业不断降低成本的全面成本控制体系。

二、成本控制的种类

成本控制可以按照不同的标志进行分类,常见的几种分类如下。

(一) 按控制的实施时间分类

成本控制按控制的实施时间不同,可以分为事前成本控制、事中成本控制和事后成本控制三种类型。事前成本控制是指在产品投产前,根据有关资料进行分析,预测有关因素对未来成本的影响,为了防止产品成本过高而采取的一切控制措施。这种控制旨在达到防患于未然的目的,是企业成本控制的最关键环节,其形式多种多样,如建立各项成本管理制度、进行战略规划、编制预算等。事中成本控制是指在产品成本形成过程中,从投料开始到产品销售整个过程中所采取的控制措施。生产过程当中的成本控制常常针对料、工、费三项进行,主要从数量和价格两方面采取措施,通过揭示差异进行控制。这种控制旨在消除生产过程中的损失和浪费,提高生产效率,将成本费用控制在目标成本的范围之内。事后成本控制是指在产品销售后所采取的成本控制措施,如差异分析、考核评价、计算售后成本等,旨在总结经验,发现问题并采取改进措施。从单纯差异分析方式来看,事后成本控制与事中成本控制十分相似,最大不同在于二者服务的着眼点是不同的,前者着眼于下期的成本控制,后者则着眼于当期的成本控制。

(二) 按控制的手段分类

成本控制按控制的手段不同,可以分为绝对成本控制和相对成本控制两种类型。绝对成本控制是指针对某项成本所采取的单纯成本节约措施。这种控制方式侧重于节流,主要着眼于节约各项支出,杜绝浪费,属于传统的成本控制理念,一直为人们采用。相对成本控制是指以开源为主,辅之以节流的成本控制措施。这种控制方式不以成本的绝对节约为目的,以盈利分析为核心,关注投入与产出的关系,主张投入是为了更好地赚钱的控制理念,是当今所倡导的一种成本控制方式。

(三) 按控制与被控制对象的关系分类

成本控制按控制与被控制对象的关系不同,可以分为直接成本控制与间接成本控制两种类型。直接成本控制是指直接作用于被控制对象的成本控制措施,如制定的成本控制制度、确定的成本控制标准、提高材料的成材率等。间接成本控制是指不直接针对被控制对象,但所产生的影响能够作用于成本的间接成本控制措施,如企业开展的时间管理、实施的战略规划等。

课程思政

通过学习成本控制的方法和原则,学生不仅能够理解到经济效益与社会责任并重的经营理念,更能将这一理念内化为自己的行为准则,从而在未来的职业生涯中,以更加负责任和高效的态度面对工作中的成本挑战,实现个人价值与社会价值的双重提升。

第二节　标准成本控制

知识结构图

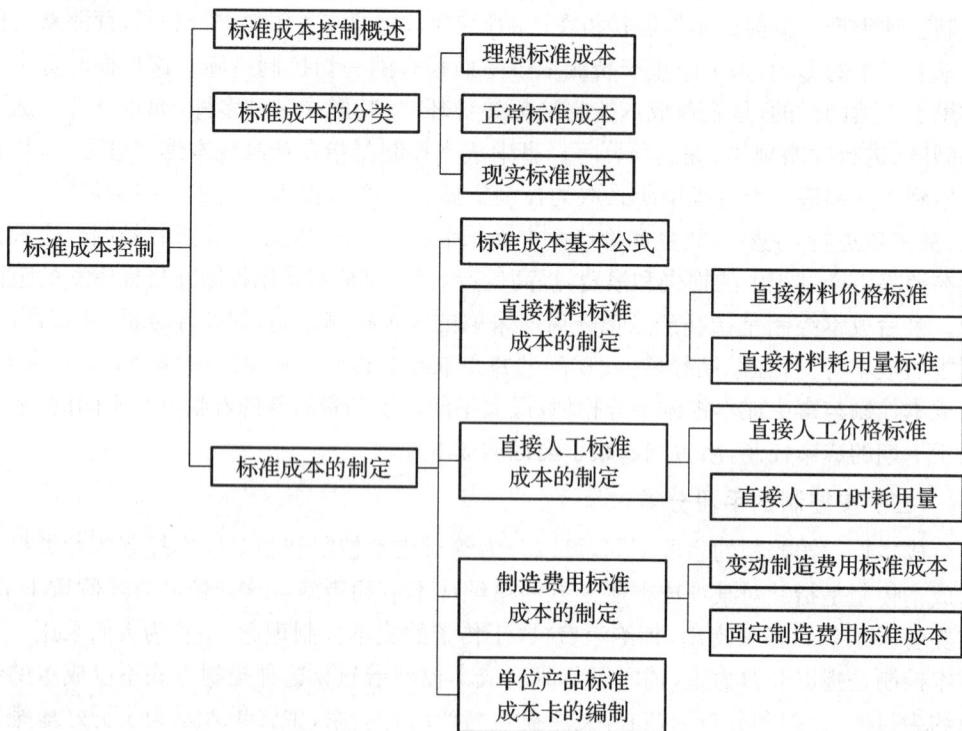

一、标准成本控制概述

(一) 标准成本控制的定义与内容

标准成本控制是指围绕相关产品及具体成本项目的标准成本而设计的,是企业在生产经营过程中预先制定成本标准,并将实际成本和标准成本定期进行对比,找出成本差异,分析差异产生的原因,明确经济责任,就重大的差异事项及时采取措施进行纠正,以此加强成本控制的手段与方法。

标准成本控制的内容包括标准成本的制定、成本差异的计算与分析、成本差异的账务处理三个部分。其中,标准成本的制定实现了事前控制,是标准成本控制的前提和关键,为后续进行成本差异的计算与分析提供了客观依据。通过制定标准成本,把成本的事前计划、日常控制和最终产品成本的确定有机结合起来,有利于加强成本的管理。成本差异的计算与分析实现了事中控制,是标准成本控制的重点,旨在明确优势与不足,为日后降低产品成本、加强成本控制奠定基础。企业在成本差异的计算与分析过程中可采用例外管理原则,对重大差异进行调查分析,明确责任,实施控制与管理。成本差异的账务处理则实现了事后控制,是对前两部分的总结。该部分与成本的日常核算相联系,是将已经产生的成本差异各项目记录在账簿中,以满足对外财务报告的需要。这三个部分构成一个完整体系,其关系可见图 8 − 1。

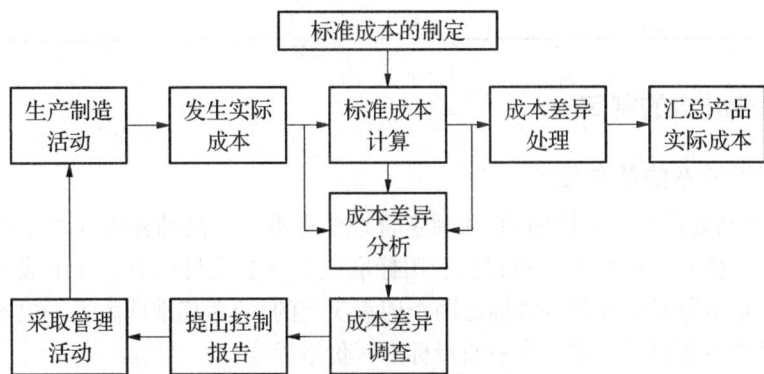

图 8 − 1　标准成本系统流程图

二、标准成本的分类

企业在确定应用对象后,首先要制定企业的标准成本。标准成本是指在正常生产技术水平和有效的生产经营效率条件下应当发生的成本,是用来控制成本、评价实际成本、衡量工作效率的一种目标成本。在制定标准成本时,根据要求达到的效率不同,可以分为理想标准成本、正常标准成本、现实标准成本和基本标准成本。

(1) 理想标准成本,是指在最优条件下,利用现有的规模和设备能够达到的最低成本。它是根据理论上的最佳业绩标准、生产要素最理想的价格和可能实现的最高生产经营能力利用程度制定的。这种标准成本,排除了机器故障、工作停顿等一切失误,以及浪费和资源闲置等因素。理想标准提出的要求太高且难以实现,即使暂时出现也不可能持久,企业一般不能据此进行成本控制与考核。其主要用途是提供一个完美的目标,揭示实际成本下降的潜力,指出企业努力的方向。

(2)正常标准成本,是在正常工作效率、正常经营能力利用程度和正常价格的条件下应该达到的成本水平。制定这种标准成本时,考虑了生产经营活动中不可避免的损失、故障、偏差等实际情况,把一般难以避免的损耗和低效率等情况也计算在内,成为切实可行的控制标准,因此被视为一种经过努力可以达到的成本。从具体数量上看其应大于理想标准成本,但又小于历史平均水平,实施以后实际成本更大的可能是逆差而不是顺差,是要经过努力才能达到的一种标准,因而可以调动职工的积极性。

(3)现实标准成本,亦称可达到标准成本,是指根据其适用期间合理的价格水平、各种生产要素的耗用量和生产经营能力利用程度等制定的标准成本。现实标准成本最切实可行,最接近实际成本,可用于评价实际成本,也可用于对存货和销货成本进行计价,最适宜在经济形势变化多端的情况下使用。标准成本法下一般也采用这种标准成本。

知识卡片

现实标准成本既不像理想标准成本那样高不可攀,又不像正常标准成本那样可以轻易达到。

因此,这种现实的标准成本是进行成本管理的有效方法。

三、标准成本的制定

(一)标准成本的基本公式

企业的产品要进行成本控制,必须规定合理的标准。产品的标准成本通常由直接材料标准成本、直接人工标准成本和制造费用标准成本三个项目构成。各个成本项目的标准成本,通常是由数量标准和价格标准两个因素决定的,两者相乘即为每一成本项目的标准成本,即某成本项目的标准成本＝数量标准×价格标准。

课程思政

标准成本控制也是一种基于责任、纪律、约束的管理方法。坚持原则,坚守底线。在理解他人的同时,我们也要坚持自己的原则和底线。对于一些基本的原则和价值观,要始终保持清醒的头脑和坚定的信念,不能因为误解而放弃自己的立场。

(二)直接材料标准成本的制定

直接材料标准成本是指直接用于产品生产的材料成本标准,由材料价格标准和材料耗用量标准确定的。

1. 直接材料价格标准

直接材料价格标准是指以订货合同中的合同价格为基础,考虑未来各种变动因素所确定的购买材料应当支付的价格,即标准单价。一般包括发票价格、运费、保险费、包装费、检验费和运输途中合理损耗等成本费用。材料标准价格通常是由财务部门和采购部门共同协商制定的。

2. 直接材料耗用量标准

直接材料耗用量标准是生产单位产品应当耗用的有形实体的原料及主要材料的用量,也称为材料消耗定额。一般包括在生产内发生的材料损耗和不可避免的废品损失中的直接材料消耗等。材料耗用量一般由生产技术部门根据材料消耗定额制定提供。

3. 直接材料标准成本的计算公式

直接材料标准成本＝单位产品的材料耗用量×材料的标准单价

【例 8-1】　A 公司预计 2023 年 B 产品消耗的直接材料资料,见表 8-1。

表 8-1　2023 年 B 产品消耗的直接材料资料

单位产品耗量/(千克/件)	甲材料	乙材料
原材料工序Ⅰ用量	12	15
原材料工序Ⅱ用量	10	17
必要损耗量	20	13
直接材料耗用量/千克	42	45
单位产品价格/(元/件)	甲材料	乙材料
发票价格	13	10
运杂费	15	14
检验费	11	13
直接材料价格标准/(元/件)	39	37

要求:制定 B 产品消耗直接材料的标准成本。

解:单位产品消耗甲材料的标准成本＝直接材料耗用量×直接材料价格标准
＝42×39＝1 638(元/件)

单位产品消耗乙材料的标准成本＝直接材料耗用量×直接材料价格标准
＝45×37＝1 665(元/件)

B 产品直接材料的标准成本＝1 638＋1 665＝3 303(元/件)

(三) 直接人工标准成本的制定

直接人工标准成本是指直接用于产品生产的人工成本标准,由直接人工价格标准和直接人工工时耗用量标准决定的。

1. 直接人工价格标准

直接人工价格标准即标准工资率,由人事部门根据用工情况制定。采用计件工资制时,标准工资率是指标准计件工资;采用计时工资制时,标准工资率就是单位标准工资率,计算公式如下:

$$标准工资率=\frac{标准工资总额}{标准总工时}$$

2. 直接人工工时耗用量

直接人工工时耗用量即生产工人生产产品所需要的直接工作时间,也称工时消耗定额,包括对产品进行直接加工所耗用的工时、必要的休息和停工工时以及不可避免产生的废品所耗用的工时。

3. 直接人工标准成本的计算公式

单位产品直接人工标准成本=直接人工价格标准×人工工时耗用量标准

【例 8-2】 A 公司预计 2023 年 B 产品消耗的直接人工资料,见表 8-2。

表 8-2 2023 年 B 产品消耗的直接人工资料

标 准	工 序	
	第一工序	第一工序
直接加工时间	60	55
间接工作时间	8	7
废次品损耗时间	2	3
直接人工工时耗用量标准/(工时/件)	70	65
每人每月工时(26 天×8 小时)	208	208
每月工资总额/元	80 000	95 000
生产工人数量/人	25	30
总工时	5 200	6 240
直接人工价格标准(元/小时)	15.38	15.22

要求:制定 B 产品消耗直接人工标准成本。

解:第一工序直接人工标准成本=直接人工价格标准×直接人工工时耗用量标准
$$=15.38×70=1\ 076.6(元/件)$$

第二工序直接人工标准成本=直接人工价格标准×直接人工工时耗用量标准
$$=15.22×65=989.3(元/件)$$

B 产品消耗直接人工标准成本=1 076.6+989.3=2 065.9(元/件)

（四）制造费用标准成本的制定

制造费用标准成本是指生产单位产品所发生的制造费用成本。制造费用的标准成本包括制造费用价格标准和制造费用数量标准两个方面。计算公式为：

$$制造费用标准成本＝制造费用标准分配率×标准工时$$

制造费用的数量标准，即工时用量标准，其含义与直接人工用量标准相同。

制造费用价格标准，即制造费用的分配率标准。计算公式为：

$$制造费用标准分配率＝\frac{制造费用预算总额}{标准总工时}$$

制造费用标准成本通常分为变动制造费用标准成本和固定制造费用标准成本。

1. 变动制造费用标准成本

变动制造费用标准成本一般是由生产部门和技术部门共同指定的，由工时标准和变动制造费用标准分配率两个因素决定。计算公式为：

$$变动制造费用标准成本＝标准工时×变动制造费用标准分配率$$

其标准工时通常与直接人工标准成本制定中所确定的单位产品的工时标准相同。计算公式为：

$$变动制造费用标准分配率＝\frac{变动制造费用预算}{直接人工标准工时总额}$$

2. 固定制造费用标准成本

固定制造费用标准成本是根据企业采用的成本计算法决定的。在变动成本法下，固定制造费用不含在单位产品成本中，不存在分配率问题。在完全成本法下，固定制造费用包含在单位产品成本中，因此需要制定固定制造费用标准成本，其制定方法与变动制造费用标准成本大致相同。计算公式为：

$$固定制造费用标准成本＝标准工时×固定制造费用标准分配率$$

其中，标准工时的含义与直接人工标准工时相同。固定制造费用标准分配率计算公式为：

$$固定制造费用标准分配率＝\frac{固定制造费用预算总额}{标准总工时}$$

【例 8-3】　A 公司 2023 年 B 产品消耗的制造费用材料，见表 8-3。

表 8-3　2023 年 B 产品消耗的制造费用材料　　　　　　金额单位：元

标　准	产　线	
	第一生产线	第二生产线
间接材料费	50 000	45 000

标　准	产　线	
	第一生产线	第二生产线
间接人工费	20 000	15 000
水电费	25 000	20 000
变性制造费用预算/元	85 000	80 000
管理人员工资	70 000	86 000
折旧费用	30 000	27 000
其他费用	13 400	12 500
固定性制造费用预算	113 400	125 500
预算的标准工时/小时	16 000	14 000
用量标准（台时/件）	70	75

要求：制定 B 产品制造费用的标准成本。

解：第一生产线：

$$变动性制造费用分配率=\frac{变动性制造费用预算}{预算的标准工时}=\frac{85\ 000}{16\ 000}=5.3(元/小时)$$

$$固定性制造费用分配率=\frac{固定性制造费用预算}{预算的标准工时}=\frac{113\ 400}{16\ 000}=7.1(元/小时)$$

制造费用分配率＝5.3＋7.1＝12.4(元/小时)

制造费用标准成本＝12.4×70＝868(元/件)

第二生产线：

$$变动性制造费用分配率=\frac{变动性制造费用预算}{预算的标准工时}=\frac{80\ 000}{14\ 000}=5.7(元/小时)$$

$$固定性制造费用分配率=\frac{固定性制造费用预算}{预算的标准工时}=\frac{125\ 500}{14\ 000}=7.8(元/小时)$$

制造费用分配率＝5.7＋7.8＝13.5(元/小时)

制造费用标准成本＝13.5×75＝1 012.5(元/小时)

B 产品制造费用的标准成本＝868＋1 012.5＝1 880.5(元/件)

（五）单位产品标准成本卡的编制

在确定了直接材料、直接人工和制造费用的标准成本后，就可以据此汇总确定有关产品完整的标准成本。企业一般运用编制标准成本卡来反映产品标准成本的具体构成。在变动成本法下，标准成本卡包括直接材料、直接人工和变动制造费用；在完全成本法下，标准成本卡还包括固定制造费用。企业要为每一个产品设置一张标准成本卡，并在该卡中分别罗列各项成本的价格标准和数量标准，通过直接汇总的方法求得单位产品的标准成本。

【例 8-4】　已知，仍按【例 8-1】～【例 8-3】中关于 A 公司甲产品各个成本项目的标准成本资料，产品标准成本卡，见表 8-4。

表 8-4　A公司甲产品各个成本项目的标准成本资料

项　目	耗用量标准	价格标准	标准成本/(元/件)
直接材料			
材料甲	42 千克/件	39 元/千克	1 638
材料乙	45 千克/件	37/千克	1 665
直接人工			
第一工序	70 小时/件	15.38 元/小时	1 076.6
第二工序	65 小时/件	15.22 元/小时	989.3
变动制造费用			
第一生产线	70 元/小时	5.3/小时	371
第二生产线	75 元/小时	5.7/小时	427.5
固定制造费用			
第一生产线	70 元/小时	7.1/小时	497
第二生产线	75 元/小时	7.8/小时	585
制造费用共计			1 880.5
单位甲产品标准成本			7 249.4

知识拓展

标准成本控制最初产生于 20 世纪 20 年代的美国,随着其内容的不断发展和完善,被西方国家广为采用,成为管理会计的日常成本管理中应用最为普遍和最为有效的一种控制手段。

标准成本是一种单位的概念,与单位产品相联系;预算成本则是一种总额的概念,与一定的业务量相联系。企业一旦建立了标准成本,运用标准成本就要比运用预算成本省力与快捷,这是因为标准成本是以单位为基础计算的,已经自动弹性化。一旦制定了标准成本,就可以很容易地编制企业任何预期业务量的预算(业务量×单位标准成本=预算总额)。

第三节　标准成本差异的计算与分析

标准成本差异是在标准成本制度下,产品生产过程中产生的实际成本与标准成本之间的差额。实际成本超过标准成本所形成的差异称为不利差异;实际成本低于标准成本所形成的差异称为有利差异。标准成本差异对于企业生产管理十分重要,通过计算标准成本差异有利于企业发现潜在问题,分析差异形成的原因,进而采取有效的措施消除不利差异,实现对成本的控制,并促进成本的降低。

成本差异包括直接材料成本差异、直接人工成本差异和制造费用差异三个部分。制造费用差异又可分为变动制造费用差异和固定制造费用差异两部分。

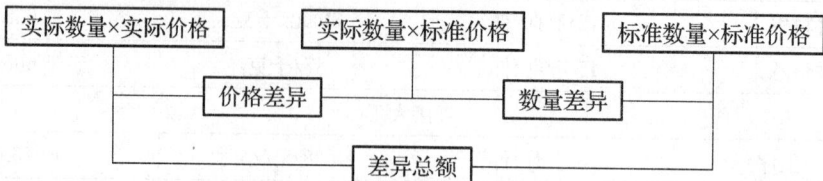

图 8-2 变动性成本差异分析关系图

一、直接材料成本差异的计算与分析

直接材料成本差异是指在实际产量下,直接材料用量总成本与标准总成本之间的差额,按照其形成的原因分为价格差异和耗用量差异两种。计算公式为:

$$直接材料成本差异=直接材料实际成本总额-直接材料标准成本总额$$
$$=直接材料价格差异+直接材料耗用量差异$$

(一)直接材料价格差异

直接材料价格差异是指在产品生产过程中,由于材料的实际价格与标准价格的不同而导致的差异。计算公式为:

$$直接材料价格差异=(实际价格-标准价格)×实际耗用量$$

在企业实际生产过程中,形成材料价格差异的原因是多种多样的,主要与市场价格变动、运输费用上涨、采购计划不准确等有关,这些因素多由采购部门负责,所以进行差异分析主要由采购部门负责。

(二)直接材料耗用量差异

直接材料耗用量差异是指在实际生产过程中,由于材料实际耗用量与标准耗用量的不同而导致的差异。计算公式为:

$$直接材料耗用量差异=(材料实际耗用量-材料标准耗用量)×标准价格$$

在企业实际生产过程中,形成材料耗用量差异的原因也是多方面的,因为材料质量差、废料多、生产技术不熟练造成废品废料、产品设计变更等企业内可控因素造成的,一般由生产部门负责差异分析,有时也要其他部门承担。

【例 8-5】 明真公司生产甲产品需用 A 材料,标准价格为 15 元/千克,单位产品的标准用量为 20 千克/件,本季度明真公司共生产甲产品 3 000 件,实际使用 A 材料 3 500 千克,A 材料的实际价格为 10 元/千克。

要求:计算 A 材料价格差异、耗用量差异及 A 材料的成本差异。

解:

A 材料价格差异=(实际价格-标准价格)×实际耗用量

$$=(10-15)\times3\,500=-17\,500(元)\qquad\text{（有利差异）}$$

A材料耗用量差异＝（实际耗用量－标准耗用量）×标准价格

$$=(3\,500-20\times3\,000)\times15=-847\,500(元)\qquad\text{（有利差异）}$$

甲产品直接材料成本差异＝价格差异＋耗用量差异＝实际成本－标准成本

$$=10\times3\,500-15\times20\times3\,000=-865\,000(元)\text{（有利差异）}$$

或

$$=-17\,500+(-847\,500)=-86\,5\,000(元)\qquad\text{（有利差异）}$$

从计算结果看，在材料成本总差异中，材料价格方面的原因使材料成本下降了17 500元，材料耗用量的节约使材料成本下降了847 500元，综合来看，成本价少了865 000元。

在分析直接材料成本差异时应注意以下几点：

（1）要确定成本差异的责任部门。材料价格差异通常应由采购部门负责，因为影响材料采购价格的因素（如采购批量、供应商的选择、交货方式、材料质量、运输工具等）一般由采购部门控制并受其决策影响。材料数量差异通常应由生产部门负责，因为影响材料耗用量的因素（如任务安排、人员调配、设备使用、现场组织等）一般由生产部门控制并受其决策影响。

（2）要明确成本差异的产生原因并确定责任。虽然材料价格差异通常应由采购部门负责，但有些因素是采购部门无法控制的。所以，对材料价格差异一定要做进一步的分析研究，查明产生差异的真正原因，分清各部门的责任。

二、直接人工成本差异的计算与分析

直接人工成本差异是指实际产量下，直接人工实际成本总额与直接人工标准成本总额之间的差异，可以分成直接人工工资率差异和直接人工效率差异。计算公式为：

$$直接人工成本差异＝直接人工实际成本－直接人工标准成本$$
$$=直接人工工资率差异＋直接人工效率差异$$

（一）直接人工工资率差异

直接人工工资率差异也称直接人工价格差异，是指实际人工价格脱离标准而形成的人工价格差异。计算公式为：

$$直接人工工资率差异＝（实际人工价格－标准人工价格）×实际产量实际工时$$

（二）直接人工效率差异

直接人工效率差异也称直接人工的数量差异，是指由于实际使用的人工工时脱离预定标准而形成的差异。计算方式为：

$$直接人工效率差异＝（实际产量实际工时－实际产量标准工时）×标准工资率$$

概念辨析

由于直接人工的"价格"也就是工人工资率，因此直接人工的价格差异也称为"工资率差异"。

耗用的直接人工的"数量"多少也就是工人工作的效率高低,因此直接人工的数量差异也称为"人工效率差异"。

$$工资率差异 = 实际工时 \times (实际工资率 - 标准工资率)$$
$$人工效率差异 = (实际工时 - 标准工时) \times 标准工资率$$

【例 8-6】 明真公司生产甲产品 300 件,实际消耗人工工时 9 500 小时,实际工资总额 100 000 元,平均每小时工资 14 元,标准小时工资率每工时 10 元,单位甲产品工时定额消耗量为 25 小时。

要求:计算直接人工工资率差异、直接人工工时效率差异、直接人工成本差异。

解:直接人工工资率差异 = (实际人工价格 - 标准人工价格) × 实际产量实际工时
$$= (14 - 10) \times 9\,500 = 38\,000(元) \qquad (不利差异)$$

直接人工工时效率差异 = (实际人工价格 - 标准人工价格) × 实际产量实际工时
$$= 10 \times (9\,500 - 25 \times 300) = 20\,000(元) \qquad (不利差异)$$

直接人工成本差异 = 直接人工实际成本 - 直接人工标准成本
$$= 14 \times 9\,500 - 10 \times 300 \times 25 = 58\,000(元) \qquad (不利差异)$$

从案例计算结果表明,由于实际小时工资率高于标准小时工资率造成直接人工成本上升 38 000 元,单位实际人工工时效率超过单位标准人工工时效率所产生的直接人工工时消耗量差异为 20 000 元。在分析直接人工成本差异时,应该注意以下两点:

(1) 直接人工工资率差异形成的因素包括原工资标准未及时调整、直接生产工人的升降级使用、加班或临时工的增减、奖励制度未起到实际效果、工资计算方法变更、出勤率变化以及其他直接费用控制标准变动等。由于导致直接人工工资率差异的因素多为不可控因素,因此应针对具体情况进行评价说明,并与各部门的工作范围与责任相结合。

(2) 直接人工效率差异形成的因素包括工人的技术熟练程度和责任心、原材料的质量和规格、材料供应的及时性、燃料动力供应、设备状况、工作环境、工具配备情况等,另外还有工人的劳动情绪、生产任务量少造成的工时闲置、工作计划安排不当等。由于人工效率差异产生的因素基本是可控的,因此在分析效率差异时,应对承担不同责任的部门分别进行评价。

课程思政

在企业实际生产过程中,形成材料耗用量差异的原因是多方面的,这需要每个人的努力,需要将员工作为企业的利益共同体,提高员工对企业的认同感和归属感,加强员工的职业道德建设,培养员工的责任感和纪律性,使企业的成本控制更加有效,保证标准成本的制定和执行。

三、变动性制造费用成本差异的计算与分析

变动制造费用成本差异是指在实际产量下实际变动制造费用与标准变动制造费用之

间的差额,可以分为价格差异和效率差异两部分。计算公式如下:

$$变动制造费用成本差异=实际变动制造费用-标准变动制造费用$$
$$=实际工时×实际变动制造费用率-标准工时×$$
$$标准变动制造费用率$$

其中,

$$实际变动制造费用=实际变动制造费用分配率×实际工时$$
$$标准变动制造费用=标准变动制造费用分配率×标准工时$$

(一)变动制造费用价格差异

变动制造费用价格差异,即变动制造费用耗费差异,相当于支出差异。它是实际耗用的变动制造费用数额与按实际工时计算的标准变动制造费用数额之间的差额。其计算方法与直接人工工资率差异基本一致,计算公式如下:

$$变动制造费用价格差异=实际价格×实际数量-标准价格×实际数量$$
$$=实际工时×(实际变动制造分配率-标准变动制造分配率)$$

(二)变动制造费用效率差异

变动制造费用效率差异是指变动制造费用的耗量差异,它是按照生产实际耗用工时计算的变动制造费用与按标准工时计算的标准变动制造费用之间的差异。其计算方法与人工效率差异基本上一致,计算公式如下:

$$变动制造费用效率差异=标准价格×实际数量-标准价格×标准数量$$
$$=标准变动制造分配率×(实际工时-标准工时)$$

概念辨析

由于变动制造费用的"价格"是变动制造费用分配率,因此变动制造费用的价格差异又称为"变动制造费用分配率差异"或"变动制造费用耗费差异"。

变动制造费用的"数量"即为单位产品耗用的人工工时,通常变动制造费用的数量差异称为"变动制造费用效率差异"。

【例 8-7】 明真公司本期预计生产甲产品 300 件,变动制造费用标准分配率为 3 元/工时,工时耗用量标准为 6 工时/件。本期实际生产甲产品 500 件,实际变动制造费用率为 3.5 元/工时,实际消耗工时总量为 2 500 工时。要求:计算变动制造费用差异。

$$变动制造费用价格差异=实际工时×(实际变动制造费用率-标准变动制造费用率)$$
$$=2\,500×(3.5-3)=1\,250(元)$$

$$变动制造费用效率差异=标准变动制造费用率×(实际工时-标准工时)$$
$$=3×(2\,500-500×6)=-2\,500(元)$$

$$变动制造费用成本差异=变动制造费用价格差异+变动制造费用效率差异$$
$$=1\,250-2\,500=-1\,250(元)$$

变动制造费用成本差异＝实际变动制造费用－标准变动制造费用

$$=2\,500\times3.5-3\times500\times6=-250(元)$$

由于变动制造费用受很多明细项目的影响,对其差异的分析应结合构成变动制造费用的具体明细项目做进一步分析。在实际工作中,通常根据变动制造费用弹性预算的明细项目,结合同类项目的实际发生数进行对比分析,从而找出差异的原因及责任归属。在分析时应注意以下两点:

(1)变动制造费用会受许多明细项目(如间接材料、间接人工、水电费等)组成的影响,并且与一定的生产水平相联系,仅计算变动制造费用支出/耗费差异总额并不能明确其责任归属。在实际工作中,企业还需要编制变动制造费用的弹性预算,将各明细项目的预算数额列示清楚,并与实际发生数进行比较和分析,以确认各部门应该承担的责任。变动制造费用支出/耗费差异是生产部门的责任,他们有责任将变动制造费用各明细项目控制在弹性预算限额之内。

(2)变动制造费用效率差异是由于实际工时脱离了标准工时,多用工时或少用工时导致变动制造费用增加或减少。变动制造费用效率与直接人工效率差异的相关性越强,说明变动制造费用效率与直接人工工时联系的有效性越强;相反,则变动制造费用效率差异分析指标就会失去意义。由于其形成原因与人工效率差异相同,其责任归属也可参考直接人工效率差异的分析。

四、固定制造费用成本差异与分析

根据成本性态,固定制造费用总额在一定业务量范围内不会因业务量变化而变动,表现出相对的固定性。因此,固定制造费用成本差异不能简单地分为价格差异和数量差异两种类型。不同于变动制造费用需要采用弹性预算进行控制,固定制造费用一般是通过固定预算进行控制的。计算固定制造费用标准分配率,必须设定一个预算工时,实际工时与预算工时之间的差异造成的固定制造费用差异叫作固定制造费用生产能力利用程度差异。

固定制造费用成本差异＝实际固定制造费用－实际产量下标准固定制造费用(预算)

＝实际产量×单位产品实际工时×固定制造费用小时费用率－

实际产量×单位产品标准工时×固定制造费用标准小时费用率

固定制造费用差异分析的方法通常有两种:一是二因素差异分析法;二是三因素差异分析法。

(一)二因素差异分析法

二因素差异分析法也叫作两项差异分析法,是指将固定制造费用分为预算差异和能量差异两种因素进行分析的方法。

1.预算差异

预算差异又称固定制造费用耗费差异、固定制造费用开支差异,是一种可控差异,是指固定制造费用实际支付金额与预算费用额之间的差异。因为不考虑业务量,在计算时以原来的预算数作为标准,实际数超过预算数被视为耗费过多,即为超支。其计算公式如下:

固定制造费用预算差异＝固定制造费用实际费用－固定制造费用预算费用

2. 能量差异

能量差异是指固定制造费用预算金额与固定制造费用标准成本的差额,它是按预算的生产能量确定的固定制造费用预算与按实际产量的标准工时确定的固定制造费用标准之间的差额。其计算公式如下:

固定制造费用能量差异＝(预算产量下标准工时－实际产量下标准工时)×标准分配率

$$固定制造费用标准分配率＝\frac{固定制造费用预算金额}{预算工时}$$

$$固定制造费用实际分配率＝\frac{固定制造费用实际金额}{实际工时}$$

已分配的固定制造费用等于按实际产量应耗用标准工时和标准分配率计算的固定制造费用分配数,其关系如图 8－3 所示。

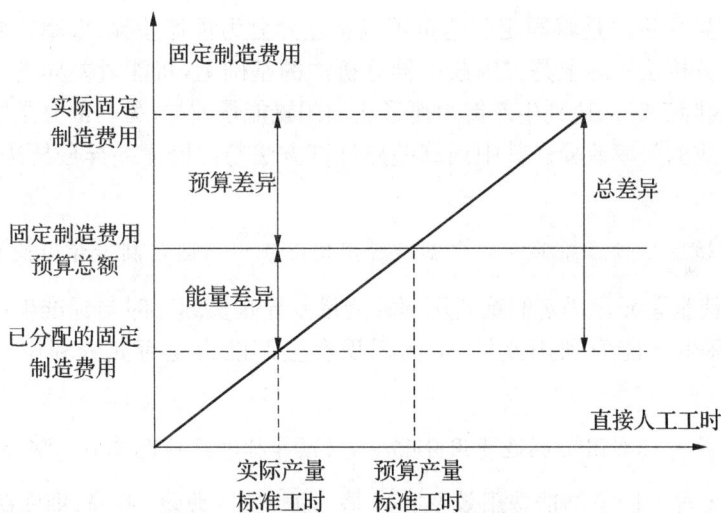

图 8－3 固定制造费用预算差异关系图

【例 8－8】 明真公司生产甲产品,计划年度预计产能标准工时为 4 900 工时,计划年度预计生产产品 700 件,工时用量标准为 7 工时/件。该公司实际生产甲产品 800 件,实际消耗工时总量为 6 500 工时。如果固定制造费用预算总费用为 2 050 元,固定制造费用实际费用为 3 400 元。

要求:计算固定制造费用成本差异。

解:固定制造费用预算差异＝固定制造费用实际费用－固定制造费用预算费用
　　　　　　　　　　　　　＝3 400－2 050＝1 350(元)

固定制造费用能量差异＝标准分配率×(预算产量下标准工时－实际产量下标准工时)

$$=\frac{2\,050}{4\,900}\times(4\,900-800\times7)=-294(元)$$

固定制造费用成本差异＝固定制造费用预算差异＋固定制造费用能量差异

$$=1\,350+(-294)=1\,056(元)$$

固定制造费用成本差异＝实际固定制造费用－标准固定制造费用

$$=4\,400-\frac{2\,050}{700}\times800=-294(元)$$

课程思政

　　任何行为都会产生成本,各种费用和成本的合理支出是企业和个人生存和发展的必要条件,不能只考虑眼前利益,而应该根据自身情况和市场情况做出明智的经济决策。

(二) 三因素差异分析法

　　三因素差异分析法是将固定制造费用成本差异分为预算差异、效率差异和闲置能量差异。三因素分析法实际上是二因素差异分析法的基础上,将能量差异进一步分为两部分:一部分是实际工时未达到生产能力而形成的闲置能量差异;另一部分是实际工时脱离标准工时而形成的效率差异。其中预算差异计算方法与二因素差异分析法中相同,计算公式如下:

　　　　固定制造费用预算差异＝固定制造费用实际费用－固定制造费用预算费用

　　(1) 闲置能量差异。固定制造费用闲置能量差异是实际工时与标准生产能力之间形成的差异,又称生产能力利用差异,可体现现有生产能力是否充分利用。其计算公式如下:

　　闲置能量差异＝标准固定制造费用分配率×(预算标准产能总工时－实际耗用工时)

　　(2) 效率差异。固定制造费用效率差异是一种工时(数量)差异,即实际工时脱离实际产量下的标准工时而形成的差异。其计算公式如下:

　　效率差异＝标准固定制造费用分配率×(实际耗用总工时－实际产量应耗标准工时)

　　【例 8-9】 相关资料如【例 8-8】。要求:采用三因素法计算明真公司的固定制造费用成本差异。

　　固定制造费用预算差异＝固定制造费用实际费用－固定制造费用预算费用

$$=3\,400-2\,050=1\,350(元)$$

　　固定制造费用效率差异＝标准固定制造费用分配率×(实际耗用总工时－实际产量

应耗标准工时)

$$=\frac{2\,050}{4\,900}\times(6\,500-800\times7)=378(元)$$

　　闲置能量差异＝标准固定制造费用分配率×(预算标准产能总工时－实际耗用工时)

$$=\frac{2\,050}{4\,900}\times(4\,900-6\,500)=-672(元)$$

对固定制造费用成本差异进行分析,其产生的原因可能是:资源价格的变动(如工资率的变化、固定材料价格的增减),某些酌量性固定成本因管理上的决定而有所增减;资源的数量比预算有所增减;部门领导怕完不成预算而延缓酌量性固定成本的支出,或担心实际支出过少会削减下期的预算而增加不必要的开支等。

实务训练题

1. 已知:某企业生产 A 产品,有关资料如下:

(1) 生产 A 产品,耗用甲、乙两种材料。其中甲材料标准价格为每千克 20 元,乙材料标准价格为每千克 32 元。单位产品耗用甲材料标准为每件 5 千克,乙材料为每件 9 千克。

(2) 甲产品单位标准工时为 13 小时,直接人工标准工资率为 7.5 元。

(3) 固定性制造费用预算数为 61 000 元;变动性制造费用预算数为 38 000 元,标准总工时数为 10 000 小时。

要求:制定 A 产品的标准成本。

2. 某企业甲产品单位工时标准为 2 小时/件,标准变动费用分配率为 5 元/小时,标准固定制造费用分配率为 8 元/小时。本月预算产量为 10 000 件,实际产量为 12 000 件,实际工时为 21 600 小时,实际变动制造费用与固定制造费用分别为 110 160 元和 250 000 元。

要求计算下列指标:

(1) 单位产品的变动制造费用标准成本。

(2) 单位产品的固定制造费用标准成本。

(3) 变动制造费用效率差异。

(4) 变动制造费用耗费差异。

(5) 两差异法下的固定制造费用耗费差异。

(6) 两差异法下的固定制造费用能量差异。

3. 某企业购进甲种材料 1 000 千克,每千克的实际价格为 2.1 元,标准价格 2 元;购进乙种材料 500 千克,每千克的实际价格为 6.8 元,标准价格为 7 元;甲种材料的实际耗用量 1 000 千克,标准用量 950 千克,乙种材料的实际耗用量 500 千克,标准用量 480 千克。

要求:两种材料的价格差异和数量差异。

4. 某企业采用标准成本控制系统,甲产品的标准成本卡:

成本项目	用量标准	价格标准	标准成本
直接材料			

成本项目	用量标准	价格标准	标准成本
A 材料	9.6 千克/件	2.0 元/千克	19.2 元/件
B 材料	3.0 千克/件	3.6 元/千克	10.8 元/件
小计			30 元/件
直接人工	5 小时	4.0 元/小时	20 元/件
变动性制造费用	5 小时	1.0 元/小时	5 元/件
固定性制造费用	5 小时	0.6 元/小时	3 元/件
标准成本合计			58 元/件

甲产品本期的实际产量为 1 200 件,变动性制造费用的预算总额为 5 000 元,固定性制造费用的预算总额为 3 000 元,预计本期的产量为 1 000 件。实际成本资料如表:

成本项目	实际总用量	实际总价格	实际总成本
直接材料			
A 材料	11 400 千克	1.9 元/千克	21 660 元
B 材料	3 840 千克	3.8 元/千克	14 592 元
直接人工	5 760 小时	4.1 元/小时	23 616 元
变动性制造费用	5 760 小时	1.1 元/小时	6 336 元
固定性制造费用	5 760 小时	0.55 元/小时	3 168 元
实际成本合计			69 372 元

要求:根据表格,分别计算各成本项目的成本差异和分差异。

5. 某企业月固定制造费用预算总额为 100 000 元,固定制造费用标准分配率为 10 元/小时,本月制造费用实际开支额为 88 000 元,生产 A 产品 4 000 个,其单位产品标准工时为 2 小时/个,实际用工 7 400 小时。

要求:用二因素差异分析法和三因素差异分析法进行固定制造费用差异分析。

第九章　全面预算

学习目标 ▶▶▶▶

● 了解全面预算的含义与作用。

● 理解全面预算的内容。

● 掌握全面预算的基本编制方法。

● 理解全面预算的其他编制方法。

引导案例

全面预算管理的重要性

东升集团是一家现代化的工贸企业集团,其业务覆盖装饰、出租、家具制造、综合市场等多个领域。随着企业的发展,东升集团逐步认识到全面预算管理对于提升内部管理的重要性。在实施全面预算管理的过程中,东升集团首先进行了财务信息化的升级,引入了先进的财务软件系统。这一举措使得企业能够更有效地收集、整理和分析财务数据,为全面预算管理提供了坚实的基础。接下来,东升集团根据自身的业务特点和战略目标,制定了详细的全面预算管理体系,这一体系包括预算编制、预算执行、预算调整等多个环节,确保了预算管理的全面性和系统性。通过实施全面预算管理,东升集团成功提升了内部管理水平,优化了资源配置,提高了企业的经济效益和市场竞争力。这一案例为其他企业提供了有益的借鉴和参考,有助于推动全面预算管理的广泛应用和深入发展。但要注意,每个企业的全面预算管理实施过程都会有所不同,具体还需要结合企业自身的实际情况进行调整和优化。

知识结构图

```
                            ┌─────────────────┐   ┌──────────────────┐
                            │  全面预算概述    ├───┤ 全面预算的含义及作用 │
                            │                 ├───┤ 全面预算的内容     │
                            └─────────────────┘   └──────────────────┘
              ┌─────────┐   ┌─────────────────┐   ┌──────────────────┐
              │         │   │                 ├───┤ 固定预算的概念及特征 │
              │ 全面预算 ├───┤ 全面预算的基本编制方法 │                   │
              │         │   │                 ├───┤ 编制举例          │
              └─────────┘   └─────────────────┘   └──────────────────┘
                            ┌─────────────────┐   ┌──────────────────┐
                            │                 ├───┤ 弹性预算          │
                            │ 全面预算的其他编制方法 ├───┤ 零基预算          │
                            │                 ├───┤ 滚动预算          │
                            └─────────────────┘   └──────────────────┘
```

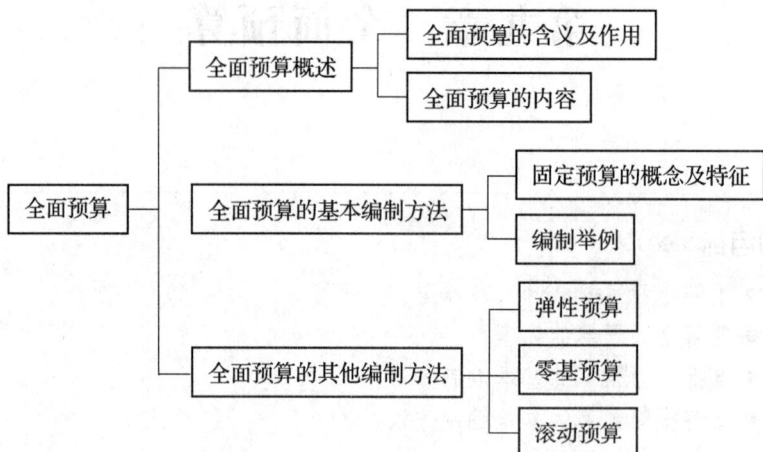

第一节 全面预算概述

一、全面预算的含义及作用

(一) 全面预算的含义

企业通过对内外环境分析,在预测的基础上进行决策分析,确定企业生产经营的最优方案,作为企业有关活动的具体目标,在制定长期战略目标和战略计划之后,需要将其转换成详细的经营计划,从而形成预算。

全面预算是以货币形式对企业未来一定期间的全部经济活动(包括经营、投资、财务等与企业价值相关的各项活动)所做的总体安排予以概括表达,以监督、组织、控制各部门使其在企业的统一目标下,协调地管理企业的一种方法。

(二) 全面预算的作用

1. 明确目标,加强企业控制

全面预算是根据决策确定的最优目标的具体化和数量化,通过编制全面预算,不但能帮助员工明确整个企业的奋斗目标,而且能使企业的各个部门明确各自的具体目标和任务,即各自在成本、利润、资金等方面必须达到的水平。这就便于在生产经营过程中,将实际结果与预算目标相对比,发现差异,并分析其中原因,及时采取措施纠正偏差,使各项经济活动处于预算指标控制之下,以保证企业预定目标的实现。

2. 便于企业内部沟通与协调

企业整体经营目标的实现，依赖某一个或某几个部门的努力是不够的，局部计划的最优化对全局来说不一定是最合理的，需要企业各个部门形成一个有机的整体，通力配合，有效沟通，相互协调。全面预算把总体目标分解落实到每一个部门和员工，使购、销、调、存各个环节工作都能够协调高效地进行，从而能够正确处理企业内部各个部门的相互关系。例如，在以销定产的经营方式下，生产预算应以销售为前提，而现金收支预算必须以供、产、销过程中的现金流量为依据。

3. 为评价工作业绩提供依据

预算是企业内部各部门从事生产经营必须达到的基础水平，在全面预算执行过程中，实际与预算的偏差，不仅是企业控制日常业务活动的主要依据，也是评价各部门、各单位以及员工工作成绩好坏的主要标准。定期把实际完成情况与预算进行比较，揭示出来的差异，既可以考核评价各责任单位的工作业绩，最大限度地调动各个部门以及人员的主观能动性，又可以检查预算编制的质量，要求预算的编制必须具有实现的可能性。

课程思政

"凡事预则立，不预则废。"做任何事情都要有个目标，居安思危，早作筹划，这样才能做到"胸中有数"。领袖人物的英明之处在于有远见，能够见人所未见，准确地预见未来的趋势，从而一步步走向成功。大学生也应该早点制定职业生涯发展规划，为自己今后发展做准备，以免虚度青春。

二、全面预算的内容

全面预算是由一系列相互联系的预算构成的一个有机整体，一般由经营预算、财务预算和当期的资本支出预算等内容构成。

(一) 经营预算

经营预算是对企业日常的生产经营活动编制的预算。日常的生产经营活动就是企业的供、产、销活动，经营预算包括销售预算、生产预算、直接材料预算、直接人工预算、制造费用预算、生产成本预算、销售及管理费用预算，是公司全面预算的基本部分。

(二) 财务预算

财务预算是对企业一年内经营状况、经营成果和现金流量的预算，也是企业的综合预算。财务预算一般包括现金预算、利润预算和资产负债预算等。财务预算反映了现金的流入、流出以及总体的财务状况。

(三) 资本支出预算

资本支出预算主要是针对企业投资项目在预算期内实施投资，需要资金支出而编制的预算,即对企业扩大、更新或改善生产资源及销售渠道等重大决策活动所做的预算,如固定资产改、扩建及更新预算,长期投资预算,新产品研发当期资金支出预算等。特点是:体现着企业重大经营决策和发展方向,预算所涉及的时间较长(一般在一年以上),支出的数据较大,不确定因素较多,编制的困难较大,对投资的数量、期间、回收等需做出适当的估计,为企业从整体上调度资金提供必需的参考。

经营预算和财务预算是一年以内的短期预算,如年度预算、季度预算以及月度预算;资本预算是预算期在一年以上的预算。在长期预算的执行过程中,一年期的有关资本支出的预算,应该包括在企业编制的每年一度的全面预算体系中。

全面预算体系是以本企业的经营目标(年度目标利润)为出发点,以销售预算为主导,销售预算是年度预算的起点,进而编制生产、成本费用等预算;现金收支预算是有关预算的汇总;最后以预计财务报表为终结点,综合反映企业的全部预算。全面预算体系的基本组成内容如图9-1所示。

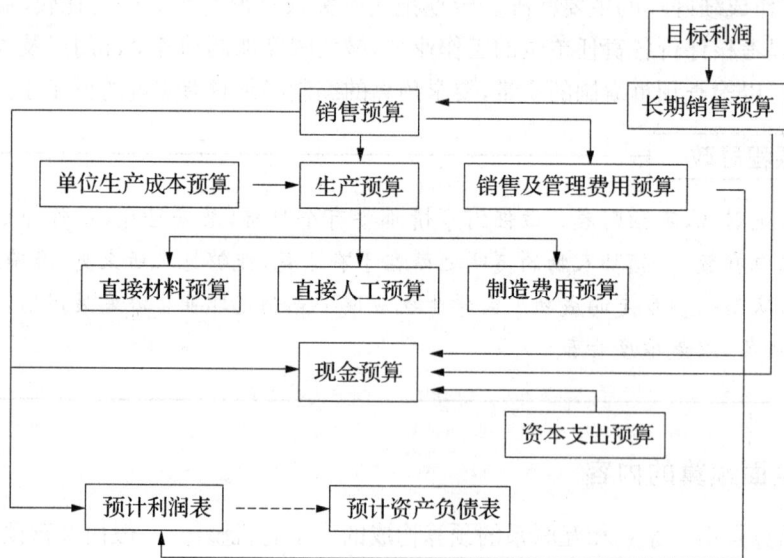

图9-1 全面预算体系的基本组成内容

第二节 全面预算的基本编制方法

全面预算最基本的,也是最传统的编制方法是固定预算编制。

一、固定预算的概念及特征

固定预算又称静态预算,是将预算期内正常的可实现的某一业务量固定在某一预计水平上,不考虑可能发生的变动因素,将其作为唯一基础确定其他项目预计数来编制预算的方法。

固定预算的特征有：① 不考虑预算期间内业务活动水平可能发生的变动，而只以预算期内计划预定的某一特定的业务活动水平为基础确定相应的数据。② 将实际结果与按预算期内计划预定的某一特定的业务活动水平所确定的预算数进行比较分析，并据以对业绩评价考核。

二、编制实务

通常，编制预算的期间为一年或一个经营周期，这样可使预算年度与会计年度保持一致，便于预算执行结果的分析考核与评价。年度预算可以分解成季度预算，季度预算又可分解为月度预算。预算期间越短，各级管理人员越能够经常性地把实际执行与预算数据进行比较，从而更快地发现问题和解决问题。

在编制预算的具体时间上，多数企业一般要在当前年度的最后 3 个月内着手编制下年度的预算，至年底形成完整的预算并颁布。

(一) 经营预算的编制

企业编制全面预算，一般先完成经营预算，再完成财务预算。在编制经营预算时，应先后完成销售预算、生产预算、直接材料采购预算、应缴税金及附加预算、直接人工预算、制造费用预算、产品成本预算、期末存货预算、销售费用及管理费用预算。以经营预算为基础依次编制现金预算表、预计利润表、预计资产负债表。

1. 销售预算

在以销定产的经营模式下，销售预算是全面预算的起点，其他预算都以销售预算为基础。销售预算是根据所确定的目标利润和达到目标利润所确定的销售量、单价和销售额而编制的。销售量是根据市场预算或销售合同并结合企业生产能力确定的，单价是通过价格决策确定的，销售收入则是两者之积。

$$预计销售收入＝预计销售量×预计销售单价$$

由于销售预算以销售预测为基础，因此，销售预测的准确性对整个全面预算的科学合理性起着至关重要的作用。销售预测通常由营销部门进行，由于销售预算需经过预算委员会核定，因而，作为销售预算基础的销售预测报告应提交预算委员会充分讨论并加以修订。

【例 9-1】　华安公司是一家小家电生产企业，生产和销售 MH2 产品，销售单价为 75 元，根据销售合同预算年度（2024 年）产销量为 10 800 件。四个季度的预计销售量分别为：一季度 2 400 件，二季度 2 700 件，三季度 3 000 件，四季度 2 700 件。每季度收到的销售款占本季度销售款的 60%，其余 40% 在下季度收讫，该公司适用的增值税税率为 13%。上年度应收账款 90 000 元将于预算年度第一季度全额收回。

根据以上资料编制 2024 年该公司的销售预算，如表 9-1 所示。

表 9-1　销售预算(含预计现金收入)

2024 年度

金额单位:元

项　目	第一季度	第二季度	第三季度	第四季度	全年合计
预计销售量/件	2 400	2 700	3 000	2 700	10 800
销售单价	75	75	75	75	75
预计销售收入	180 000	202 500	225 000	202 500	810 000
预计增值税销项税额	23 400	26 325	29 250	26 325	105 300
预计含税销售收入	203 400	228 825	254 250	228 825	915 300
预计现金收入 期初应收账款	90 000				90 000
第一季度销售收入	122 040	81 360			203 400
第二季度销售收入		137 295	91 530		228 825
第三季度销售收入			152 550	101 700	254 250
第四季度销售收入				137 295	137 295
现金收入合计	212 040	218 655	244 080	238 995	913 770

2. 生产预算

生产预算主要内容是预计销售量、预计期初和期末存货、预计生产量。为了避免存货过多造成资金的积压,或因存货太多而影响下一季度销售活动的正常进行,存货数量通常按下期销售量的一定百分比确定。生产预算中的预计生产量与销售量之间的关系,可按下列公式计算:

$$预计生产量＝预计销售量＋预计期末存货－预计期初存货$$

上式中期初存货是编制预算时预计的,期末存货根据长期销售趋势确定,必要时,存货预算也可单独编制。在实施适时制的企业中,由于根据客户的订单来安排生产,预计生产量等于预算销售量。

【例 9-2】　假定华安公司年初 MH2 产品存货有 240 件,预算年末留存数为 300 件,其他各期期末存货量按下期销售量的 10%计算。各期预计销售量如表 9-2 所示,要求编制 2024 年该公司的生产预算。

根据以上资料和计算公式编制华安公司 2024 年的生产预算,见表 9-2 所示。

表 9-2　生产预算

2024 年度

单位:件

项　目	季　度				全年合计
	一	二	三	四	
预计销售量	2 400	2 700	3 000	2 700	10 800
加:预计期末存货量	270	300	270	300	300

项　目	季　度				全年合计
	一	二	三	四	
预计需要量合计	2 670	3 000	3 270	3 000	11 940
减:预计期初存货量	240	270	300	270	240
预计生产量	2 430	2 730	2 970	2 730	10 860

3. 直接材料采购预算

直接材料采购预算,是直接材料采购活动编制的预算,主要包括单位产品直接材料耗用量、生产需要量、期初和期末存量、预计材料采购量和预计采购金额。

$$预计生产需要量＝预计生产量×单位产品材料用量$$
$$预计材料采购量＝预计生产需要量＋预计期末存量－预计期初存量$$

预计生产量的数据来自生产预算;单位产品材料用量的数据来自标准成本资料或消耗定额资料;年初和年末材料存货量是根据当前情况和长期销售预测估计的。各季度期末材料存量是根据下季度生产量的一定百分比确定的;各季度的期初材料存量是上季度的期末存货。

编制直接材料采购预算时要注意采购量、耗用量与库存量之间保持一定的比例,以避免材料的供应不足停工待料,或超储造成积压。为便于编制现金预算,在直接材料预算中,通常还包括材料方面预期的现金支出的计算。

【例9-3】　华安公司年初、年末预计材料库存量分别为:1 650千克,1 710千克。其余各期期末材料库存量为下期材料需要量的15%。单位产品耗用材料4千克,计划单价为3元/千克。该公司适用的增值税税率为13%。有关产品产量资料见表9-2生产预算。另外,预计各期采购的材料货款当期支付80%,其余20%在下季度付清。年初应付账款余额7 200元在预算年度的第一季度支付。要求根据上述资料编制直接材料预算。

根据以上资料以及有关计算公式,编制华安公司直接材料预算(含预计现金支出),如表9-3所示。

表9-3　直接材料采购预算(含预计现金支出)
2024年度

项　目		季　度				合　计
		一	二	三	四	
直接材料采购预算	预计生产量/件	2 430	2 730	2 970	2 730	10 860
	单位产品材料耗用量/千克	4	4	4	4	4
	材料需要量/千克	9 720	10 920	11 880	10 920	43 440
	加:期末存料量/千克	1 638	1 782	1 638	1 710	1 710
	预计材料需要量合计/千克	11 358	12 702	13 518	12 630	50 208

续　表

项目		季度				合　计
		一	二	三	四	
直接材料采购预算	减:期初存货量/千克	1 650	1 638	1 782	1 638	1 650
	预计材料采购量/千克	9 708	11 064	11 736	10 992	43 500
	单位材料价格/元	3	3	3	3	3
	预计材料采购成本/元	29 124	33 192	35 208	32 976	130 500
	预计增值税进项税额	3 786.12	4 314.96	4 577.04	4 286.88	16 965
	预计采购金额合计/元	32 910.12	37 506.96	39 785.04	37 262.88	147 465
预计现金支出	上年应付账款/元	7 200				7 200
	一季度购料款/元	26 328.10	6 582.02			32 910.12
	二季度购料款/元		30 005.57	7 501.39		37 506.96
	三季度购料款/元			31 828.03	7 957.01	39 785.04
	四季度购料款/元				29 810.30	29 810.30
合　计		33 528.10	36 587.59	39 329.42	37 767.31	147 212.42

4. 应缴税金及附加预算

应缴税金及附加预算是为规划一定预算期内预计发生的应缴增值税、消费税、资源税、城市维护建设税和教育费附加等纳税额而编制的一种预算,不包括预缴所得税和直接计入管理费用的印花税。由于税金需及时清缴,为简化预算,可假定预算期发生的各项应缴税金及附加均在当期以现金形式支付。

应缴税金及附加需根据销售预算、材料采购预算的相关数据和适用税率进行编制。

【例9-4】 华安公司流通环节只缴纳增值税,并于实现销售的当期(每季度)用现金缴纳,各季度预计的增值税销项税额和进项税额分别如表9-1、表9-3所示。附加税税率为10%。要求根据上述资料编制应缴税金及附加预算。

根据以上资料编制华安公司应缴税金及附加预算,如表9-4所示。

表9-4　应缴税金及附加预算

2024 年度　　　　　　　　　　　　　　　　　　　　单位:元

项目	季度				全年合计
	一	二	三	四	
预计增值税销项税额	23 400	26 325	29 250	26 325	105 300
预计增值税进项税额	3 786.12	4 314.96	4 577.04	4 286.88	16 965
预计应缴增值税	19 613.88	22 010.04	24 672.96	22 038.12	88 335
预计营业税金及附加	1 961.39	2 201.00	2 467.30	2 203.81	8 833.50

续　表

项　目	季　度				全年合计
	一	二	三	四	
预计现金支出合计	21 575.27	24 211.04	27 140.26	24 241.93	97 168.50

5. 直接人工预算

直接人工预算是为直接生产人工耗费编制的预算,主要内容是预计生产量、单位产品工时、人工总工时、每工时人工成本和人工总成本。

$$预计直接人工工时=预计生产量\times单位产品直接人工工时$$
$$预计直接人工成本=预计直接人工工时\times小时工资率$$

其中,单位产品所需的直接人工工时数可根据规定的劳动定额或历史资料来确定。如果企业需要不同工种的工人,应按不同工种的小时工资率分别计算,然后进行汇总。

【例 9-5】　华安公司生产 MH2 产品需人工工时为 4 小时,每小时人工成本为 3.5 元。各期预计产量见表 9-2 所示。要求编制 2024 年华安公司的直接人工预算。

根据上述资料,编制华安公司直接人工预算,如表 9-5 所示。

表 9-5　直接人工预算

2024 年度

项　目	季　度				全年合计
	一	二	三	四	
预计生产量/件	2 430	2 730	2 970	2 730	10 860
单位产品直接人工小时	4	4	4	4	4
预计直接人工工时	9 720	10 920	11 880	10 920	43 440
小时工资率/(元/小时)	3.5	3.5	3.5	3.5	3.5
预计直接人工成本/元	34 020	38 220	41 580	38 220	152 040

6. 制造费用预算

制造费用预算是指除直接材料和直接人工以外的其他一切生产费用的预算。制造费用按其性态分为变动制造费用和固定制造费用两部分。变动制造费用根据预算总工时和预计变动制造费用分配率计算;固定制造费用一经形成,在较短期间内保持不变,其预算可在上年的基础上根据预期变动适当调整进行预计。

$$预计制造费用=预计变动制造费用+预计固定制造费用$$
$$=预计直接人工工时\times变动制造费用分配率+预计固定制造费用$$

为适应企业的内部管理需要,采用变动成本法时,只将变动性制造费用计入产品成本,固定性制造费用直接列入损益表,作为当期产品销售收入的一个扣减项目。

为了便于现金预算的编制,在进行制造费用预算时,还要预计相关的现金支出。由于固定制造费用中的折旧不涉及现金支出,预计现金支出时,应将折旧从固定制造费用中扣除。

【例9-6】 华安公司变动制造费用分配率为1.25元/小时,假设不考虑预算期内新增固定资产引起的折旧变动,固定制造费用中折旧平均每季度为8 940元,要求编制2024年度华安公司制造费用预算。

根据上述资料编制制造费用预算,如表9-6所示。

表9-6 制造费用预算(含预计现金支出)
2024年度

项 目	季 度				合 计
	一	二	三	四	
预计直接人工工时/小时	9 720	10 920	11 880	10 920	43 440
费用分配率/(元/小时)	1.25	1.25	1.25	1.25	1.25
预计变动制造费用/元	12 150	13 650	14 850	13 650	54 300
预计固定制造费用/元	16 290	16 290	16 290	16 290	65 160
预计制造费用/元	28 440	29 940	31 140	29 940	119 460
减:折旧/元	8 940	8 940	8 940	8 940	35 760
预计现金支出合计/元	19 500	21 000	22 200	21 000	83 700

7. 产品成本预算

编制产品成本预算是为了综合反映计划期内生产单位产品预计的成本,同时也为正确计算预计损益表中的产品销售成本和预计资产负债表中的期末材料存货和期末产成品存货项目提供数据。

产品成本预算的主要内容包括产品的单位成本和总成本。其中,总成本又分为生产成本、销售成本和期末产品存货成本三部分。产品成本预算数等于上述各成本项目预算数之和,变动成本法下不包括固定制造费用,实行标准成本制度的企业里,单位生产成本预算就是标准成本单。

【例9-7】 华安公司MH2产品的销售量、生产量、期末存货量及直接材料、直接人工和制造费用预算资料,分别见表9-1~表9-6。要求采用变动成本法编制华安公司2024年度的产品成本预算。

根据有关资料,编制华安公司的产品成本预算,如表9-7所示。

表9-7　产品成本预算

2024年度

金额单位:元

项目	单位成本			生产成本	存货成本	销货成本
	单价	投入量	成本			
产品件数/件				10 860	300	10 800
直接材料	3.00 元/千克	4 千克	12	130 320	3 600	129 600
直接人工	3.50 元/小时	4 千克	14	152 040	4 200	151 200
变动制造费用	1.25 元/小时	4/小时	5	54 300	1 500	54 000
合　计			31	336 660	9 300	334 800

8. 期末存货预算

期末存货预算是指为规划一定预算期期末的在产品、产成品和原材料预计成本水平而编制的一种日常经营预算。

存货一般包括在产品、产成品和原材料,为了简化预算过程,可假定期末在产品存货为零,期末产成品和原材料存货的成本则因存货计价方法选择的不同而不同。

【例9-8】　华安公司的直接材料采购预算和产品成本预算分别见表9-3和表9-7,要求编制华安公司2024年度的期末存货预算。

根据上述资料编制的期末存货预算如表9-8所示。

表9-8　期末存货预算

2024年度

项目	单位成本/元	期末存货量	期末存货成本/元
在产品存货	0	0	0
产成品存货	31	300 件	9 300
材料存货	3	1 710 千克	5 130
期末存货合计	—	—	14 430

9. 销售费用及管理费用预算

销售费用及管理费用预算是指预算期内除了制造费用以外,产品销售活动和一般行政管理活动中所发生的各项费用的预算。

销售费用预算是为了实现销售而需支付的费用预算,以销售预算为基础,综合分析销售收入、销售费用和销售利润的关系,力求实现销售费用的最佳有效使用。在预计销售费用时,应以过去的销售费用实际支出(或上期预算)为基础,考察其支出的必要性和效果,结合预算期促销方式的变化及其他未来情况发生的可能性确定预算数据,必要时可将其分为变动和固定销售费用两部分分别预算。

管理费用预算是指企业日常生产经营中为一般管理业务所必需的费用预算。管理费用多属固定成本,通常以历史资料为基础,按预算期内的可预见变化来调整,应注意充分考虑预算期各费用项目变动情况及影响因素,务必做到费用合理化。

销售费用及管理费用通常有沉没成本和不需要当期支付现金的费用项目,因而也应编制现金支出预算。

【例 9-9】 华安公司的销售及管理费用变动部分按销售量分配,即每件产品 2.25 元,固定部分全年总额为 30 500 元,每季度均衡发生。要求编制该公司 2024 年度的销售及管理费用预算。

根据上述资料编制销售及管理费用预算,如表 9-9 所示。

表 9-9 销售及管理费用预算(含预计现金支出)

2024 年度
单位:元

项 目	季 度				合 计
	一	二	三	四	
预计销售量/件	2 400	2 700	3 000	2 700	10 800
单位产品变动销售及管理费用	2.25	2.25	2.25	2.25	2.25
预计变动销售及管理费用	5 400	6 075	6 750	6 075	24 300
预计固定销售及管理费用	7 625	7 625	7 625	7 625	30 500
预计现金支出合计	13 025	13 700	14 375	13 700	54 800

(二) 资本支出预算

资本支出预算是为购置固定资产、无形资产等活动编制的预算。编制资本支出预算的根据是经过审核批准的各个长期投资决策项目,其格式和内容无统一规定,但一般有投资项目的名称、各预算期间的现金流入量和流出量等。

【例 9-10】 华安公司计划在预算期内第一季度购买程控设备一台 63 000 元,第二季度引进自动装配线一条 90 000 元,第三季度购入 CNC 车床一台 54 000 元,第四季度购置一台运输车辆 64 000 元。要求编制华安公司 2024 年度的资本支出预算。

根据上述资料编制资本支出预算,如表 9-10 所示。

表 9-10 资本支出预算

2024 年度
单位:元

项 目	季 度				合 计
	一	二	三	四	
程控设备	63 000				63 000
自动装配线		90 000			90 000
CNC 车床			54 000		54 000
运输车辆				64 000	64 000
合 计	63 000	90 000	54 000	64 000	271 000

(三) 财务预算的编制

财务预算是指企业在预算期内反映预计现金收入、现金支出、经营成果和财务状况的预算。各种经营预算最后都会在财务预算中得到反映，因此，财务预算又称为总预算。

1. 现金预算

现金预算是用来详细反映预算期内企业现金流转状况的预算。现金是指企业的库存现金和银行存款等货币资金。

编制现金预算的目的，是预算预算期内企业资金来源是否超过实际需要或发生不足，以及超过需要或发生不足的时间和数额，以便采取措施避免现金的短缺或积压，有助于企业合理安排和调动现金，降低资金的使用成本。

现金预算通常包括四个部分：现金收入、现金支出、现金多余或不足，以及资金的筹集与应用，其基本关系表现为以下公式：

$$期初现金余额＋预计现金收入＝当前可动用现金合计$$
$$当前可动用现金合计－预计现金支出＝现金多余或不足$$
$$现金多余或不足＋资金的筹集与运用＝期末现金余额$$

预计现金收入是指预算期内发生的全部现金收入，包括现金销售收入、应收账款收回、应收票据到期兑现、出售长期性资产、收回投资等。

现金支出指预算期内所有现金支出，包括采购材料款、支付人工费、制造费用、销售及管理费用、偿还应付账款、应付投资者利润以及资本性支出等。

现金多余或不足是当前可动用现金合计数与预计现金支出合计数的差额，差额为正，说明现金多余；差额为负，说明现金不足。

资金的筹集与运用是根据预算期现金收支差额和企业有关资金管理的各项政策，确定筹集或运用资金的数额。如果现金不足，可以向银行取得借款或通过其他方式筹集资金，并预计还本付息的期限和数额。如果现金多余，除了可用于偿还借款外，还可以用于购买作为短期投资的有价证券。

【例 9-11】　华安公司预算期内各季度现金收支资料参见 9-1、表 9-3～表 9-6、表 9-9 和表 9-10。根据现金收支的实际情况，预计第二季度初向银行借款 30 000 元，利率为 6％，利息在每个季度末支付，第三季度末归还银行贷款 18 000 元，第四季度末归还银行贷款 12 000 元；根据董事会决议，预算期间发放股利 19 200 元，预缴所得税 84 000 元；预算期内现金最低余额 15 000 元。要求根据上述资料编制 2024 年华安公司的现金预算。

根据相关资料编制现金预算，如表 9-11 所示。

表 9-11　现金预算
2024 年度　　　　　　　　　　　　　　　　　　　　　单位：元

项　目	季　度				合　计
	一	二	三	四	
期初现金余额	15 200	16 541.16	16 922.80	15 883.32	15 200

续　表

项　目	季　度				合　计
	一	二	三	四	
加:现金收入	212 040	218 655	244 080	238 995	913 770
可动用现金合计	227 240	235 196.16	261 002.80	254 878.32	978 317.28
减:现金支出					
采购直接材料	33 528.10	36 587.59	39 329.42	37 767.31	147 212.42
支付直接人工	34 020	38 220	41 580	38 220	152 040
支付制造费用	19 500	21 000	22 200	21 000	83 700
支付销售及管理费用	13 025	13 700	14 375	13 700	54 800
支付应缴税金及附加	21 575.27	24 211.04	27 140.26	24 241.93	97 168.50
预缴所得税	21 000	21 000	21 000	21 000	84 000
预分股利	3 600	3 600	6 000	6 000	19 200
资本性现金支出	63 000	90 000	54 000	64 000	271 000
现金支出合计	209 248.36	248 318.64	225 624.68	225 929.24	909 120.92
现金多余或不足	17 991.64	−13 122.48	35 378.12	28 949.08	69 196.36
加:借入现金(期初)①		30 000			30 000
减:偿还借款(期末)			18 000	12 000	30 000
支付利息(年利率6%)		450②	450③	180④	1 080
期末现金余额	17 991.64	16 427.52	16 928.12	16 769.08	16 769.08

① 向银行借款金额除需抵补现金不足外,还要保证期末最低现金余额 15 000 元。

② 30 000 元借款第二季度利息:30 000×6%÷12×3=450(元)

③ 30 000 元借款第三季度利息:30 000×6%÷12×3=450(元)

④ 12 000 元借款第四季度利息:12 000×6%÷12×3=180(元)

2. 预计损益表

预计损益表反映的是企业预算期内的经营成果,可以揭示企业预期的盈利情况,有助于管理人员及时调整经营策略。编制预计损益表主要依据销售预算、产品成本预算、制造费用预算、销售费用及管理费用预算及其他相关资料。

【例 9 - 12】 华安公司有关 MH2 产品销售收入、成本和费用的资料分别见上述相关表格,该公司适用的企业所得税税率为 25%。要求用变动成本法编制华安公司 2024 年度的预计损益表。

根据以上资料编制华安公司的预计损益表,如表 9 - 12 所示。

表 9－12 预计损益表

2024 年度

单位:元

项 目	季 度				合 计
	一	二	三	四	
销售收入(75×销售量)	180 000	202 500	225 000	202 500	810 000
减:变动成本					
变动生产成本(31×销售量)	74 400	83 700	93 000	83 700	334 800
营业税金及附加	1 961.39	2 201.00	2 467.30	2 203.81	8 833.50
变动销售及管理费用	5 400	6 075	6 750	6 075	24 300
变动成本小计	81 761.39	91 976	102 217.30	91 978.81	367 933.50
边际贡献	98 238.61	110 524	122 782.70	110 521.19	442 066.50
减:期间成本					
固定性制造费用	16 290	16 290	16 290	16 290	65 160
固定销售及管理费用	7 625	7 625	7 625	7 625	30 500
财务费用		450	450	180	1 080
期间成本小计	23 915	24 365	24 365	24 095	96 740
利润总额	74 323.61	86 159	98 417.70	86 426.19	345 326.50
减:所得税	18 580.90	21 539.75	24 604.43	21 606.55	86 331.63
净利润	55 742.71	64 619.25	73 813.28	64 819.64	258 994.88

3.预计资产负债表

预计资产负债表是反映预算期期末预计的财务状况。在期初资产负债表基础上,依据经营预算、现金预算和预计损益表,编制预计资产负债表。

【例 9－13】 华安公司 2024 年度的期初资产负债表见表 9－13 所示。预算年度内普通股项目数据无变化,其他有关资料见表 9－1、表 9－3、表 9－6、表 9－8~表 9－12。要求编制该公司的预计资产负债表。

根据上述资料编制华安公司预计资产负债表,如表 9－13 所示。

表 9－13 预计资产负债表

2024 年度

单位:元

资 产	期初数	期末数	负债及股东权益	期初数	期末数
流动资产			流动负债		
货币资金	13 200	16 769.08	短期借款		
应收账款	90 000	91 530	应付账款	7 200	7 452.58

资　　产	期初数	期末数	负债及股东权益	期初数	期末数
存货	12 390	14 430	应缴税金		2 331.63
流动资产合计	115 590	122 729.08	负债合计	7 200	9 784.20
固定资产	360 000	631 000	股东权益		
减:累计折旧	132 000	167 760	普通股股本	240 000	240 000
固定资产净值	228 000	463 240	留存收益	96 390	336 184.88
			股东权益合计	336 390	576 184.88
资产总计	343 590	585 969.08	负债及股东权益合计	343 590	585 969.08

三、固定预算的优缺点

固定预算的优点主要是:① 预算编制工作相对简单;② 各预算之间关系紧密;③ 在实际业务量与预算业务量相同或差距不大时,有利于控制、评价、考核企业的生产经营活动。

固定预算的缺点在于,如果企业业务量经常波动,出现实际业务量和预算业务量差异较大的情况,就难以公正地根据固定预算的数据去考核企业的实际业绩。

【例9-14】　假设华安公司在预算期内预计销售 60 000 件 MH 产品,单位售价 60元;单位变动成本的构成为:直接材料 16.8 元/件,直接人工 7.2 元/件,变动性制造费用3.6元/件,变动销售及管理费用 1.2 元/件,该年固定制造费用为 864 000 元,固定销售及管理费用为 432 000 元。但实际生产且销售产品仅为 48 000 件,若采用固定预算,则企业该年总的业务业绩如表 9-14 所示。

表 9-14　固定预算　　　　　　　　　　　　　　　　　单位:元

项　　目	固定预算	实际(已知)	差　　异
销售量/件	60 000	48 000	12 000(不利)
销售收入	3 600 000	2 880 000	720 000(不利)
减:变动成本			
直接材料	1 008 000	884 160	123 840(有利)
直接人工	432 000	328 320	103 680(有利)
制造费用	216 000	204 480	11 520(有利)
销售与管理费用	72 000	57 600	14 400(有利)
变动成本合计	1 728 000	1 474 560	253 440(有利)
贡献毛益	1 872 000	1 405 440	466 560(不利)
减:固定成本			
固定制造费用	864 000	887 040	23 040(不利)

项　　目	固定预算	实际(已知)	差　异
固定销售及管理费用	432 000	432 000	
固定成本合计	1 296 000	1 319 040	23 040(不利)
经营利润	576 000	86 400	489 600(不利)

由上表可以看出,由于销售量预算和实际的数据相差较大,其他指标预算和实际数据对比所形成的差异不能很好地说明问题。表 9 - 14 所列示的变动成本形成了有利差异 253 440 元,即实际发生的变动成本比预算节约了 253 440 元,但这个节约的差额是销售量减少的结果,还是成本节约的结果,很难准确判断。一般而言,固定预算只适用于业务量水平较为稳定的企业或非营利组织编制预算。

课程思政

随着经济的不断发展,会计人员的主要工作也发生了相应的变化,已经由之前单纯的记账、算账,对外报送财务报表,发展为参与公司的经营管理,主要包括事前经营预测、决策,事中控制、监督,以及事后分析、检查。这就需要学生在平时要有大局意识,跟上时代的发展,不再局限于会计知识,多学习企业管理等知识。

第三节 全面预算的其他编制方法

一、弹性预算

企业做预算的一个重要作用就是考核业绩,一个部门的业绩(如生产部门)主要体现在生产控制和成本控制上。生产控制就是看该部门是否达到预计的目标生产数量;成本控制就是看该部门是否以最低的成本支出来完成目标生产数量。这两项任务应当分别考核,才能分清责任。但是,把固定预算与实际情况进行比较时,如果实际生产量发生了较大的变化,会导致实际发生的总成本费用与预算数据对比形成的差异,不能准确判断是产量变化形成还是单位成本变动引起。为了正确评价和考核业绩,可以采用弹性预算的方法。

(一) 弹性预算的含义及特点

弹性预算是指在编制预算时,考虑到预算期内业务量可能发生的变动,为了使预算与实际具有可比性,根据成本特性和销售收入、成本与业务量之间的函数关系,依据一系列可达到的业务量水平而编制的预算。这种预算随着业务量的变动而做机动调整,具有弹性。

弹性预算的业务量是根据所编的预算具体确定的,一般可用产量、销售量、服务量、直接人工工时、机器工时、材料消耗量、直接人工工资等表示。

弹性预算主要有以下特点：

（1）能提供一系列生产经营业务量的预算数据。弹性预算是根据一系列业务水平而编制的，因此，当某一预算项目的实际业务量达到任何水平时（必须在选择的业务量范围之内），都有其适用的一套控制标准。

（2）由于预算是按各项成本的性态分别列示的，因而可以方便地计算出在任何实际业务量水平下的预测成本，从而为管理人员在事前据以严格控制费用开支提供方便，也有利于在事后细致分析各项费用节约或超支的原因，并及时解决问题。

（二）弹性预算的编制步骤

第一步，选择和确定业务量的计量单位和相关范围。

编制弹性预算，首先要选择一个最能代表生产经营活动水平的业务量计量单位。例如，以手工操作为主的车间，应选择人工工时；以自动化操作为主的车间，可选用生产量；制造单一产品或零部件的部门，可选择实物数量；修理部门可选择直接修理工时。

业务量范围的确定视企业实际情况而定，通常以正常生产能力的70％～110％为宜，或以历史资料最高业务量和最低业务量为其上下限，然后在其中划分若干等级，间隔一般为5％或10％。在相关范围内，单位变动成本和固定成本总额保持不变。

第二步，根据成本特性，分析每项成本，将所有成本逐一划分为变动成本和固定成本两类，如果存在混合成本，要将其分解为固定成本和变动成本两部分。

第三步，计算确定相关范围内各项变动成本的单位数。将每项成本分为变动或固定以后，根据原始固定预算的数据计算出单位变动成本，以此作为确定弹性预算中变动成本的依据。

第四步，确定相关范围内各项固定成本的总额。在编制弹性预算时，对相关范围内的各项固定成本，仍以原始预算中的数据反映，超出相关范围，则要做相应的调整。

第五步，编制预算，确定数据。具体采用某种方法编制弹性预算，确定预算中各项收入、支出的预算数据。

（三）弹性预算的优点

与固定预算相比，弹性预算具有如下两个显著的优点：

（1）预算范围宽。弹性预算是随业务量水平的变动做机动调整的一组预算，能反映预算期内与一定相关范围内的可预见的多种业务量水平相对应的不同预算额，从而扩大了预算的适用范围，便于预算指标在相关范围内调整，避免在实际情况发生变化时，对预算作频繁的修改。

（2）比较性强。在预算期实际业务量与计划业务量不一致的情况下，可以将实际指标与实际业务相应的预算额进行对比，从而能够使预算执行情况的评价与考核建立在更加客观和可比的基础上，便于更好地发挥预算的控制作用。

（四）弹性预算的编制方法

弹性预算主要用于全面预算中的成本预算和利润预算，具体的技术方法有：列表法和公式法。

1. 列表法

列表法,是在预定的业务量变化范围内,划分不同水平的业务量阶段,再将成本费用按成本性态分类排列,然后对各成本(收入)项目按不同水平业务量阶段分别计算预算数,最后汇总填列出一张弹性预算表。

【例9-15】 宏宇公司采用弹性预算编制2024年度的制造费用预算。假定正常业务量为12 000直接人工小时,采用列表法编制正常业务量70%~110%的制造费用弹性预算,如表9-15所示。

表9-15 宏宇公司制造费用弹性预算(列表法)
2024年度

费用项目	小时费用分配率	生产能力水平下的费用额/元			
		80%	90%	100%	110%
		9 600	10 800	12 000	13 200
变动制造费用					
间接材料	0.6	4 800	5 400	6 000	6 600
间接人工	0.72	5 760	6 480	7 200	7 920
水费	0.12	960	1 080	1 200	1 320
电费	0.48	3 840	4 320	4 800	5 280
维修费	0.24	1 920	2 160	2 400	2 640
其他	0.24	1 920	2 160	2 400	2 640
小计	2.4	19 200	21 600	24 000	26 400
固定制造费用					
维护费		4 800	4 800	4 800	4 800
折旧费		9 600	9 600	9 600	9 600
保险费		3 600	3 600	3 600	3 600
管理费		5 400	5 400	5 400	5 400
其他		3 000	3 000	3 000	3 000
小计		26 400	26 400	26 400	26 400
合 计		45 600	48 000	50 400	52 800

在上表中,分别列示了四种业务量水平的预算制造费用数,每一水平的上下间距是10%。这一间距可大可小,但选择的间距必须适度,间距太大,容易失去编制弹性预算的作用;间距太小,虽预算数额较为准确,利于发挥弹性预算的优势,但编制工作量增大。

2. 公式法

公式法是指将业务量和预算内容的变动情况,通过某种数学公式来表达,从而在实际业务量出现后,随时可利用该公式计算出相应的预算金额。

设费用预算总额为 Y,固定成本为 a,单位变动成本为 b,业务量为 x,则 $Y=a+bx$。根据费用总额同业务量之间的函数关系,可以编制不同业务量的费用预算,但对于随业务量成正比例变动的直接材料、直接人工,不一定需要逐一编制弹性预算,可以通过标准成本来控制和考核。

【例 9 - 16】 根据上例的资料,用公式法编制制造费用的弹性预算,如表 9 - 16 所示。

表 9 - 16 宏宇公司制造费用弹性预算(公式法)

2024 年度

业务范围(直接人工小时)	9 600	13 200
费用项目	a	b
间接材料		0.6
间接人工		0.72
电费		0.48
水费		0.12
维护费	4 800	0.24
其他	3 000	0.24
折旧费	9 600	
保险费	3 600	
管理费	5 400	
合　计	26 400	2.4

根据上表资料,利用公式 $Y=26\,400+2.4x$ 就可以进行某个业务量下的费用预算。

二、零基预算

零基预算是 1970 年美国德州仪器公司的德派尔最先提出的,在 20 世纪 70—80 年代曾风行一时,其全称是"以零为基础的计划和预算编制法"。

传统的预算编制方法都采用调整法,在上年度预算实际执行情况的基础上,考虑预算期内的各种因素的变动,相应增加或者减少有关项目的预算数额,以确定未来一定时期收支预算。零基预算对预算收支以零为基点,对预算期内的各项支出的必要性、合理性或者各项收入的可行性以及预算数额的大小逐项审议,对各个项目根据重要性加以安排,根据实际需要分配预算经费。

零基预算更符合企业目前实际情况,具有先进性,也能够提高资金的使用效率,节约费用开支,加强成本控制,进一步提高管理的效率。但零基预算一切支出均以零为起点进行分析研究,因而编制预算的工作量较大,企业一般每隔几年进行一次零基预算,其他年份略作调整即可。

采用零基预算大体上分为以下三个步骤:

第一步,提出费用计划。企业内部各部门根据本企业预算年度的总目标及本部门的具体指标,认真研究讨论预算期本部门费用开支的目的性及需要开支的具体数额。

第二步,项目评价。进行成本—效益分析,对每一个可以增减费用额的项目进行评价,采用对比的方法,权衡各项工作的轻重缓急,并按成本效益排出先后顺序,按所需经费的多少分成若干等级。一般以必不可少的业务及其发生的费用为第一层次,优先保证其经费的需求,然后根据成本效益判断排列第二、第三层次等。

第三步,落实预算。根据形成的等级和顺序,将企业的经济资源在各个项目之间进行分配。要按照统筹兼顾、保证重点的原则,既要充分发挥预算资金的使用效果,又要确保各项关键的生产经营活动顺利进行。

【例9-17】 飞启公司拟采用零基预算法编制2024年度的销售与管理费用预算,该公司预算期用于销售和行政管理的资金为450 000元。销售和管理部门根据下年度企业的经营目标和管理任务,提出了预算期内本部门的费用项目及数额,如表9-17所示。

表9-17 销售及管理费用项目及数额
2024年度
单位:元

序 号	项 目	数额/元	序 号	项 目	数额/元
1	广告费	50 000	6	业务招待费	50 000
2	职工培训费	29 000	7	律师及经济顾问费	15 000
3	日常办公费用	18 000	8	运输费	157 000
4	房屋租金	24 000	9	销售佣金	66 000
5	差旅费	35 000	10	管理人员工资	30 000
合 计					474 000

要求确定该公司下年度销售与管理费用预算。

经分析研究,认为日常办公费、房屋租金、销售佣金、运输费、管理人员工资及差旅费属于必不可少的费用开支,即约束性费用,应该全额保证其对资金的需求。

职工培训费、律师及经济顾问费、业务招待费及广告费属于酌量性费用,可在满足约束性费用资金需求的前提下,将剩余的资金按其重要程度进行分配。根据历史资料对这些酌量性费用进行成本—效益分析,即将其所费与所得进行比较,评价重要程度。

广告费:投入成本1元,可获得收益20元。

业务招待费:投入成本1元,可获得收益15元。

职工培训费:投入成本1元,可获得收益10元。

律师及经济顾问费:投入成本1元,可获得收益5元。

将上述费用项目按其性质和重要程度分成若干层次,排出如下顺序:

第一层次:日常办公费、房屋租金、销售佣金、运输费、管理人员工资及差旅费在预算中必不可少,必须满足其开支需求,故列为第一层次。

第二层次:职工培训费、业务招待费及广告费属于可选择的固定费用,可根据企业实力酌情增减,它们的成本效益高于律师及经济顾问费,故列为第二层次。

第三层次:律师及经济顾问费也是可选择的固定费用,但其成本效益较低,故列为第三层次。

根据以上所排层次的顺序,结合可动用的资金,落实预算。

日常办公费用	18 000 元	运输费	157 000 元
房屋租金	24 000 元	销售佣金	66 000 元
差旅费	35 000 元	管理人员工资	30 000 元

共计 330 000 元,必须全额保证支出。

剩余可动用的资金为 450 000−330 000＝120 000(元),按成本效益率分配给酌量性费用。

广告费可分配的资金:$120\,000 \times [20/(20+15+10+5)] = 48\,000$(元)

业务招待费可分配的资金:$120\,000 \times [15/(20+15+10+5)] = 36\,000$(元)

职工培训费可分配的资金:$120\,000 \times [10/(20+15+10+5)] = 24\,000$(元)

律师及经济顾问费可分配的资金:$120\,000 \times [5/(20+15+10+5)] = 12\,000$(元)

综合上述分配结果,采用零基预算法编制的销售及管理费用的预算如表 9-18 所示。

表 9-18　销售及管理费用预算(零基预算)

2024 年度　　　　　　　　　　　　　　　　　　　　单位:元

序　号	项　目	数额	序　号	项　目	数额
1	广告费	48 000	6	业务招待费	36 000
2	职工培训费	24 000	7	律师及经济顾问费	12 000
3	日常办公费用	18 000	8	运输费	157 000
4	房屋租金	24 000	9	销售佣金	66 000
5	差旅费	35 000	10	管理人员工资	30 000
合　计					450 000

零基预算的优点就是不受过去情况的约束,激励各部门重新评价成本组成及其合理性,寻找可以改进的地方。成本—效益分析有助于提高人们对投入产出的认识,不做无效的投入,使费用得到有效的控制,使资源的利用更有效率,保证预算落实到位。其缺点是编制工作量大,耗时耗力。

三、滚动预算

前述几种预算编制时间都是以会计年度为期,有利于在会计年度内将实际数与预算数进行对比,对预算的执行情况进行分析和评价。但是因为预算的编制一般在上一会计年度结束之前进行,以一个会计年度为期,可能导致预算误差较大,而且当新的情况出现时难以调整,从而使定期编制的预算缺乏一定的指导性、灵活性和连续性。

为了克服定期预算的缺点,可采用滚动预算方法。滚动预算是指预算的编制期间不与会计年度挂钩,而是始终保持 12 个月,即每过一个月就在原预算的基础上自动延伸一个月,从而逐期向后滚动,连续不断地以预算形式规划未来经营活动。

课程思政

滚动预算符合稳健性原则,是管理者对于不确定性的一个审慎反应。稳健性在减轻代理冲突、避免诉讼风险中起着积极作用,有助于预警和化解风险,也是建立社会主义市场经济的客观要求。学生应注重培养谨慎、务实的品格,强调做事未雨绸缪,提高人生抗风险能力。

编制滚动预算,一般采用长、短安排的方式进行,即在基期编制预算时,先按年度分类,并将第一季度按月划分,创建各月预算的明细数,其他三个季度的预算则可以粗略一些,只列各季度总数。当第一季度结束时,再将第二季度的预算按月划分,使之具体化,同时,增补下一年度第一季度的预算,编制期间保持 12 个月。

滚动预算的具体编制程序如图 9-2 所示。

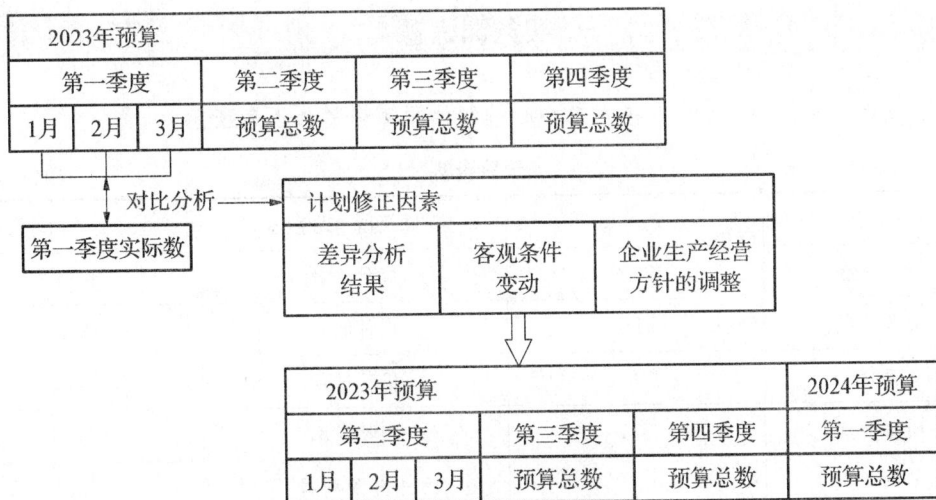

图 9-2　滚动预算编制程序

与定期预算相比,滚动预算具有以下优点:

(1) 实时性强。由于滚动预算能随时间的推进,根据前期预算的执行情况,结合各种因素的变动影响,及时调整和修订近期预算,从而使预算与实际情况更相适应,有利于管理者从动态的角度把握企业近期的规划目标和远期的战略布局。

(2) 有效性强。滚动预算能使各级管理者对未来一定时期的生产经营活动做考虑和全盘规划,对预算资料做经常性的分析研究,并根据当前的执行情况及时加以修订,保证企业的经营管理工作更加具有效率。

(3) 连续性强。滚动预算遵循了生产经营活动的变动规律,在时间上不受日历年度的限制,能够连续不断地规划未来的经营活动,不会造成预算的人为间断,确保企业管理工作的完整性与连续性。

滚动预算的主要缺点有:① 预算滚动的频率越高,对预算沟通的要求越高,预算编制的工作量越大;② 过高的滚动频率容易增加管理层的不稳定感,导致预算执行者无所适从。但滚动预算所体现的长计划、短安排的理念应该在预算编制过程中得以反映,在现实管理中,现金流量预算最好采用滚动预算的方法编制。

思考题

1. 简述全面预算的概念和企业编制全面预算的意义。
2. 简述全面预算的内容及全面预算体系。
3. 费用的弹性预算如何编制?
4. 简述零基预算编制的意义及方法。
5. 简述滚动预算的特点。
6. 实际工作中企业各种预算编制方法如何结合使用?

实务训练题

1. 飞天公司按照 9 600 直接人工小时编制的预算资料如下表所示。

预算资料 单位:万元

资　产	金　额	负债及所有者权益	金　额
货币资金	26.4	应付账款	194.4
应收账款	91.2	应付利息	13.2
存货	158.4	银行借款	144
固定资产	924	实收资本	840
		未分配利润	8.4
资产总计	1 200	负债及所有者权益合计	1 200

该公司的正常生产能力为 12 000 直接人工工时,假定直接人工小时超过正常生产能力时,固定成本将增加 6%。

要求:编制 10 800、12 000、13 200 直接人工小时的弹性预算。

2. 某公司采用零基预算法编制下年度的销售及管理费用预算。该公司预算期间需要开支的销售及管理费用项目及数额如下表所示。

销售及管理费用资料

单位:元

产品包装费	14 400
广告费	9 600
管理、推销人员的培训费	8 400
差旅费	2 400
办公费	3 600
合　计	38 400

经过公司预算委员会审核,认为上述五项费用中产品包装费、差旅费和办公费属于必要的开支项目,要保证全额支出,其余两项开支根据公司有关历史资料进行了成本—效益分析,其结果为:广告费的成本与效益之比是1∶1.5;管理、推销人员培训费的成本—效益之比为1∶1.25。假定该公司在预算期间可分配给销售及管理费用的总支出金额为34 800元。

要求:编制销售以及管理费用的零基预算。

3. 飞天公司是一家零售商,编制12月份的预算,有关资料如下。

(1) 预计2023年11月30日资产负债表如下:

预算资料

单位:万元

资　产	金　额	负债及所有者权益	金　额
货币资金	26.4	应付账款	194.4
应收账款	91.2	应付利息	13.2
存货	158.4	银行借款	144
固定资产	924	实收资本	840
		未分配利润	8.4
资产总计	1 200	负债及所有者权益合计	1 200

(2) 销售收入预计:2023年11月240万元,12月264万元,2024年1月276万元。

(3) 销售收现预计:销售当月收回60%,次月收回38%,其余2%无法收回,形成企业坏账。

(4) 采购付现预计:销售商品的80%在前一个月购入,销售商品的20%在当月购入;所购商品的进货款项,在购买的次月支付。

(5) 预计12月份购置固定资产需支付72万元;全年折旧费为259万元;除折旧外的其他管理费用将用现金支付,预计12月份支付的现金为31.8万元;12月月末归还一年前借入的到期借款144万元。

(6) 预计销售成本率为75%。

(7) 预计银行借款年利率为10%,还款时支付利息。

(8) 企业最低现金余额为5万元;预计现金余额不足5万元时,在每月月初从银行借入,借款金额是1万元的整数倍。

(9) 假设公司按月计提应计利息和坏账准备。

要求:编制 2023 年 12 月 31 日的预计资产负债表。

4. 宏朗公司是一家大型高科技企业,该公司正准备编制 2024 年的全面预算。全面预算以下面的数据为编制基础。

(1) 2023 年第四季度的总销售量为 66 000 单位。

(2) 2024 年的预计年度销售量如下:第一季度 72 000 单位,第二季度 78 000 单位,第三季度 90 000 单位,第四季度 108 000 单位。预计销售单价为 400 元,所有的销售均为赊销。在销售当季,收回 85% 的赊销款,余下的 15% 在下个季度收回,没有坏账损失产生。

(3) 没有期初库存产成品。预计每季度库存产成品数量如下:第一季度 15 600 单位,第二季度 18 000 单位,第三季度 24 000 单位,第四季度 12 000 单位。

(4) 每个产成品使用直接人工 5 小时和 3 单位的直接材料。工人每小时的工资是 12 元,1 单位的原材料成本是 80 元。

(5) 2024 年 1 月 1 日库存直接材料 78 840 单位。在每季度末,库存为下季度销售所需原材料的 30%,公司计划使本年的期末库存原材料等于本年期初库存原材料。

(6) 该公司通过赊购方式来购买原材料。有一半货款在取得原材料的当季付清,余下的一半在下个季度付清。

(7) 每季度的制造费用共计 120 万元。其中有 42 000 元是折旧费用,其他所有的固定费用都在发生时以现金支付。固定制造费用分配率等于全年制造费用总额除以全年预计实际生产量。

(8) 变动制造费用预算为每小时 6 元。所有的变动制造费用都在发生当季付现。

(9) 固定销售、管理费用每季度总计 310 000 元,包括 60 000 元的折旧费。

(10) 变动销售、管理费用预计每一单位 10 元,所有的变动销售、管理费用都在发生当季付出。

(11) 2023 年年末的资产负债表见下表。

资产负债表
2023 年 12 月 31 日　　　　　　　　　　　　　　　　　　　　　　　　单位:元

资　产	金　额	负债和所有者权益	金　额
货币资金	300 000	应付账款	8 697 600
存货	6 307 200	股本	32 400 000
应收账款	3 960 000	留存收益	9 669 600
固定资产	40 200 000		
资产合计	50 767 200	负债和所有者权益合计	50 767 200

该公司每季度将支付 360 000 元的股利,在第四季度末拟购买 240 万元的设备。

要求:为公司编制 2024 年每一季度和全年的预算。预算应包括以下部分:销售预算;生产预算;直接材料采购预算;直接人工预算;销售费用和管理费用预算;期末产成品预算;产成品销售成本预算;现金预算;预计利润表;预计资产负债表。

第十章 绩效评价

学习目标 >>>>>

● 了解绩效评价概述、分类以及绩效评价体系的构成要素。

● 了解绩效评价与绩效评价体系之间的联系与相互作用。

● 理解绩效评价操作的基本流程,熟练运用绩效评价工具及方法。

● 理解绩效评价的指标,有效地将财务指标和非财务指标相结合。

● 掌握企业财务绩效评价与企业综合绩效评价的区别与联系。

● 掌握杜邦财务分析法、沃尔综合评分法、经济增加值评价体系的原理及运用。

● 掌握金字塔模型、平衡计分卡、绩效三棱柱模型的内涵及运用。

● 掌握EVA、平衡计分卡的考核与评价的思路和方法。

知识结构图

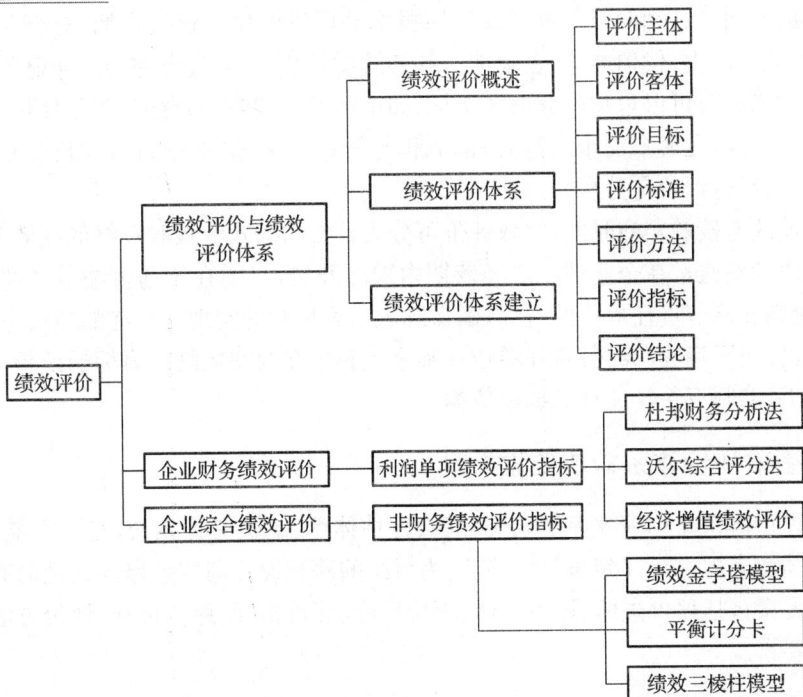

第一节 绩效评价与绩效评价体系

一、绩效评价概述

绩效评价又称业绩评价、绩效评估,是指运用一定的评价方法,选择特定的定性或定量评价指标,对照既定的评价标准,遵循特定的程序,对组织为实现其职能所确定的绩效目标的实现程度以及为实现这一目标所安排预算的执行结果做出客观、公正的综合评判。

绩效评价是企业管理控制系统的核心部分,对企业不同层级的管理人员和部门来说都需要设计财务绩效衡量指标和非财务绩效衡量指标。

根据不同的标准,可以将绩效评价分为不同的类别。

根据绩效评价的不同主体,绩效评价可分为外部评价和内部评价。其中,外部评价是企业外部的相关评价主体,如政府部门、投资者、债权人等,对组织或个人绩效做出的评价;内部评价是由企业内部的有关评价主体,如经营管理者、员工等,对绩效做出的评估。

根据绩效评价的不同客体,绩效评价可分为企业绩效评价、部门绩效评价和个人绩效评价三个层次。其中,企业绩效评价是对企业的整体绩效进行评价;部门绩效评价是对企业内部的生产部门、营销部门、财务部门、人力资源管理部门等某个或某几个部门的绩效进行评价;个人绩效评价是对企业内部的某位员工,包括公司的高层管理人员、部门经理、一线员工等的工作表现与绩效进行评判。

根据绩效评价的不同侧重点,绩效评价可分为财务评价和非财务评价。财务评价主要是运用成本、收入、利润以及资产占用回报率等可以量化的财务指标,对企业财务方面的绩效,如盈利能力、偿债能力、营运能力和持续增长能力等,进行评价。非财务评价主要是通过定性描述或可以量化的非财务指标,如市场份额、客户满意度、产品质量、员工满意度等,对企业在满足客户需求、提高内部流程与管理效率、追求创新与成长等非财务方面的绩效表现,进行评价与分析。

根据绩效考核的实施时间,绩效评价可分为日常的绩效考核和年终的绩效考核两类。日常的绩效考核通常在企业的生产经营期内随时开展,目的在于通过绩效考评和信息反馈,及时控制和调节责任单位的行为,确保既定预算目标的实现。年终的绩效考核通常在年末进行,旨在了解和归纳各责任单位在整个经营年度内完成既定目标的效果,为奖惩部门及其员工、编制下一年的预算提供依据。

二、绩效评价体系构成要素

绩效评价体系又称绩效评价系统、绩效评估体系、绩效考评系统,是一个能够对组织或个人的绩效表现进行评判与分析,从而为后续的薪酬设计与奖惩奠定基础的有机系统。体系构成要素包括评价主体、评价客体、评价目标、评价指标、评价标准、评价方法、评价结论等构成要素。

将传统的企业绩效考核方式转变为以管理会计为基础的业绩考核,提升了各部门之间的合作水平,并实现对绩效考核机制的有效革新,能够促使企业内部管理体系更加完善。无论是个人还是企业,都需要具备积极向前、主动变革的精神以及大胆尝试,积极寻求有效的问题解决方法的能力和韧性。

(一) 评价主体

评价主体就是组织和开展评价的单位或个人,解决的是"由谁进行评价"的问题。从理论上讲,企业的每一位利益相关者,如经营管理者、政府部门、投资者、债权人等,都会出于不同的目的,成为企业绩效的评价主体。企业的经营管理者可以借助绩效评价为战略性、经营性决策的制定获取辅助性信息,可以通过与既定评价标准的对比分析,了解、掌握决策的执行情况,保证企业管理系统的有效运行,及时发现并解决企业运行中存在的问题,提高企业的运营管理效率与效益。

此外,企业的员工、社会、供应商等也可以作为企业绩效评价的主体,组织开展企业绩效评价活动。

知识拓展

在选择绩效评价主体时,应该注意以下三个基本原则:

① 评价主体必须与公司的利益紧密联系;② 评价主体的选择应便于降低代理成本;③ 评价主体要有监督的动机和能力。

(二) 评价客体

评价客体是绩效评价的对象,具体指被评价的单位或个人,它解决的是"对谁进行评价"的问题。由于绩效评价系统的运行以评价对象为单位搜集和分析信息,而且评价结果对绩效评价对象必然产生影响,甚至可能改变该评价对象未来的发展方向。因此,评价客体的确定非常重要。如前,绩效评价的客体可以是整个企业,也可以是企业内部的部门或个人。在评价整个企业的绩效时,作为评价对象的企业,一般应具备以下条件:一是独立的法人实体,能够承担民事责任,并编制完整的财务报表;二是该企业正常、依法开展各项生产经营活动;三是该企业的持续经营时间至少为一个会计年度。对企业绩效的评价,主要关注并考核一定经营期间内企业的经营绩效、经营效果及社会影响等,具体表现在盈利能力、资产运营水平、偿债能力、持续发展能力以及顾客满意度、社会贡献度、社会责任等方面。

(三) 评价目标

评价目标是评价的目的和动机,解决的是"为什么进行评价"的问题。评价目标也是整个绩效评价系统设计运行的指南和中枢,决定了对企业绩效的哪些方面进行评价。没有明确的目标,整个绩效评价系统将处于混乱状态。

企业绩效评价系统的目标,是在评价分析企业发展的绩效水平及影响因素与成因的基础上,为企业经营者制定最优战略及实施战略目标提供有用的信息。具体来说,这些目标主要有:一是为企业的战略制定提供辅助性信息。在战略制定过程中,需要对企业内外部环境进行分析,摸清对企业经营有利和不利的因素并对其进行分析,找出本企业的优势与劣势,进而分析确定适用于本企业的最佳战略。二是为企业战略的有效实施提供控制性信息。企业战略目标的实现需要组织内各部门、各单位的共同努力,共同建立科学的组织结构和有效的行政管理系统、制定支持战略实施的预算、设计与绩效密切相关的奖惩与激励系统、营造有利于战略目标实现的企业文化等。企业绩效评价是其中必不可少的一环。

(四)评价指标

评价指标是评价目标的具体化和量化体现,解决的是"依据什么进行评价"的问题。这里的评价指标可以是单个的财务或非财务指标,也可以是由多个指标共同构成的指标体系。如果是后者,评价主体需要选择和使用一定的方法,确定各指标在整个指标体系中的地位与相对比重,即指标权重。企业绩效评价系统应通过科学合理的评价指标体系设计,对预算的内容具体化、量化,并以此为基础对预算的执行情况进行及时反馈,以监督和推动企业内部各部门、员工按照预算的相关规定开展工作,及时发现战略实施中的问题,采取有效的措施确保战略目标的实现。

> **知识卡片**
>
> 绩效评价体系结构包含多维指标。从收益观来考察业绩评价指标,至少可以有四种表达方式:①收益(会计"利润")=收入-成本;②收益(现金流视角的投入产出"利润")=流入-流出;③收益(边际贡献视角的管理学"利润")=收入-变动成本;④收益(全面收益的经济学"利润")=经营利润+资产增值。

(五)评价标准

绩效评价标准的选定应与绩效的评价目标相适应。评价标准是评价的参照体系,也是判断评价对象经营绩效优劣的标杆,它解决的是"依据什么评判绩效的优劣"的问题,直接影响评价结论的合理性。只有将通过各种途径获得的企业经营绩效信息与预先确定的评价标准进行对比,才能评判企业经营状况的高低优劣。而评价对比的标准不同,判断得出的评价结论自然各不相同。

实践中,常用的企业绩效评价标准有:年度预算目标、历史最优水平、行业平均水平、国内或国外最优水平等。为提高绩效评价系统的适应性、全面发挥绩效评价的功能,同一评价系统可同时使用两种或两种以上不同的标准进行对比判断。具体选择哪一类评价标准,需要结合评价目标进行判断。一般来说,对同一企业某段时期的持续发展绩效进行评价,宜采用年度预算标准或本企业历史最优水平作为评价标准,并与行业平均水平、国内或国外先进水平相比做出评价;为某企业相对于另一企业绩效的相对优劣进行评价,可直接以被比较企业的绩效作为评价标准,也可选择行业平均水平对企业的绩效水平进行评判。

(六) 评价方法

绩效评价方法是绩效评价体系的重要组成部分,也是获取绩效评价信息,取得评价结果的手段,它解决的是"依据何种模式进行绩效评价"的问题,直接决定着绩效评价结果的客观性和公正性。有了评价指标与评价标准,就需要采用科学、合理的评价方法对评价客体进行评价,否则评价指标和评价标准就成了孤立的评价要素,也失去了其本身的意义。

随着绩效评价的发展与演变,绩效评价方法先后经历了观察法、成本绩效评价法、财务绩效评价法、财务与非财务绩效相结合的综合评价法等几个发展阶段;每个阶段的绩效评价与分析,分别通过主观观察与评判、计算并分析单位成本等成本指标、评价权益净利率等财务指标、评价权益净利率与顾客满意度等财务与非财务指标等来实现。目前,财务与非财务指标相结合的综合绩效评价法是最为常用的评价方法。

(七) 评价结论

绩效评价结论是绩效评价系统运行后最终输出的信息,也是绩效评价体系职能与作用的直接体现,它解决的是"评价客体的绩效究竟如何"的问题。

绩效评价过程中,评价主体会依据评价目标,选择恰当的绩效评价指标,运用科学、合理的绩效评价方法,对评价客体的财务与非财务绩效进行评判,比较并发现实际绩效水平与预定绩效目标之间的差异,进而通过差异分析找出产生差异的原因,明确差异产生的影响及其责任承担者,并最终得出被评价对象绩效优劣的评价结论,供企业管理者或其他利益相关者进行决策时参考。也正是通过绩效评价结论的得出、分析与使用,绩效评价体系的功能才能真正得以有效发挥。

一般来说,企业绩效的评价结论会以书面的绩效评价报告或图表的形式呈现出来。

知识阅读

绩效评价具有认识、考核、预测、导向等一系列功能,其中,考核功能是绩效评价最基本的功能,导向功能是从考核功能中派生出的最重要功能。

(1) 认识功能。绩效评价有助于认识被评价单位的基本情况,且这种认识有较客观的定量依据,可以避免主观印象的负作用。

(2) 考核功能。它通过对各种评价指标的测算,反映企业经营管理的状况,并将测算的指标值与评价标准进行综合比较后对企业的经济效益、社会效益等方面做出价值判断,从而客观、全面、公正地反映和衡量企业经营管理的水平。

(3) 预测功能。通过对企业当前绩效的评价去预测和判断企业未来经营活动的发展趋势,从而使企业相关利益主体更好地做出规划和计划,调整和把握企业的发展方向。

(4) 导向功能。一方面,依据评价结果对经营者和职工实施奖惩,可以引导企业采取有效措施弥补差距,争创先进。另一方面,将企业绩效评价的真实情况提交给有关方面或公之于众,可以强化对企业的外部监督,促进企业经营观念与发展战略的转变。

三、绩效评价体系的建立

（一）绩效评价指标体系设计

进行科学的绩效评价的关键是设计一套合理的业绩评价指标体系。一般来说，设计绩效评价指标体系应考虑以下因素：

① 明确的管理责任。在进行绩效评价时首先要明确评价对象的管理权限和责任，以可控性为标准。即绩效评价只能以评价对象可以控制的因素为限，评价对象不能控制的因素应该排除在衡量指标之外。

② 财务指标的代表性。选取的财务指标应该具有代表性，能够全面衡量财务业绩，一般应包括收入增长率、利润、现金流、投资报酬率在内。

③ 非财务指标的应用。业绩评价不能只关注财务指标，应该同时考虑与企业各个经营层面（如行政、生产、营销、财务、研发、人力资源管理等）相关联的非财务指标，以提高评估绩效的全面性和准确性。

④ 符合长远利益。一般绩效的评价很容易使各部门和经理只顾眼前利益，忽略长远利益。设定评价指标时应注意与企业长远战略和发展结合起来。

（二）绩效评价的财务与非财务指标

现代组织处于快速变化和高度竞争的环境中，传统的绩效评价对决策的指导作用越来越小，传统的以财务为核心的考核体系更适用于比较稳定、复杂度较低的环境，而不适用于现今许多组织面临的剧烈变化和激烈竞争的环境。20 世纪 90 年代以来，不断增加的全球竞争和全面质量管理扩大了对非财务指标的需求，非财务指标在绩效评价体系中越来越重要，并且强调对创新、学习和知识资本等无形资本的评价。但非财务指标不可能取代财务指标，非财务信息对财务信息起到补充作用，许多企业的业绩评价把财务指标和非财务指标结合起来。表 10 - 1 和表 10 - 2 为 2019—2020 年某国 317 家企业 CEO 业绩评价指标的统计信息。

表 10 - 1　2019 年各种财务指标在全体样本(317 家)中的比例

指　标	使用率/%	指　标	使用率/%
营业利润或税前利润	25.3	现金流	12.8
净利润	2.2	每股盈余	28.5
销售收入	13.7	经济增加值	0.9
资本投资报酬率	5.4	资产回报率	9.6
权益回报率	19.5	销售收益率	3.8
股价回报	4.4	成本降低	7.6
未指明的财务指标	3.2	其他财务指标	12.1

表 10-2　2020 年各种非财务指标在使用非财务指标样本(114 家)中的比例

指　标	使用率/%	指　标	使用率/%
客户满意度	36.8	员工满意度	8.7
产品或服务质量	21.0	效率或生产率	14.9
雇员安全	16.6	市场份额	11.4
非财务战略性目标	28.0	过程改进与再设计	8.7
新产品开发	6.1	创新	2.6

(三) 绩效评价流程

成功的绩效评价除了指标体系的构建,还需要考虑绩效评价过程中表现出来的一系列控制系统的重要特征。首先,控制成败的关键在于评价目标应该具有挑战性和可实现性,没有这样的明确目标,绩效就会低于它在理论上可以达到的水平;其次,绩效评价过程应该通过及时反馈引导积极的组织行为,并确保员工的行为与组织战略目标一致;最后,为了建立目标责任,绩效评价结果应该与及时和容易理解的报酬和奖惩联系起来。整个业绩评价与控制流程如图 10-1 所示。

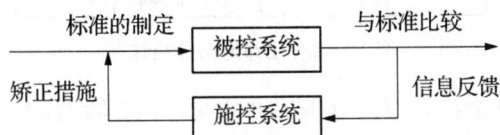

图 10-1　绩效评价与控制流程

第二节　企业财务绩效评价

一、杜邦财务分析法

杜邦财务分析法,又称杜邦财务分析体系,简称杜邦体系,是从财务角度评价企业绩效的一种经典方法。该法利用各主要财务比率指标间的内在联系,对企业财务状况及经济效益进行综合系统分析评价。其基本思想是:将反映企业获利能力和股东回报水平的核心指标——权益净利率逐级分解为多个财务指标的乘积,进而利用这几种主要财务指标之间的关系来综合评判和分析企业的财务状况与经营成果。

(一) 杜邦财务分析体系

杜邦财务分析体系因由美国杜邦公司的经理创造出来而得名。这一体系从反映企业财务绩效最具综合性和代表性的指标"权益净利率出发",将其层层分解至反映企业筹资、投资、运营等效率的多个指标,如销售净利率、资产周转率、权益乘数等,从而能够在经营目标发生异动时帮助经营者快速查明原因并加以修正,能够为投资者、债权人及政府部门等了解企业的经营状况和财务状况,做出正确决策等提供依据。

杜邦财务分析体系的结构,如图 10-2 所示。

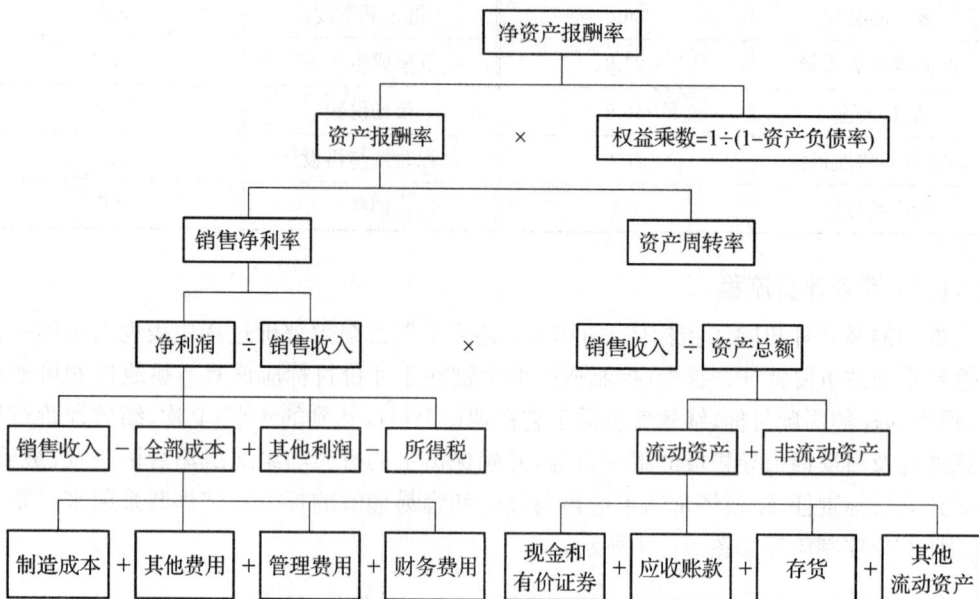

图 10-2 杜邦财务分析体系

权益净利率居于整个杜邦财务分析体系的核心,其他指标都是围绕此指标分解而形成的。权益净利率与其他指标之间的关系为:

$$权益净利率＝总资产净利率×权益乘数$$
$$＝销售净利率×总资产周转率×权益乘数$$

从计算公式中可见,总资产净利率是影响权益净利率的最重要指标,具有很强的综合性,而该指标又受到销售净利率和总资产周转率的影响与制约。其中,前者反映企业的经营能力,后者反映企业的运营效率。这两个指标与反映企业融资能力和风险的权益乘数共同决定了权益净利率的高低。深入分析还可以发现,净利润、销售收入、总资产和资产负债率等是引起权益净利率变动的直接原因;制造成本上升、期间费用增加、销售收入减少、增发股票、负债减少等事项的发生,则是引起权益净利率变动的根本原因。

在具体运用杜邦分析法时,一般可遵循以下步骤进行:

(1) 根据会计报表中的数据,计算权益净利率、总资产净利率、销售净利率、总资产周转率、权益乘数等财务指标。

(2) 将计算得出的指标填入杜邦财务分析表或分析图中,确定各指标之间的关系。

(3) 将各指标分别与既定的评价标准,如本企业的历史最好水平、同业先进水平等进行比较,综合评价并深入分析企业财务绩效的高低、变动趋势及其原因。

课程思政

恪守诚信是处世和成事的根本,做事要坚持原则,守住底线。绩效评价是企业管理中的重要环节,通过对员工实际工作表现和目标完成情况的评估和激励,实施绩效评估和激励措施等步骤。通过客观公正的评估和反馈,企业管理者能够更好地了解员工的工作表现,促进员工个人的成长和发展。

(二) 杜邦财务分析的应用

【例 10-1】 明真公司自成立以来第 1 年、第 2 年的主要财务指标见表 10-3。

表 10-3 明真公司主要财务指标

年份(甲)	销售净利率①	总资产周转率②	总资产净利率③=①×②	资产负债率④	权益乘数⑤=1÷(1-④)	权益净利率⑥=③×⑤
1	4%	1.2	4.8%	60%	2.5	12%
2	5%	1.3	6.5%	70%	3.3	16.25%

要求:运用杜邦分析法对明真公司的财务绩效进行评价。

公司第一年的权益乘数 $=\dfrac{1}{1-60\%}=2.5$

权益净利率 $=4\%\times1.2\times2.5=12\%$

公司第二年的权益乘数 $=\dfrac{1}{1-70\%}=3.3$

权益净利率 $=5\%\times1.3\times3.3=16.25\%$

评价:明真公司第二年的整体财务绩效显著好于第一年(权益净利率 16.25%＞12%)。这主要是因为,第二年企业不仅改善了销售净利率(5%＞4%),而且提高了负债比重(资产负债率由 60% 上升到 70%),财务杠杆的积极作用更好地发挥出来。由于明真公司的总资产周转率变小(1.2＜1.3),资产运营效率有所降低。未来的经营中,公司应通过加强资产管理、提高资产运营效率等措施进一步改善公司财务绩效。

(三) 杜邦分析法的优缺点

杜邦分析法是最典型的基于会计利润指标对财务绩效进行评价的方法。它通过分解权益净利率,对影响企业盈利能力和股东回报水平的各财务指标的构成与变动进行了深入细致分析,在形象、直观地展现这些指标之间的内在联系、分析思路的同时,全面评价了经营者在经营获利、资产营运、融资与风险管理等方面的工作绩效。

当然,杜邦分析法也存在一些不足。首先,此方法只涉及公司短期、过去的信息,这既可能助长企业管理层的短期行为,又可能导致企业忽略长期的价值创造;其次,此方法仅仅关注公司的财务信息,从而可能忽视当今社会对企业经营绩效影响越来越大的顾客、供应商、雇员、技术创新等非财务因素的影响,不能综合反映企业的竞争实力;最后,在目前的市场环境中,企业的无形资产对提高核心竞争力至关重要,但此方法不能反映无形资产的估值和评价问题。

综合而言,尽管杜邦分析评价法并不是评价企业绩效的理想方法,但由于此方法依托的财务数据易于获得,指标便于计算、理解和分析,因而此方法至今仍被广泛使用。

二、沃尔综合评分法

1928 年,财务绩效综合评价的先驱者之一亚历山大·沃尔在其出版的《信用晴雨表研究》和《财务报表比率分析》等著作中提出了沃尔综合评分法。

(一) 沃尔综合评分法的含义

沃尔综合评分法是杜邦分析法之外另一种常见的企业财务绩效评价方法,提出了"信用能力指数"的概念,信用能力指数是指将选定的七个财务比率,包括流动比率、产权比率、固定资产比率、存货周转率、应收账款周转率、固定资产周转率、自有资金周转率,用线性关系结合起来,并分别给定各自的分数比重,然后确定标准比率(以行业平均数为基础),将实际比率与标准比率相比,得出相对比率,将此相对比率与各指标比重相乘,得出总评分,从而对企业的信用水平做出评价。实践中,沃尔综合评分法通常按照以下步骤进行:

第一步,选定财务比率,按其重要程度确定分值,即确定重要性权数,分值总和为100 分。

第二步,确定各个指标的标准值——可以是行业平均值,也可以是企业的历史先进水平、国家有关标准或国际公认的基准等。

第三步,计算各指标的实际值,并与所确定的标准值进行比较。计算一个相对比率,进而将各项指标的相对比率与其重要性权数相乘,得出各项比率指标的指数。

第四步,将各项比率指标的指数相加,最后得出企业的综合指数。将此指数与企业自身历史数据或其他企业的同类数据进行比较,即可以判明企业财务状况的优劣。

(二) 沃尔综合评分法的应用

【例 10 - 2】 仍按【例 10 - 1】中的资料。要求:用沃尔综合评分法对明真公司的财务绩效进行评价。

(1) 确定相关财务指标,并确定权重,见表 10 - 4 中的甲栏和①列。

(2) 指标的标准值见表 10 - 3 中②列。

(3) 将指标的实际值填入表 10 - 3 中③列。

(4) 计算指标得分,填列表 10 - 3 中④列。

(5) 加总④,求得综合评价总分为 97.6。

表 10 - 4 沃尔综合评分法财务评价指标的得分

财务指标	权重/%	标准值	实际值	指标得分
(甲)	①	②	③	④=③÷②×①
流动比率	18	1.8	1.91	19.1
产权比率	12	40%	36.66%	11.0
固定资产比率	10	0.6	0.58	9.7
存货周转率	18	6	5.45	16.4

财务指标	权重/%	标准值	实际值	指标得分
应收账款周转率	18	12	10.35	15.5
固定资产周转率	12	4	4.74	14.2
自有资金周转率	12	2	1.96	11.8
合　计	100	——	——	97.6

（6）评价结论。因为明真公司的财务绩效综合得分为 97.6,略低于 100 分,说明该企业的财务状况有待提高。仔细分析后可以发现,得分低的原因主要是该公司的固定资产比率、存货周转率、应收账款周转率、自有资金周转率以及产权比率等财务指标略低于标准值。下一步,公司应注意改善和提高资产的运营效率。

（三）沃尔综合评分法的优缺点

沃尔评综合评分法的优点在于能够综合考察企业财务绩效的高低,通过与同行业其他公司进行比较,了解自身的竞争优势与不足。这一点使该方法得到了实务界的广泛欢迎。

然而,沃尔综合评分法也存在明显的缺陷:

第一,从理论上讲,该方法未能证明为什么要选择七个指标,而不是更多或更少,或者为何要选择上述七个财务比率而不是其他财务比率,也未能证明各指标所赋权重的合理性;

第二,从技术上讲,在使用原始的沃尔综合评分法过程中,如果某个指标严重异常,会对总评分结果产生不合逻辑的重大影响。

在现代企业中,沃尔最初提出的七项指标已难以完全适应当前对企业绩效进行评价的需要。所以,企业或有关部门往往依据不同报表使用者对财务信息需求的关注点的不同,在沿用沃尔综合分析法的基础上,对所选取的指标进行重新选择,形成并使用新的沃尔综合分析法。

三、经济增加值绩效评价体系

经济增加值（Economic Value Added,EVA）是美国思腾思特（Stern Stewart）咨询公司于 1982 年提出并实施的一套以经济增加值理念为基础的财务管理系统、决策机制、激励报酬制度和绩效评价方法。许多世界知名的跨国公司（如孟山都、宝洁、通用电气、联邦快递等）都先后采用该方法评价企业及内部各业务部门的经营业绩,可口可乐公司则因较早在管理上应用 EVA 绩效考核方法而获得巨大成功。

（一）经济增加值概述

经济增加值又称经济附加值,是基于税后净营业利润和产生这些利润所需资本投入的总成本（即资本成本）的一种企业财务绩效评价方法,也是企业资本收益与资本成本（即企业税后营业净利润与全部资本成本）之间的差额。

经济增加值源于剩余收益和经济利润,是对剩余收益加以调整后的结果。经济增加值的基本理念为:企业管理行为是否增加了股东财富,以及增加了股东财富数量。具体来说,如果 EVA 指标为正值,说明企业获得的收益超过了金融市场的一般收益,企业为股东创造了财富;反之,则表示企业收益尚不能弥补投入的资金成本,股东财富减少。从这一角度讲,EVA 度量的是企业的资本利润,而不是常规的企业利润。进一步说,EVA 度量的是资本的社会利润,而不是个别利润。因为它在实际计算时,考察的是已投入全部资本的加权平均资金成本,而不是有着不同来源的单项资本对获利的个性化要求。EVA 度量的是资本的超额收益,即高出正常利润的那部分剩余利润,而不是通常的利润总额。

使用 EVA 指标评价企业绩效,不仅可以直观地看到企业是否为股东创造了财富,创造的财富有多少,还可以引导被评价企业及其管理者在关注生产经营和利润增加的同时,关注对资金占用及其资本成本的控制,以不断增强自身的股东财富和价值创造能力。

可见,经济增加值是对利润和剩余收益在更广泛深入理解基础上寻求价值创造的有效途径。

(二)经济增加值的基本模型

由于经济增加值等于税后净营业利润减去股权和债务资本成本后的净额,是所有成本被扣除后的剩余收入,所以也可以说经济增加值是对真正"经济"利润的评价,或者说,是表示净营业利润与投资者用同样资本投资其他风险相近的有价证券的最低回报相比,超出或低于后者的量值。

$$经济增加值=税后净营业利润-资本成本$$
$$=税后净营业利润-加权平均资本成本×投资资本总额$$

其中,   税后净营业利润=营业利润+财务费用+投资收益-EVA 税收调整
加权平均资本成本=股权资本比例×股权资本成本率+债务资本比例×
债务资本成本率×(1-所得税税率)

可见,经济增加值取决于上述几个变量,即可以通过增加税后净营利利润、减少资本占用或者降低加权平均资本成本来提高 EVA。如果 EVA 的值为正,意味着营业利润减去整个企业的资本成本投入后,股东投资获得的净回报为股东创造了新价值;相反,如果 EVA 的值为负,则表明股东的财富在减少。

【例 10-3】 明真公司计算 EVA 的相关基础数据见表 10-5。

表 10-5 明真公司 EVA 计算表

项 目	2021 年	2022 年	2023 年	2024 年	2025 年
调整后净营业利润/万元	134 170	152 604.26	143 365	148 062.5	134 398
调整后资本总额/万元	1 049 225	1 145 721	1 280 375	1 318 477	1 504 295
加权平均资本成本/%	6.6	7.5	8.3	8.95	9.5

要求:根据数据,计算该公司 2021—2025 年的经济增加值,并做出绩效评价。

解析:2021 年的经济增加值=134 170-1 049 225×6.6%=64 921.15(万元)

2022 年的经济增加值=152 604.26-1 145 721×7.5%=66 675.19(万元)

2023 年的经济增加值=143 365-1 280 375×8.3%=143 365(万元)

2024 年的经济增加值=148 062.5-1 318 477×8.95%=30 058.81(万元)

2025 年的经济增加值＝134 398－1 504 295×9.5％＝－8 510.03(万元)

由案例分析结果可以看出,2021—2024 年,明真公司连续 4 年的 EVA 均为正数,说明在此期间公司能够持续地为股东创造财富,公司的价值创造能力持续增强。然而,到 2025 年时,情况出现逆转,公司的 EVA 为－8 510.03 万元,说明该公司当年不仅没有继续为股东创造财富,还使公司价值下降 8 510.03 万元。这主要是因为公司在出现调整后净营业利润下滑这一不利局面的同时,加权平均资本成本也从 2024 年的8.95％增到 2025 年的 9.5％。为此,下一步,需结合影响该公司会计利润创造能力的因素,以及影响加权平均资本成本的债务融资、股本融资及其成本的内外部环境等因素,进行详细而全面的分析,以了解公司 2021—2025 年财务绩效出现上述波动的深层次原因,并采取有效措施,提升公司的价值创造能力。

(三) 经济增加值的调整

经济增加值的基本模型反映了企业经济利润的本质,但其最终数值还需要以传统会计利润为基础对影响价值表现的相关项目进行如下调整(增加或扣除某些项目)。

从经济学的观点来看,凡是对公司未来利润有贡献的现金支出都应算作投资,而不是计入成本、费用。因此,EVA 不鼓励以牺牲长期业绩的代价来夸大短期效果,而是鼓励企业进行能够带来长远利益的投资。其计算公式为:

经济增加值＝调整后净营业利润－调整后资本总额×加权平均资本成本

式中,调整后净营业利润是以现金流为基础的经济利润。

为了消除会计谨慎性原则及权责发生制原则对会计信息的影响,它需要在报告期营业利润的基础上作相应的会计调整;调整后资本总额是企业使用的全部资本,既包括股本资本,也包括债务资本;加权平均资本成本是对企业股本资本、债务资本的资金成本进行加权、加总求和后得到的综合资本成本。事实上,对企业财务报表上的营业利润、资本进行调整是经济增加值的一大特色。正是这些调整项目的存在,才消除了长久以来存在于经济利润和会计利润之间的鸿沟,也有助于消除根据会计准则编制的财务报表对企业经济现实的扭曲。实践中,结合企业实际,进行 5～10 项的会计调整即可。

1. 调整后净营业利润的确定

调整后净营业利润是对会计报表中税后净利润进行必要调整后的结果。这种调整主要扣除了固定资产折旧、商誉等无形资产、广告营销支出、培训支出、研究开发费用、存货估值、坏账准备、经营租赁、税收等项目的影响。

调整后净营业利润的计算公式为:

调整后净营业利润＝主营业务利润＋其他业务利润＋当年冲销坏账－
管理和销售费用＋长期应付款、其他长期负债隐含利息＋
投资收益－EVA 税收调整

┌── **知识扩展** ──────────────────────────────┐

之所以要加回"长期应付款、其他长期负债所隐含的利息",是因为思腾思特公司在计算长期负债的利息支出时,所用的长期负债中包含了其实不用支付利息的长期应付款、其他长期负债,即高估了长期负债的利息支出,所以要加回。

2. 调整后资本总额

调整后资本总额是在考虑流动负债、研发费用资本化等项目对资产价值影响的基础上,对资产负债表中的资产价值进行必要调整后的结果。调整后资本总额的计算公式为:

调整后资本总额=债务资本+股权资本-在建工程-库存现金和银行存款

式中:
债务资本=短期借款+一年内非流动负债+非流动负债总和
股东资本=股东权益合计+少数股东权益+坏账准备+存货跌价准备
+累计税后营业外支出-累计税后营业外收入-税后补贴收入合计

公式中,累计税后营业外支出指标等于从上市时算起的累计营业外支出与(1-所得税税率)的乘积;该式的后两个指标,分别等于从上市时算起的累计营业外收入(或补贴收入)乘以(1-所得税税率)。

之所以要计算累计税后营业外支出(或收入),是因为营业外支出(或营业外收入、补贴收入)不属于主营业务范围,而应看作公司的资本投入和收回,从而将其累计税后值算作股本。同时,在建工程、库存现金和银行存款可看作闲置部分(尚未产生收益),从而在评估公司绩效时不被作为资本计算,而是从资本总额中扣除。

┌─── **知识扩展**

资本是指投入企业的全部资本,包括所有者权益和债权人权益。由于科学考核的需要,经济增加值公式中的资本并不是所有者权益和债权人权益的简单相加,要做相应的调整:

调整后资本=平均所有者权益+平均负债合计-平均无息流动负债-平均在建工程

在建工程是指企业尚未完工的工程建设项目,对应财务报表中符合主业规定的"在建工程"。在建工程由于没有完工,无法提供现实的生产能力,因而投入资金不能满足盈利要求。如果计算EVA时将其计入占用资金总额,会使EVA计算值偏低,导致管理当局抵制固定资产的建造。

研究开发费用调整项是指企业财务报表中的研究开发费用和当期确认为无形资产的研究开发支出。会计准则要求公司把研究开发费用计入当年的成本,而EVA则建议把研究开发费用资本化并在适当的时期内分期摊销,体现了"保值、增值"的要求,从而反映研究开发的长期经济效益,有利于鼓励经营者进行新产品的开发。

非经常性收益调整项包括变卖主业优质资产收益、主业优质资产以外的非流动资产转让收益、其他非经常性收益。

3.加权平均资本成本

加权平均资本成本是对所占用或使用资金中的债务资本成本、股本资本成本分别按其在全部资本中所占的比重进行加权计算后的结果。其中,债务资本成本一般采用3~5年期中长期银行贷款基准利率,股权资本成本则运用资本资产定价模型(CAPM)计算出来的。计算公式为:

$$加权资本成本＝股权资本成本×\frac{股本资本}{资本总额}＋债务资本成本×\frac{债务资本}{资本总额}$$

$$股权资本成本＝无风险收益率＋β系数×(市场预期收益率－无风险收益率)$$

式中,无风险收益率可以以上海证券交易所交易的当年最长期的国债年收益率为准;β系数可通过公司股票收益率对同期股票市场指数(上证综指)的收益率回归计算得出;市场预期收益率可采用中国A股市场的年平均收益率。

确定经济增加值计算公式,关键的一步就是根据企业的组织结构、业务组合、战略、会计政策等具体情况,确定对相应项目进行调整。由于各个公司的情况有所不同,有些项目调整对于某行业的企业非常必要,但对其他行业的企业并不重要。

知识阅读

EVA 的基本理念

管理大师彼得·德鲁克1995年在《哈佛商业评论》发表文章指出,EVA的基础是我们长期以来一直熟知、称为利润的东西,也就是企业为股东剩下的金钱,从根本上说是利润。许多公司往往只关心常规的会计利润。会计利润只扣除了债务利息,完全没有考虑股东资本的成本。同样,大多数业务经理只关注经营利润,而经营利润甚至没有扣除债务利息。于是,经营利润扣除债务的正常利息,剩下的才是利润;在此基础上,股东资本的成本只有像债务资本的成本一样被扣除后,剩下的才是股东真正的利润。EVA显然充分考虑了投入资本、资本的机会成本以及利润的扭曲,具有以下突出特点:

(1) EVA度量的是资本利润,而不是通常的企业利润。EVA从资本提供者角度出发,度量资本在一段时期内的净收益。只有净收益高于资本的社会平均收益,资本才能增值。

(2) 不同投资者在不同环境下对资本具有不同的获利要求。EVA剔除了资本的"个性"特征,同一风险水平的资本的最低收益要求并不因持有人和具体环境不同而不同。

(3) EVA度量的是资本的超额收益,而不是利润总额。为了留住逐利的资本,企业的利润率不应低于相同风险的其他企业一般能够达到的水平,这个"最低限度的可以接受的利润"就是资本的正常利润。

课程思政

绩效评价不仅对企业利润的整体评估,也对员工个人的贡献做出评价,所以在评价过程中应该尽可能地公开信息,避免暗箱操作或隐瞒真相。还在个人生活中,我们也应该保持透明,避免产生不必要的误会和矛盾。

(四)经济增值绩效评价的优缺点

与传统评价指标相比,EVA 指标不仅考虑了债务资本的成本,还考虑了股东投入资本的最低收益率,能够更准确地考查和反映企业实现资本保值增值和价值创造的能力,有助于更好地实现股东财富最大化和企业持续增长与发展。同时,由于计算 EVA 时需要根据每个企业的实际情况对财务会计数据进行有针对性的调整,这也使得 EVA 的评价结果与企业绩效的真实状况更为相符,能够比会计利润更准确地测定企业的经营绩效。

尽管如此,EVA 指标也存在一定的局限性。首先,EVA 是一个经过多项调整后计算出来的财务数字,受到收入实现、费用确认等会计处理方法及会计估计等因素的影响。也就难以避免企业的盈余操纵,从而影响公司战略目标的实现。其次,虽然 EVA 在考虑债务资本成本的同时也考虑了权益资本成本,有助于防止企业和管理者的短期行为,但管理者在企业都有一定的任期,他们可能只管自己任期内各年的 EVA。因此,如果仅仅以 EVA 为绩效评价指标,会使企业管理者在保持或扩大市场份额、进行必要的研发项目投资等方面缺乏积极性,从而不利于企业未来价值的持续增长和财富的持续创造。最后,EVA 本身在计算方面存在的不确定性,如资本成本计算方法纷繁多样、难以统一,会计调整项目需要因公司实际情况的不同而有所差异等,都增加了该绩效评价系统在实践中的操作难度。

第三节　企业综合绩效评价

随着全球经济一体化趋势的加强,市场信息瞬息万变,市场竞争日益激烈,战略决策对企业的发展更是不可或缺,而单纯的财务绩效评价方法已不能全面考察和反映新形势下企业发展的真实水平、发展潜力和竞争实力。因此,20 世纪末至 21 世纪初,出现了许多各具特色的融入战略和非财务指标的新型绩效评价系统。其中,有代表性的有克罗斯和林奇的绩效金字塔模型,卡普兰和诺顿的平衡计分卡模型以及绩效三棱柱模型等。

一、绩效金字塔模型

为了凸显公司总体战略与绩效指标之间的重要联系,凯文·克罗斯(Kelvin Cross)和理查德·林奇(Richard Lynch)于 1990 年提出了一个把企业总体战略与财务、非财务信息结合起来的绩效金字塔模型。

(一)绩效金字塔模型含义

在绩效金字塔(Performance Pyramid)模型中,企业分为四个层次:公司战略位于最高层,由此产生企业的具体战略目标,并在企业内部逐级传递,直到最基层的作业中心。有了具体的战略目标,作业中心就可以建立需要完成的经营绩效指标,以满足战略目标的要求。战略执行完毕后,这些指标的完成情况将反馈给企业高层管理人员,作为企业制定未来战略目标的基础。绩效金字塔模型的结构如图 10 - 3 所示。

绩效金字塔模型中共有五个层级。在第一层级,管理层规划出公司的发展远景和战略目标,并传递给第二层次——"事业部";在第二层级,战略目标细化为事业部的市场目标和财务目标,产生市场满意度、财务绩效指标等,战略目标也继续向下传至第三层级——"运作系统";在第三层级,经营运作系统的目标用顾客满意度、灵活性、生产效率等指标表示,其中,顾客满意度和灵活性构成市场目标,生产效率构成财务目标;到第四层级——"作业中心"时,目标用质量、交货时间、周转时间和成本耗费等指标表示,其中,质量和交货时间共同构成顾客的满意度,交货时间和周转时间共同构成灵活性,周转时间和成本耗费共同构成生产效率;第五层级是生产经营的具体操作活动。在此过程中,绩效信息呈多级瀑布式渗透到整个企业的各个层面,并由下而上逐级汇总。企业的高层管理者可以依据这些信息,确定未来的战略目标。绩效金字塔模型如图 10 - 3 所示。

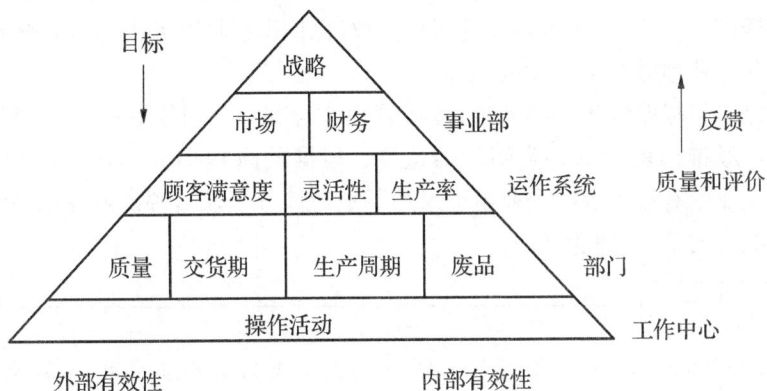

图 10 - 3　绩效金字塔模型

(二) 绩效金字塔模型的优缺点

绩效金字塔模型着重强调了组织战略在确定绩效指标中所扮演的重要角色,揭示了战略目标自上而下和经营指标自下而上逐级重复运动的层级制度。这个逐级循环的过程也揭示了企业的持续发展能力、对正确评价企业绩效有十分重要的意义。同时,在绩效评价指标的设计上,绩效金字塔模型从战略管理角度给出了绩效指标体系之间的因果关系,反映了战略目标和绩效指标的呼应性,对评价指标体系的设计具有启发性。该系统还将财务指标与非财务指标一起纳入其中,从而突破了单一财务指标评价企业绩效的不足。顾客满意度等指标也首次作为企业战略目标的实现手段在绩效评价中得到体现,从而在一定程度上为平衡计分卡的出现奠定了基础。

绩效金字塔模型也有一些不足之处。第一,绩效金字塔模型对企业利益相关者的考虑不全面。员工作为企业的关键利益相关者,在此模型中未得到重视和考虑。第二,绩效金字塔模型中的非财务指标不是针对财务指标的不足而提出来的,而是作为对财务指标的解释和具体体现提出来的,二者之间缺乏逻辑上的互补性,也就不能对企业绩效进行逻辑严谨、全面周到的考核与评判。第三,在竞争日益激烈的经济环境下,学习和创新能力对企业的生存、发展至关重要；绩效金字塔模型虽然揭示了企业的持续发展能力，但它对影响企业长远发展的学习和创新这一要素几乎没有考虑。因此，虽然这一模型从理论上看较为成熟，但在实际工作中，被采用的概率较低。

二、平衡计分卡

(一) 平衡计分卡的产生

20世纪中后期，为了对环境变化和市场需求迅速做出反应，管理者需要全面掌握组织的经营业绩和运作情况，尤其是无形资产对价值创造的贡献。然而，传统的财务业绩衡量模式因其固有的滞后性，已无法满足管理实践的现实需要，这就为平衡计分卡的诞生提供了契机。

传统绩效衡量模式重财务指标，轻非财务指标，这种模式的弊端在20世纪80年代日益明显。这个时期的管理实践已经认识到非财务绩效是通过经营管理系统获得的内因、过程和无形资产的积累，关系着企业的盛衰成败，也认识到将财务指标与非财务指标有机结合已经成为企业绩效衡量的发展趋势。

平衡计分卡将战略置于中心地位，并使管理者看到了公司绩效的广度与总额。平衡计分卡模型一经推出就受到各类组织的追捧。根据美国Gartner Group的调查，在《财富》1 000强企业中有近半数的企业组织采用了平衡计分卡，《哈佛商业评论》将其列为20世纪最具影响力的75个理念之一。

> **知识卡片**
>
> 平衡计分卡方法自1990年创立以来，已从图卡表的工具级应用，扩展为链接战略到运营的闭环战略管理体系级应用。近年，创始人卡普兰教授与诺顿博士又进一步结合数字时代提点提出了第二代平衡计分卡战略管理理念，为平衡计分卡适应时代的发展以及更好地进行数字化的敏捷战略管理提供了新的方向与路径。

平衡计分卡主要是通过财务与非财务考核手段之间的相互补充，使绩效考核上升到组织的战略层面，成为组织战略的实施工具。同时在定量评价和定性评价之间、客观评价和主观评价之间、指标的前馈指导和后馈控制之间、组织的短期增长与长期增长之间、组织的各个利益相关者之间寻求平衡，在此基础上完成绩效管理与战略实施过程。过分强调财务指标往往导致企业内部关系的失衡(见图10-4)，对企业的战略实施和长期发展不利。

图10-4　财务指标与非财务指标的失衡

（二）平衡计分卡模型

平衡计分卡是一个系统的战略绩效管理和评价体系，其战略目标和绩效评价来源于组织的愿景和战略。平衡计分卡包括财务绩效指标和非财务绩效指标，这些指标考虑了组织的愿景和战略，从财务、客户、内部流程、学习与成长等方面实现组织的战略目标和绩效评价。其中，财务维度反映来自股东角度的增长、利润、风险战略；客户维度反映来自客户角度的价值创造、差异性战略；内部经营流程维度反映创造客户和股东满意度的业务流程战略；学习和成长维度反映形成一种有利于组织改善、创新和增长的风气。其基本模型如图 10-5 所示。

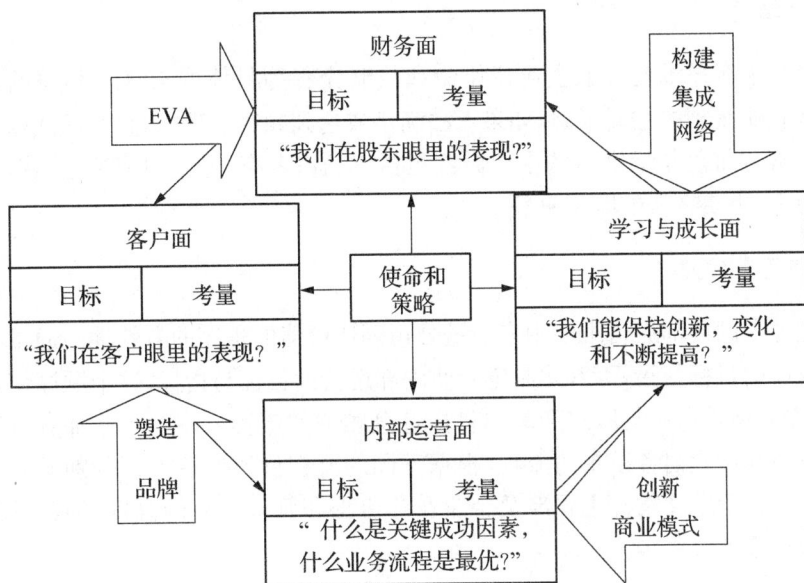

图 10-5　平衡计分卡模型

这四个维度从不同方面诠释了组织的战略目标。此外，存在于其中的因果关系链涵盖平衡计分卡的四个方面，表明这四个维度结合在一起构建了完整的有内在联系的一体化的业绩衡量指标体系。因果关系链假设是实现战略的基石。例如，资本报酬率可能是平衡计分卡的财务指标，这一指标的驱动因素可能是客户的重复采购和销售量的增加，而这二者又是客户忠诚度高带来的结果。因此，客户忠诚度将被纳入计分卡的客户视角，因为不同的客户忠诚度将会对资本报酬率产生重要的影响。但是，企业如何获得较高的客户忠诚度呢？对客户的需求和偏好分析显示，客户比较重视按时交货率这个指标。因此，按时交货率的提高会带来较高的客户忠诚度，进而引起财务业绩的提高。于是，客户忠诚度和按时交货率都被纳入计分卡的客户视角。类似的因果假设贯穿平衡计分卡的整个体系，这正是计分卡能把战略转化为行动的魅力所在。平衡计分卡指标体系成为一种把企业的战略明确诠释和传达给经理和员工的工具，有利于促进经理和员工的行为与组织目标和愿景保持一致。下面将详细介绍平衡计分卡的四个维度，以说明这四个方面在开发绩效评价指标时的作用。

1. 财务维度

财务绩效是绩效评价的焦点,能够直接显示企业战略的实施与执行是否对创造股东财富有贡献。平衡计分卡的财务维度明确了企业短期和长期财务业绩的目标,测量收入的增长、降低成本、投资回报率以及其他传统财务指标。尽管财务指标的及时性和可靠性有时会受到质疑,但是财务指标不会被其他指标完全代替。财务业绩指标可显示企业的战略及其实施和执行是否正在为最终经营结果的改善做出贡献。但是并非所有的长期策略都能很快产生短期财务盈利。

2. 客户维度

平衡计分卡客户维度要求企业将使命和战略诠释为具体的与客户相关的目标和要点。客户是企业获利的主要来源,如果无法满足或达到顾客的需求,企业的战略及目标将难以实现。客户维度指标衡量的主要内容包括市场占有率、老客户挽留率、客户满意度、新客户获得率、重要客户的购买份额等。

3. 内部运营维度

平衡记分卡的内部运营维度用来衡量公司创造价值的程序的有效性。通常在制定财务和客户维度的目标与指标后,才制定企业内部运营的目标与指标,这个顺序使企业能够抓住重点,专心衡量那些与股东和客户目标息息相关的流程。每个企业都有自己独特的创造客户价值和产生财务结果的流程,根据不同的流程价值创造方式分别设立不同的衡量指标。内部运营维度指标主要涉及企业业务流程和管理流程的改良、创新过程以及经营过程和售后服务过程等。

4. 学习与成长维度

学习与成长维度的目标为其他三个维度的目标实现提供了基础架构,是驱使上述三个维度获得卓越成功的动力。面对激烈的全球竞争,企业现有的技术和能力已无法确保其不断实现未来的业务目标。只有通过持续不断地开发和出售新产品,企业才能提高生产效率并为顾客提供更多、更好的服务,才能打入新市场,增加收入和利润,才能壮大发展,从而增加股东价值。该维度涉及员工的能力、增强激励和协作、加强企业信息系统能力以及激励、授权与相互配合等。

(三)平衡计分卡的运用

平衡计分卡具有战略规划与实施的功能,通常与战略地图等其他工具结合使用。平衡计分卡的四个维度形成了一系列的因果关系链,每个维度中的衡量指标都形成了一套逻辑链,这些关系链将企业的战略所期望的结果和获得这些结果的驱动因素结合起来。将这些关系链整合在一起就形成了基于平衡计分卡的战略管理地图,如图 10-6 所示。平衡计分卡适用于战略规划目标明确、管理制度比较完善、管理水平相对较高的企业。

在战略管理地图中,每一部分都能够与战略相连接,客户、内部经营过程、财务和学习与创新都与实现长期财务业绩息息相关,部门、团队和个人的目标都与实现战略业绩相一致。这种战略决定着资源分配、战略行动方案和年度预算,管理回顾则成为战略反馈和学习的机会。平衡计分卡并没有抹杀财务指标在管理体系中的作用,而是把财务指标纳入一套更为平衡的管理体系中,从而把短期经营业绩同长期战略目标连接起来。通过确定企业应该全神贯注和集中资源的最重要目标,平衡计分卡为将企业事务、信息和各种重大的管理流程组织起来的战略管理系统提供了一个框架。

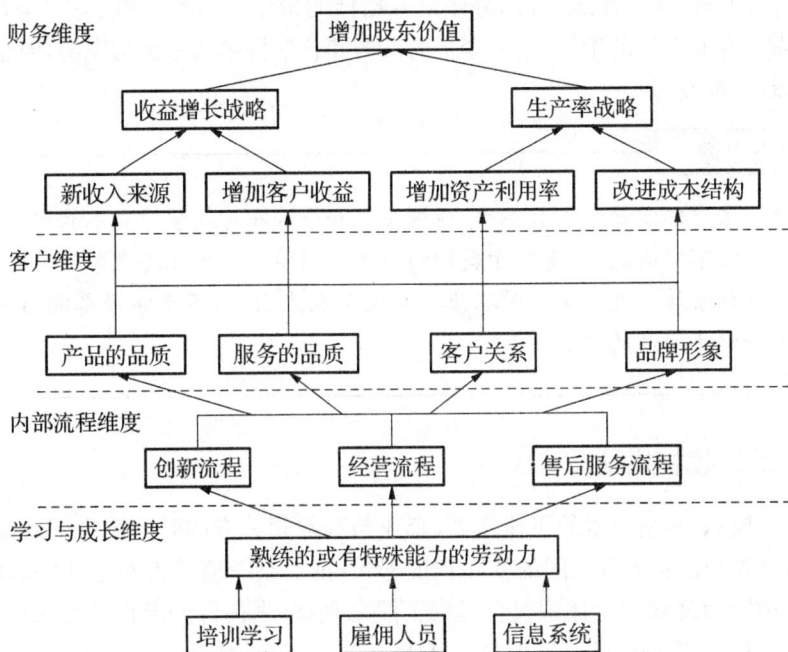

图 10 - 6　战略管理地图

知识卡片

　　战略管理地图可以帮助企业用连贯、系统和整体的方式来看待企业的战略,有助于企业更精确地定义客户的价值取向,增进内部运营活动能力,增强学习与成长能力,最终达到股东价值最大化的目标。

　　当然,由于不同企业处于不同的行业,不同企业采用的战略不一样,因此企业的战略管理地图千差万别。

(四) 平衡计分卡的优缺点

1. 平衡计分卡的优点

　　平衡计分卡的主要优点是:一是战略目标逐层分解并转化为被评价对象的绩效指标和行动方案,使整个组织行动协调一致;二是从财务、客户、内部业务流程和学习与成长四个维度确定绩效指标,使绩效评价更为全面完整;三是将学习与成长作为一个维度,注重员工的发展要求和组织资本、信息资本等无形资产的开发利用,有利于增强企业可持续发展的动力。

2.平衡计分卡的缺点

平衡计分卡的主要缺点是:一是专业技术要求高,工作量比较大,操作难度也较大,需要持续地沟通和反馈,实施比较复杂,实施成本高;二是各指标权重在不同层级及各层级不同指标之间的分配比较困难,且部分非财务指标的量化工作难以落实;三是系统性强、涉及面广,需要专业人员的指导、企业全员的参与和长期持续地修正与完善,对信息系统、管理能力有较高的要求。

课程思政

平衡计分法中的学习与成长维度,强调组织和个人在持续学习和成长中的重要性。学习是一个持续不断的过程,贯穿于我们的一生。同学们应树立终身学习的理念,不断提升自己的综合素质。无论是面对职业挑战还是人生困境,不断学习都能为我们提供前进的动力和解决问题的方法。

三、绩效三棱柱模型

随着信息技术、网络技术的飞速发展,企业与利益相关方的时空关系彻底改变,供应商、公司、客户等利益相关方之间的依赖程度加大,证监会等监管方对企业的影响同样不可忽视。而传统的绩效评价体系仅仅考虑了股东利益,平衡计分卡也只考虑股东、顾客、员工三大利益相关者的利益。针对这些不足,2000 年,英国克兰菲尔德大学(Cranfield University)管理学院的安迪·尼利教授(Andy Neely)和安达信咨询公司联合开发了一个包含五个角度的三维模型——绩效三棱柱(Performance Prism)模型。

(一)绩效三棱柱模型概述

作为一种基于"利益相关者理论"的绩效评价体系,绩效三棱柱模型的逻辑思路是:在当今的经营环境下,企业要想取得长远的成功,必须非常清楚地了解谁是他们的主要利益相关者,他们想得到什么。同时,为满足这些利益相关者的要求,企业必须有能够有效发出命令和执行命令的流程;企业也需要从他们的利益相关者那里获得一些东西,如来自投资者的资金和信用,来自顾客的忠诚和利润,来自员工的想法和技术,以及来自供应商的原料和服务等。

相应的,绩效三棱柱模型首先关注投资者、客户和中介、供应商、监管方、社区等利益相关群体的需求,然后再分析满足这些需求所需的最佳战略。绩效三棱柱模型如图 10-7 所示,包含五个相互联系的方面,即五个角度。

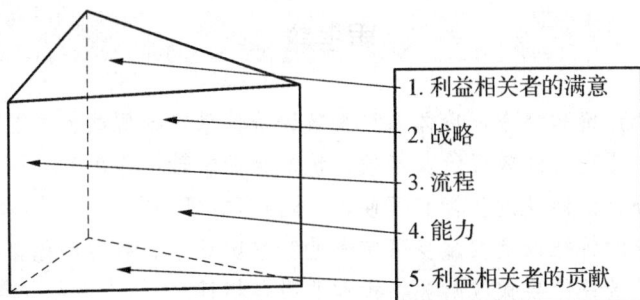

图 10-7 绩效三棱柱模型

其中,利益相关者的满意和利益相关者的贡献构成了绩效三棱柱的两个底面,战略、流程和能力构成了绩效三棱柱的三个侧面。各个层面之间以及各个层面与价值创造这一最终目标之间环环相扣、共生互动。

(二) 绩效三棱柱评价指标体系

根据绩效三棱柱模型五个内在联系紧凑的纵向维度,可以分别对不同的企业战略绩效测量主体设计可描述的关键绩效指标(KPI),从而构建一个以利益相关者价值最大化为目标、具有战略导向作用的完整的绩效评价指标体系。绩效三棱柱模型的绩效评价指标,既包括净资产收益率等财务指标,又包括顾客满意度等非财务指标;既有资产负债率等历史指标,又有市场占有率增长等前瞻性指标,还有经济增加值等数量指标和客户信用状况等描述性指标。将看似纷乱复杂、实则由因果关系有机地串成决策价值链的众多指标置于绩效三棱柱模型中,就可以将这些指标之间的关系明晰化,并相互依存、相互强化,更为有效地做出经济决策和责任认定,并促使经营者满足企业自身在战略管理环境下实现战略目标、改进企业流程、提高企业运作能力的需求,从而提高企业的竞争能力。

(三) 绩效三棱柱模型的优缺点

针对之前的各种绩效评价方法,绩效三棱柱模型在吸取其优点、克服其缺点的基础上,对企业绩效进行了综合评价与考察。它以利益相关者理论为基础,考虑了所有关键的利益相关者并进行监测,从而保证了更多利益相关者的利益;它以战略为核心,并利用流程的构建和能力的培养等多种手段来实现企业的战略目标,从而在考虑利益相关者利益的同时确保了企业自身利益。此外,绩效三棱柱的五个方面环环相扣、紧密联系,也使其因果逻辑关系更加明确,整个绩效评价体系更容易理解。

尽管绩效三棱柱模型为企业绩效评价工作提供了新的思路,但也引发了一些新的问题。例如,没有详细规定各层面指标的确定原则和方法;财务指标与非财务指标的权衡和搭配缺乏明确的原则或制度;实际选择时需要进行更多的主观判断和选择,从而影响其客观性和可操作性;衍生指标过多,可能分散管理者的注意力,甚至令其无所适从,从而可能产生对企业绩效的不利影响等。

思考题

1. 什么是绩效评价和绩效评价体系？绩效评价体系包括哪些构成要素？
2. 企业为什么要进行绩效评价？绩效评价对企业有什么作用？
3. 杜邦财务分析法涉及的指标有哪些，具体内容有哪些？
4. 平衡计分卡的特征以及实施步骤有哪些？平衡计分卡有哪些优势劣势？
5. 如何看待绩效评价要兼顾财务指标和非财务指标？

实务训练题

1. 公司为了确保在未来市场逐渐扩展的同时，经济效益稳步上升，维持行业排头兵的位置，拟对公司近两年的财务状况和经济效益情况，运用杜邦财务分析方法进行全面分析，以便找出公司在这方面取得的成绩和存在的问题，并针对问题提出改进措施，扬长避短，以利再战，实现公司的自我完善。公司近三年的资产负债表和损益表资料如下：

资产负债表
金额单位：千元

资　产				负债及所有者权益			
项目	金额			项目	金额		
	前年	上年	本年		前年	上年	本年
流动资产合计	398 400	1 529 200	1 745 300	流动负债合计	395 000	493 900	560 000
长期投资	14 200	68 600	20 900	长期负债合计	31 400	86 200	128 300
固定资产净值	313 200	332 300	473 400	负债总计	426 400	580 100	688 300
在建工程	21 510	31 600	129 500				
递延资产			6 900				
无形及其他资产		147 500	155 500	所有者权益合计	320 910	1 629 100	1 843 200
资产总计	747 310	2 209 200	2 531 500	负债及所有者权益合计	747 310	2 209 200	2 531 500

资产损益表
金额单位：千元

项目	金额		
	前年	上年	本年
一、产品销售收入	881 000	948 800	989 700
减：产品销售成本	316 400	391 000	420 500
产品销售费用	9 900	52 700	43 500
产品销售税金	95 300	99 600	89 000
二、产品销售利润	459 400	405 500	436 700

续　表

项目	金额		
加:其他业务利润			
减:管理费用	164 900	107 000	97 200
财务费用	13 400	3 600	18 500
三、营业利润	281 100	294 900	321 000
加:投资收益			
营业外收入			
减:营业外支出			
四、利润总额	281 100	294 900	321 000
减:所得税	84 330	88 470	96 300
五、净利润	196 770	206 430	224 700

要求:

(1) 计算该公司上年和本年的权益净利润,并确定本年较上年的总差异。

(2) 对权益净利率的总差异进行总资产净利率和权益乘数的两因素分析,并确定各因素变动对总差异影响的份额。

(3) 对总资产净利率的总差异进行销售净利率和总资产周转率的两因素分析,确定各因素变动对总资产净利率的总差异影响的份额。

(4) 运用上述分析的结果,归纳影响该公司权益净利率变动的有利因素和不利因素,找出产生不利因素的主要问题和原因,并针对问题提出相应的改进意见,并使这些改进建议付诸实施,从而促使该公司的生产经营管理更加完善,竞争力更强。

参考文献

[1] 张敏,黎来芳,于富生.成本会计学[M].北京:中国人民大学出版社,2023.

[2] 朱朝晖.成本会计[M].北京:科学出版社,2023.

[3] 王艳茹,孙茂竹,李朝晖.成本管理会计[M].辽宁:东北财经大学出版社,2022.

[4] 杨世忠,许江波,王伟.成本管理会计[M].北京:首都经济贸易大学出版社,2023.

[5] 崔国萍.成本管理会计[M].北京:机械工业出版社,2021.

[6] 李玉周.成本管理会计[M].北京:高等教育出版社,2022.

[7] 刘畅.管理会计.[M].4 版.北京:机械工程出版社,2024.

[8] 冯巧根.管理会计.[M].5 版.北京:中国人民大学出版社,2024.

[9] 孙茂竹.管理会计学.[M].10 版.北京:中国人民大学出版社,2024.

[10] 吴大军.管理会计.[M].7 版.北京:东北财经大学出版社,2024.